구상 구축과 문학 교육
: 문학적 사고와 문학 수업

구상 구축과 문학 교육: 문학적 사고와 문학 수업

초판 인쇄 2022년 9월 1일
초판 발행 2022년 9월 13일

지은이 Judith A. Langer
옮긴이 김영란·정재림·박수현·박치범
펴낸이 박찬익
책임편집 권효진
펴낸곳 (주)**박이정** | 주소 경기도 하남시 조정대로45 미사센텀비즈 7층 F749호
전화 031)792-1193, 1195 | **팩스** 02)928-4683 | **홈페이지** www.pjbook.com
이메일 pijbook@naver.com | **등록** 2014년 8월 22일 제2020-000029호

ISBN 979-11-5848-807-9 (93370)

* 책값은 뒤표지에 있습니다.

ENVISIONING LITERATURE

구상 구축과 문학 교육

: 문학적 사고와 문학 수업

Judith A. Langer 지음

김영란·정재림·박수현·박치범 옮김

(주)박이정

저자에 관하여:

주디스 랑거(Judith A. Langer)는 현재 알바니 소재 뉴욕 주립 대학교(State University of New York at Albany)의 빈센트 오리어리 명예 교수(Vincent O'Leary Distinguished Professor Emeritus)이다. 그녀는 리터러시 교육(literacy education) 분야에서 국제적으로 저명한 학자이다. 그녀는 사람들이 어떻게 고등 문식성을 갖추게 되는지, 사람들이 학습하는 데에 읽기·쓰기·언어를 어떻게 활용하는지, 그리고 이러한 양상들이 교실 지도에 시사하는 바는 무엇인지에 초점을 맞추어 연구했다. 랑거의 연구는 이론뿐만 아니라 정책과 실천에 국내적, 국제적으로 큰 영향을 미쳐 왔다.

연구 성과를 인정받은 랑거는 스웨덴 웁살라 대학교(University of Uppsala)에서 명예 박사 학위, 스웨덴 룬드 대학교(Lund University) 국제 창의 과학자상(Imaginative Scientists of the World award), 호프스트라 대학교(Hofstra University) 총장상 및 평생 업적상 등 다수의 저명한 상을 받았다. 또한 국제 읽기 명예의 전당(the international Reading Hall of Fame)에 헌액되었고, 읽기 곤란을 겪는 학생 지도에 관한 연구로 알버트 해리스 상(Albert J. Harris award)을 받았다.

일러 두기:

1. 원서의 각 장별 제시된 미주를 번역서에서는 본문의 각주로 제시함. 각주 중 번역자의 추가 설명은 '역자주'로 명기함.
2. 작품이나 단행본을 구분한 표기방식은 원서를 그대로 따름.

역자 서문

   이 책 『구상 구축과 문학 교육—문학적 사고와 문학 수업』은 주디스 랑거(Judith A. Langer)의 『Envisioning Literature—Literary Understanding and Literature Instruction(2판)』(Teachers College Press, 2011)을 완역한 것이다.

   이 책에서 저자는 학교교육에서 문학이 과학이나 사회와 같은 방식으로 가르쳐지는 것에 대해 문제를 제기한다. 문학은 과학이나 사회와는 다른 방식으로 가르쳐야 한다고 보는 것이다. 저자는 문학적 사고를 '구상 구축하기(envisionment-building)'의 과정으로 이론화하였다. 구상 구축하기는 문학 독서 행위를 독자의 문학적 경험이라는 측면에서 바라보면, 그 실체를 개념화한 것이다.

   구상은 '특정인이 특정 시점에 가지는 이해의 세계'로(38쪽), 이해가 진전되면서 끊임없이 수정된다. 따라서 구상들(envisionments)이라는 복수로 언급되기도 한다. 문학작품을 첫 부분부터 읽어 나갈 때 독자는 텍스트를 이해해 가기 위해 시작부터 구상을 구축하게 되는데, 이때 구상들은 '개인마다 다르게 마음속에 그려지는 텍스트 세계들'(38쪽)을 의미한다. 작품의 처음, 중간, 끝부분을 읽어 가면서 독자의 마음속 구상은 수정을 거듭하게 되고 작품을 완독하고 난 뒤에도 수정될 수 있다. 주디스 랑거는 독자가 구상을 통해 결국 텍스트에 대한 이해에 도달하게 된다고 설명하고, 이 과정을 구상을 구축하는(building envisionments) 것으로 개념화하였다. 구상 구축하기에는 독자가 '알고 있는 것, 느끼는 것, 추구하는 것 등 독자의 현재 경험이나 지식이 영향을 주고, 구상은 작품을 읽는 동안 마음속에 생기는 생각, 이미지, 의문, 비동의(disagreement), 기대, 주장, 예감'(38쪽) 등을 망라한다. 구상은 '시각적인 것만을 뜻하는 것이 아니고 언제나 언어 경험적인 것만을 뜻하는 것도 아니다. 구상은 독자가 텍스트를 이해해 가면서 흔히 암묵적으로(또는 때때로 의식적으로) 생각하고, 느끼고, 감지하는 것들을 포괄한다.'(48쪽)

가령, 우리가 소설을 읽을 때 독자는 소설의 첫 문장부터 차근차근 읽어 가면서 텍스트의 의미를 파악해 가게 된다. 이 과정에서 독자는 여러 생각을 하게 되는데, 때로는 억측도 하고 때로는 합리적인 추론도 하면서 읽어 나가고, 동시에 정서적인 반응을 보이거나 비판적인 평가를 하기도 한다. 소설을 다 읽고 난 뒤에는 이 모든 생각을 종합하여 소설의 전체 의미를 나름대로 파악하게 된다. 이러한 일련의 활동이 바로 저자가 말하는 '구상 구축하기'이다. 독자는 구상을 하고 이 구상은 지속적으로 수정되면서 텍스트 이해에 이르게 된다.

구상을 구축하면서 독자는 몇 가지 단계들(stances)*을 취할 수 있다. 그런데 이 단계들을 반드시 순차적으로 취하거나 따르는 것은 아니다. 단계라는 개념은 독자가 '이해를 해 나갈 때 경계 없이 일어나는 이해의 절차를 개념화한 것이다(63쪽).' 단계들은 읽는 와중

---

* '입장'이나 '태도'라고 할 수 있겠으나 여러 맥락에서 더 어울리는 '단계'로 번역함.

에 반복될 수도 있고, 변할 수 있으며, 동시다발적으로 일어날 수 있는 '전략들의 집합'(63쪽)이기도 하다. 구상 구축하기를 할 때 독자는 텍스트 '외부에 있다가 구상으로 진입'하게 된다(단계1). 이는 독자가 텍스트 세계 외부에 있다가 텍스트 세계로 진입함을 뜻한다. 그리고 텍스트 '내부에 있으면서 구상을 통해 나아'가게 된다(단계2). 이때에는 텍스트 세계에 빠져서 텍스트를 읽는 진도에 따라 텍스트에 대한 이해도 진전을 이루는 단계이다. 그리고 구상을 구축하는 동안에 독자는 '물러나기와 아는 것 재고하기'를 하기도 한다(단계3). 이는 독자가 텍스트의 의미를 이해해 가는 과정에서 텍스트가 독자의 삶, 생각, 지식에 어떤 의미를 주는지 돌아보는 경우에 해당한다. 단계3에서 조금 더 나아가면 독자의 구상 구축하기는 자신이 텍스트를 읽는 중에 구축한 구상에서 물러나서 자신의 읽기와 그에 따른 이해 정도, 작품 자체를 객관화해서 분석하고 판단하기도 한다. 이 단계는 '물러나서 경험을 객관화하기'이다(단계 4). 이때 독자는 작품을 보다 분석적이고 비평적으로 바라보면서 다른 작품과 연결시키는 등 해당 작품에 대한 구상 구축에서 한 발짝 벗어나 자신의 읽기 경험을 객관화하는 입장에 서게 된다. 여기에서 더 나아가게 되면 독자는 '구상을 떠나 한 단계 나아가기'를 하게 된다(단계 5). 이 단계는 한 작품에 대해 풍부하게 구상을 구축한 뒤에, 해당 구상을 떠나 새로운 구상 구축의 단계로 나아가는 경우에 해당된다. 예를 들어 '리스트가 빅토르 위고의 시를 바탕으로 교향곡 〈마제파〉를 작곡'한 경우(88쪽)를 비롯하여 문학작품을 다른 장르로 변용하는 경우를 들 수 있다.

구상을 구축하는 동안 독자는 나름대로 텍스트의 의미를 구성해 가게 되는데, 주디스 랑거는 의미를 구성해 나가는 데 있어서 두 가지의 지향을 갖게 되고, 이 두 가지 지향을 오가며(shifting orientations) 텍스트를 이해하게 된다고 설명한다. 하나는 '가능성의 지평 탐색하기(Exploring Horizons of Possibilities)'의 사고를 하면서 의미를 구성해 나가고, 다른 하나는 '참조점 유지하기(Maintaining a Point of Reference)'의 사고를 하면서 의미를 구성해 나가는 것이다.

전자는 텍스트의 의미를 구성해 나가는 데 있어서 여러 선택지(options) 혹은 다양한 가능성을 열어 두고 사고하는 것을 의미한다. 독자가 문학작품을 읽으면서 텍스트가 촉발하는 여러 가능성을 검토해 보는, 탐색적인 의미 구성을 하는 현상을 설명한 것이다. 예컨대, 등장인물 행동의 동기가 무엇이었는지 이해하고자 할 때 독자는 여러 가능성을 열어 두고 동기를 짐작하게 된다.

후자는 사고를 해 나가는 데 참고가 되는 화제나 논점을 토대로 의미를 구성하는 것을 뜻한다. 마치 독자가 '달의 탄생'이라는 화제에 대한 과학 텍스트를 읽을 때, 텍스트 이해 과정에서 해당 텍스트가 '달의 탄생'과 관련된다는 것을 염두에 두면서 텍스트 이해를 도모하는 것과 같은 것이다. 문학작품을 읽을 때에도 어떤 순간에는 독자가 참고가 되는 화제나 논점에 기대어 구상 구축을 하는 현상을 설명한 것이다. 예컨대, 작품이 쓰인 시대의 교육제도에 근거하여 작품 속에 나오는 체벌 상황에 대해 이해하고자 할 때 독자는 참조점 유지하기의 사고 속에서 의미를 구성하게 되는 것이다.

이렇듯 주디스 랑거는 문학적 사고 혹은 문학적 경험의 실체를 구상 구축하기와 그 단계들로 구분하고, 구상 구축하기 과정에서 가능성 지평 탐색하기의 사고, 참조점 유지하기의 사고를 통해 의미를 구성해 나간다고 설명한다. 이러한 설명에 기초해 구상 구축하기를 활발하게 할 수 있도록 문학 수업이 바뀌어야 한다고 주장한다. 이때 근본적으로 문학작품 읽기를 통해 학생들의 사고를 촉진시킬 수 있다는 믿음과 학생들이 충분히 합리적인 생각을 하는 사유자(thinker)라는 믿음을 토대로, 학생들이 문학 작품에 대해 생각하고 토론할 수 있는 교실 공동체를 형성해야 한다고 역설한다. 보다 구체적으로 저자는 1) 학생을 평생에 걸쳐 구상 구축을 할 수 있는 사람으로 바라볼 것, 2) 질문을 문학 경험의 일부로 간주할 것, 3) 작품을 읽은 뒤 학급 토론 시간에 작품에 대한 이해를 제고할 것, 4) 작품에 대한 해석을 풍부하게 하기 위해 다양한 관점을 동원할 것 등 수업 실천의 기본 원리를 제안한다(6장). 그리고 구상 구축의 단계들을 고려하여 1) 읽기 전에 작품에 쉽게 접근할 수 있게 하기, 2) 최초의 이해하기 단계로 초대하기, 3) 해석 발전시키기, 4) 비평적 입장 취하기, 5) 배움 상황 점검하기 등의 단계에서 교사가 취할 수 있는 전략들을 문학 토론 사례에 기대어 설명한다. 또한 그 과정에서 실천할 수 있는 평가 목표와 평가 과제도 제시한다(7장).

저자는 이러한 새로운 방식의 문학 수업이 특수 교육 대상 학생, 학업성취가 낮은 학생, 영어가 모국어가 아닌 학생 등 중·하위권 학생들의 문학 이해를 제고하는 데에도 기여함을 사례를 통해 설명한다(8장). 또한 저자는 학생들의 구상 구축하기가 활발하게 일어나는 문학 토론 중심의 수업에서 문학적 지식을 가르칠 수 있다는 것을 보여준다. 학생들이 문학적 개념을 모르고 해당 개념을 표현할 언어도 없는 경우, 개념은 있지만 언어가 없는 경우, 언어는 쓰지만 이해가 부족한 경우, 언어와 개념을 모두 갖춘 경우로 나누어서 설명한다(9장). 더 나아가 저자는 문학을 사회나 과학 같은 다른 교과, 또는 쓰기와 같은 다른 문식성 활동과 연계해서 지도한 사례를 소개한다(10장).

저자는 이 책에서 초등학교 1학년 학생들부터 중학생, 고등학생, 성인의 문학 토론 등 다양한 예를 근거로 설명하고 있다. 그 과정에서 우리에게는 낯선 시나 소설에 대한 학생 토론 자료가 많이 활용되고 있다. 역자들은 이 학생 토론 장면에 대한 랭거의 설명이 이해될 수 있도록 번역하느라 애썼지만 부족한 점이 많다. 또한 역자들은 마인드(mind)**와 같이 인간의 인지와 정서라는 구획을 넘어서는 정신 세계를 일컫는 말을 옮길 적당한 단어를 찾지 못했다. 이뿐만 아니라 우리말 번역이 어색한 부분이 있는데, 이는 모두 역자들의 번역 역량이 충분치 않아서이다. 독자들의 혜량을 구할 따름이다.

역자들은 국어교육과에서 예비교사를 가르치고 있다는 공통점이 있지만, 각자의 관심 영역과 세부 전공에서는 조금 차이가 있다. 연구 주제와 관심이 달랐던 만큼, 번역자들은 조금씩 다른 목적과 기대를 가지고 이 책을 접했다. 하지만 우리는 랭거의 이 책이 국어교육과 문학 수업에 대해 진지하게 고민하는 우리나라의 국어교사, 예비교사에게 도움이 되리라는 점에 대해서는 같은 확신을 가질 수 있

** 마인드(mind)는 맥락에 따라 마인드 혹은 생각으로 번역함.

었다.

　다만 우리나라의 문학 교육에서 문학 토론이나 질문의 중요성에 대한 논의가 있고, 정책적으로 '한 학기 한 권 읽기'와 같이 텍스트를 읽은 뒤 학생들의 토론을 독려하는 마당에 이 책의 번역서가 뒤늦게 나온 감이 있다. 또한 랑거의 논의는 문학적 사고나 문학적 경험의 실체를 실증적 데이터를 바탕으로 규명하고 개념화했다는 의의가 있으나 '구상 구축하기'가 지칭하는 대상이 매우 포괄적, 망라적이라는 약점, 그리고 단계들이 정교하지 못하다는 등의 한계가 있다. 그럼에도 불구하고 이 책의 원저작물을 읽고 랑거의 논의를 뛰어넘는 연구나 실천을 하고자 하는 독자가 있다면, 이 번역서가 도움이 되기를 바라 마지 않는다.

2022년 7월
역자들을 대표하여 김영란 씀

차 례

- 저자에 관하여   **4**
- 일러 두기   **4**
- 역자 서문   **5**
- 서문   **16**

제1장
문학적 사고와 문식성을 갖춘 마인드

왜 문학을 가르치는가?   **23**

문식성을 갖춘 마인드(THE LITERATE MIND)   **24**

한 교실 사례   **25**

삶 속의 문학   **29**

학교에서의 문학   **30**

문학적 이해는 무엇인가?   **31**

제2장
구상 구축하기

텍스트와 상호작용하기   **40**

구상 구축하기 동안의 단계들   **50**

교실 사례   **59**

제3장
문학적 경험의 본질

의미를 향한 지향들(Orientations toward meaning) 67

가능성의 지평 탐색하기 69

참조점 유지하기 76

몇 가지 교실 사례 80

삶과 사고 87

제4장
문학작품 속에서 지향을 전환하기

91

제5장
구상 구축을 위한 사회적 장치로서의 교실

문학 토론 107

두 가지 교실 경험 116

공동체의 탄생 130

제6장
실제적인 지도 방법

실천의 원리   **138**
실제 교실 사례   **145**
구상–구축 교실   **170**

제7장
교수 전략

학교에서의 협력적 지원   **177**
전 학년에 걸친 협력적 지원 사례   **182**
지도 방식: 활동으로서의 수업   **192**
무엇이든 되는 건가요?   **203**
과정 중의 평가: 그 속에서 계속 진화하는 목표   **205**

제8장
시스템에서 뒤처진 학생을 위한 문학

열람실   **215**
9학년 국어 교실: 특수 교육 대상 학생들   **224**
노벨 중학교: 도시의 가난한 지역   **228**
주니어 하이 306: 이중언어와 ESL 학급   **236**
구상 구축하기   **245**

제9장
문학적 개념과 어휘 학습

구상 구축이 일어나는 교실에서의 문학적 지식   **250**
가르칠 수 있는 순간   **255**

제10장 교육과정을 가로지르는 문학

타 교과 수업에 문학적 사고 도입하기   **273**
문학과 교육과정을 통합하기: 팀 접근법   **282**

제11장 맺음말: 학교와 삶에서의 문학   **291**

후기: 교사들의 반응   **298**

• 찾아보기   **309**

서 문

90년대 초에 이 책의 초판을 집필했을 때, 나는 학년과 상관없이 문학 수업에 대한 걱정이 많았다. 문학을 다른 핵심 교과와 다를 바 없이 가르쳤는데, 질문에 답을 찾도록 안내하거나 학생들의 대답에서 '알고 있음'의 증거를 찾는 데 있어서 일반적인 이해와 관련된 요인을 활용하였다. 문학적 경험이 일반적인 이해와는 상당히 다른 종류의 사회적, 인지적 행위(act)라는 것에는 거의 주목하지 않았다. 사회적, 인지적 행위는 여타 학문 분야와는 본질적으로 다른 방식의 마인드(mind)와 관계된 것으로, 고등 문식성을 갖춘 마인드(highly literate mind)를 형성하는 데 결정적으로 중요한 것이다.

문학적 경험은 독자, 관찰자, 참여자 또는 필자가 텍스트 세계로 빠져드는, 매우 창의적이고 상상적인 행위이다. 텍스트 세계는, 어떤 의미에서는 페이지에 드러난 것보다 더 많은 것이 담긴 생각의 텍스트를 새로 써야 할 만큼, 언급되지 않은 것들을 채울 필요가 있는 세계이다. 문학적 경험을 한다는 것은 사람의 지각이 허락하는 한도 내에서 텍스트를 충분히 탐색하면서, 동시에 미래의 가능성들에 대해 열린 자세를 유지하는 것이다. 이러한 탐색이 종종 직관적인 사고와 결부되지만, 정확한 추론이나 비판적 이해 속 탐색의 역할은 거의 주목받지 못했다.

문학은 국어*(교과 다른 교과보다 학교에서 오랫동안 필수로 배우도록 되어 있는 국어 교과)의 중요 내용이기 때문에, 나는 다른 교과목에서 요구하는 인지적 행위와는 상당히 다른, 문학적 경험의 제 측면을 규정하고 설명하는 연구가 필요하다고 느꼈다. 각 학문 분야는 특수성을 갖는다. 특수성의 확인과 그것을 가장 잘 지도할 수 있는 방법을 통해 해당 학문 분야에 대한 효과적인 교수·학습이 가능하다. 나는 이 모든 것을 문학에 초점을 두어 다음 장들에서 설명할 것이다.

가장 중요한 것은 문학적 이해의 핵심인 창의적이고 상상적 행위가 일정한 규칙에 따르는 것이고, 잘 가르치고 배울 수 있으며, 국어 교과뿐만 아니라 다른 교과에서 학생의 사고력을 심화시키는 데 기여한다는 것이다. 이 책은 어떻게, 왜 이것이 가능한지 보여 주는 수년간의 연구를 바탕으로 한다. 20년 전에 나는 문학이 학교 교육과정에 있는 과목 중에 가장 잘못 이해되고 있는 과목이라고 생각했는데, 안타깝게도 지금도 여전히 그렇다.

특히 중등학교 수준에서 학교의 초점은 심지어 국어 시간에도 유

---

* 'English'가 자국어 교육 차원에서 교과목명이나 자국어 학습을 의미할 때에는 '국어'로 번역했고, 영어학이나 영문학과 같이 학문 분야와 관련될 때에는 '영어'로 옮겼다.

념해야 할 정보와 관련된 활동으로, 점점 더 내용을 중시해 왔다. 내 주장은 정보 획득도 매우 중요하지만 내용을 중시하는 것이 정보를 습득하는 유일한 방법은 아니라는 것이다. 문학적 이해를 가르치고 신장시킬 수 있는 유일한 과목이 문학이다. 수학적 논리 구성과 과학적 사고가 학교 교육에서 중요한 위상을 갖는 것처럼, 문학적 이해도 마땅한 위상을 가져야 한다. 수학적 논리 구성, 과학적 사고, 문학적 이해는 각각 개별적으로 각 학문 분야 내에 적합한 사고와 학습에 기여한다. 그리고 수학적 논리 구성, 과학적 사고, 문학적 이해, 이 세 가지는 종합적으로 지적인 사고의 핵심을 이루는 유연한 사고에 기여한다. 각각의 사고는 학문 분야 내에 중심적인 역할을 할 뿐만 아니라 다른 학문 분야에 대안적이고 유용한 의미 구성 접근(meaning-building approaches)을 하게 해 준다.

이 책에서 나는 전국 문학 교수·학습 연구 센터(National Research Center on Literature Teaching and Learning), 현재는 국어 학습과 성취 센터(Center on English Learning and Achievement: CELA)인 곳에서 수행된 두 연구를 토대로 한다. 첫 번째는 7년 연구 프로젝트로, 대안을 탐색하고 문제를 해결하며 타인을 이해하는 데에 문학적 상상력을 활용할 수 있는 방법을 모색하고, 문학적 상상력을 가장 잘 가르칠 수 있는 방법을 찾아 설명하는 연구이다. 문학적 상상력은 학교뿐만 아니라 직장과 일상생활에서도 활용되는 유용한 추론(human reasoning)이다. 두 번째는 나와 아서 애플비(Arthur Applebee)와 마틴 니스트랜드(Martin Nystrand)가 함께 진행한 5년 프로젝트로, 교사의 '구상 구축하기/교육과정 연계/학생의 심화된 문학적 이해를 위한 충분하고 지속적인 토론' 실행을 연구한 것이다. 이러한 사항에 대해 초점을 둔 교사의 실행은 CELA가 수행한 현직 교사 연수 프로그램을 따른 것이었다.

이 책의 초판본에서 설명한 과정에 대한 나의 이해도 시간이 지나면서 보완되었다. 예를 들어, 구상 구축하기 과정에 다섯 번째 단계가 추가되었다. 그리고 "가능성의 지평 탐색하기"와 "참조점 유지하기" 지향, 이 두 가지가 다른 핵심 교과에서 어떻게 의미 구성에 유용한 접근이 될 수 있는지에 대한 설명을 정교화했다. 이렇게 수정·보완된 내용은 2장과 3장에 나오고 교실 사례를 든 부분에서도 나온다. 나는 4장을 새롭게 추가했다. 4장에서는 참조점 생각하기가 문학 수업에서 어떻게 중요한 역할을 하는지를 보이는 수업 사례를 담았다. 서문을 읽는 독자 중에 이런 개념이 생소한 분을 위해 1장에서 논의의 기초가 되는 개념적 토대를 설명하였다. 도움이 되길 바란다.

나는 연구자들과 150명 이상의 교사들, 그리고 그들의 학생들로 구성된 CELA팀과 협력하여 작업했다. 그 작업 중에 내가 탐구한 예들을 이 책에서 활용했다. 그 예들은 미국 인구 구성의 다양성을 반영하고 내가 이 책에서 논하는 문학 교육에 관한 개념 개발에 중요한 것이다. 그 사례에 등장하는 교사와 학생의 협력과 그들이 속한 학교와 지역 교육청에게 감사드린다. 나는 출판사의 편집인 맥 램크(Meg Lemke)에게도 깊이 감사드린다. 그녀는 큰 도움을 주었고 같이 일하기에 즐거운 사람이었다.

ENVISIONING LITERATURE

제 1 장

문학적 사고와
문식성을 갖춘 마인드

내가 이 책의 초판본을 쓴 이후로 국내외적으로 국어 및 언어 기능(Language arts) 과목 및 문식성 교육에 많은 변화가 있었다.

첫째, 내가 진전이라고 생각하는 것인데, 문학적 사고(literary thought)가 규칙에 따르는 것이고, 수학적 논리나 과학적 사고와는 다른 인지적 행위의 집합(a set of cognitive acts)으로 널리 받아들여졌다. 문학을 이해하고 해석하는 데에 필요한 인지적 행위에 학생들이 연루되도록 하는 토론, 질문, 활동을 교육 자료와 시험 문제에서 다루기 시작했다. 이해에 대한 일반적인 모형이 아니라 각 학문 분야에 특수한(discipline-specific) 모형들이 교육 자료와 시험 문제에 영향을 주고 있다.

둘째, 내가 언어 기능 교과에서 퇴행이라고 생각하는 것인데, 특히 중학교와 고등학교 수준에서 문학 텍스트에 비해 정보 텍스트에 대한 읽기 및 이해에 대해 점차 더 많은 관심이 기울어졌다. 예컨대, 전국 교육 성취도 평가(the National Assessment of Educational Progress)의 읽기 문항에는 과거에 비해 문학 지문 비율이 줄어들었고 정보 지문 비율이 늘어났다. 게다가 국어와 언어 기능 과목 교과서에도, 문학이 국어 교육과정의 '내용'임에도 불구하고, 정보 지문 읽기를 점차적으로 늘리도록 기대하고 있다. 수학이나 과학 '내용'이 해당 교과목에서 제거되고, 그 '내용'을 해당 교과목의 핵심에서 덜 중요한 것으로 대체하는 것을 상상이나 할 수 있는가? 왜 문학은 이런 취급을 받는 것인가? 내가 이 책의 초판본을 썼을 때, 나는 문학이 학교 교육과정 중 가장 오인되는(misunderstood) 과목이라고 느꼈다. 현재에도 거의 비슷한 상황이다.

시간이 지나면서 미국 국내와 해외에서 진단, 실행, 책무성에 대한 관심이 증대되었다. 학습의 질을 향상시키자는 목표는 좋은 의도였지만, 성공적이라 할 연구가 거의 없을 만큼 대체로 잘못 구안된 것이었다. 연방 법(federal law)과 더불어 교육 수요에 관심—특히 저학년에 대한 관심—이 쏠렸는데, 단어와 어휘 재인(recognition) 및 초기 읽기 독해에 주로 초점을 두었다. 반면, 전(全)학년 학생의 고등 문식성 발달에 대해서는 거의 주목하지 않았다. 고등 문식성 발달은 학교의 다양한 교과에서의 성공과 대학, 직업생활, 일상생활을 위해 절대적으로 필요함에도 불구하고 말이다. 내가 다른 곳에서 논했던 것처럼, 고등 문식성의 형태들(forms of higher literacy)은 교과 특수적인 것으로, 특화된 어휘, 수사적 구조, 표상 방식(presentation styles), 논증의 규칙과 학문 공동체 내에서 활용되고 학습되는 증거의 규칙이다(Langer, 2010).

왜 문학을 가르치는가?

나는 종종 "고부담 평가(high-stakes testing)의 시대에 왜 문학을 가르치나요? 교육의 목표가 진학과 취업 준비라면, 왜 초등학교 때부터 지속적으로 논픽션과 정보 텍스트에 초점을 두지 않나요?"라는 질문을 받는다. 이러한 질문에 답하기 위해, 우리는 문식성을 갖춘 사람이라고 하면 떠올리는 것에 대해 논할 필요가 있고, 학생이 십대와 성인이 되었을 때 발달시켜야 하는, 가장 중요한 사고방식에 대해서도 논해야 한다.

　나는 내 논의들에서 문학을 텍스트의 유형이 아니라, 특별한 논리 구성과 문제해결 전략이 있고 지적이고 문식적인 하나의 사고방식(a way of thinking)으로 다루어 왔다. 이러한 견지에서 문학적 사고는 삶의 모든 맥락에서 전 생애에 걸쳐 유용한 잠재력이 있다. 문학을 통해 학생은 가능성을 탐색하고, 가능한 선택지들을 고려하며 연결하여 전망을 모색하는 것을 배운다. 학생은 문식성과 창의성을 갖추어 생각할 수 있는 사람이 된다. 이렇게 생각하는 사람은 대학에서 공부를 잘하고 직장에서 일을 잘하는 데에, 그리고 미래의 문제에 대한 해결책을 찾고 토론을 해 나가는 데에 필요한 사람이다.

문식성을 갖춘 마인드(THE LITERATE MIND)

　문식성은 다양한 상황에서 아이디어를 드러내 전할 때 관련된 사고와 언어의 처리를 포함한다. 문식성은 삶의 여러 맥락에서 우리가 배운 사고방식을 포함한다. 문식성은 개인의 권한부여(empowerment)를 촉진하는데, 사람들이 텍스트와 자기 자신, 세상에 대해 이해하고 있는바를 생각하고 재고하는 문식성 기능을 활용할 때 권한부여는 이루어진다. 문식성은 개인들에게 중요하고, 그들이 생산하고 다루는 구어 및 문어 텍스트에서 중요하다. 문식성은 바람직하고 정확한 생각을 드러내는 언어와 사고에 의존하고, 그러한 언어와 사고를 촉진하기도 한다. 이 책은 모든 학년 학생이 자신과 세상을 성찰하고 잠재적으로 개선할 수 있는 힘을 갖게 하는(empowering) 문학 교육의 제측면에 기저를 이루는 문식성에 대한 새로운 접근을 탐색하는 것이다.

한 교실 사례

우리는 켈리 밀렛(Kelly Millet) 교사의 7학년 교실 사례를 살펴볼 것이다. 밀렛 교사의 1년 목표는 학생들이 보다 깊이 있고 유창하게 문학작품을 읽을 수 있게 배우는 것이고, 그 결과로 문학작품을 더 잘 이해하고 즐길 수 있게 하는 것이다. 밀렛 교사는 학생이 문학을 이미지와 의미로써 자신의 삶을 풍요롭게 하는 습관으로 여기기를 바랐다. 수업 시간에 보이는 학생의 능력은 격차가 있고 다양함에도 불구하고, 밀렛 교사는 시 읽기와 쓰기 모두에 상당한 시간을 썼다. 밀렛 교사는 5월에 학생들에게 리카도 산체즈(Ricardo Sanchez)의 「노인(Old Man)[1]」이라는 시를 읽게 했다. 이 시는 비전통적 구조의 작품으로, 향수를 불러일으키고 정서를 고양시킨다. 이 수업은 시의 다양한 측면을 읽고, 쓰고, 탐색하는 단원에서 이루어졌다. 수업의 초점은 「노인」을 탐색한 이전 수업에서 배운, 의미 구성(meaning-making) 전략 일부를 활용하고, 그런 다음 학생들이 본인의 시를 쓰는 데에 본보기로 그 시를 활용하는 것이었다. 학생들은 시 해석에

---

1 역자주: 이 시는 경륜이 쌓인 인간, 노인에 대한 경외심을 느낄 수 있는 시임. 행마다 띄어쓰기가 표준적인 방식을 따르지 않는 등 시의 구조와 형식이 이례적임.

대해 토론했고, 저자의 기법을 분석했다. 학생들이 뭐라고 했는지 다음을 보자.

그레타(Greta): 이 시는 정말 감성적인 시야. 노인은 자기의 기억을 연결시키고 있어.

토냐(Tonya): 나는 숨겨진 메시지가 있다고 느꼈어. 그게 뭔지 아직 잘 모르겠지만 말이야…(다른 학생들이 가능성을 제시한다)

찰리(Charlie): 자주 고통스러워 해. 아마 편견 때문에 그런 걸 거야.

존(John): 그래. (텍스트의 일부를 읽는다) "너는 다른 것들 중에 인디오야" 이건 다른 사람들을 가리키는 거고 그 할아버지는 더 이상 거론하고 싶지 않았던 거야…. (할아버지가 더 이상 거론하고 싶지 않았던 이유에 대한 토론)

토냐: 그리고 마지막을 봐. 거기가 "노인"이라는 단어가 이 시에서 대문자로 표현된 유일한 곳이야. 그 이전에 나오지 않고, 다른 사람들한테는 그렇게 표현하지 않아.

밀렛 교사: 너는 왜 저자가 그런 표현 방식을 썼다고 생각하니?

헬렌: 아마 저자는 다른 사람들은 그다지 중요하지 않다고 느꼈던 것 같아요…(시에서 대문자로 표현된 부분이 없는 것을 찾아보고 이유에 대해 토론함)

밀렛 교사: 내가 너희들에게 이 시를 왜 읽게 했을까? 어떤 시는 이해하기 쉽지만 어떤 시는 복잡해. 너희들이 깊이 있는 생각을 하려면 거의 모든 단어에 대해 생각할 필요가 있어.

케니: 왜 이 시는 이런 방식으로 구성되었을까?

(토론)

밀렛 교사는 「노인」의 구조가 어떻게 시 독해에 영향을 주었는지, 학생들이 이전에 배웠던 다른 시의 구조와는 어떻게 다른지 비교하면서, 왜 시인이 이런 구조를 썼을지 토론하면서, 그리고 시의 구조와 의미 간의 관계를 고려하면서 토론하게 하였다. 그런 뒤 일 년 전에 다른 학생이 베트남 전쟁에 참전했던 자기 할아버지에 관해 쓴 시를 들려주었다. 그 학생의 시를 읽어준 뒤에 교사는 학생들에게 "산체즈의 시와 비슷한 점이 있나요?"라고 물었다. 앞의 질문과 학생의 시가 시작하는 방식, 주요 인물을 만들고 구체화하는 방식 등에 대해 토론한 뒤 학생들은 자신의 시를 지었다.

위 사례를 되돌아보면, 첫 질문부터 학생들은 표면에 나타나는 것 이면의 의미를 찾으며 시에 깊이 있게 몰입하게 된다. 학생들은 시가 자신이 탐색하고 풀어야 할 숨겨진 의미를 가지고 있다고 생각했다. 그리고 숨겨진 의미를 찾기 위해 어디에 초점을 두고 고려해야 할지에 대해 좋은 생각을 가지고 있었다. 예컨대, 학생들은 노인이 기억을 연결시키는 것과 같이 시에서 중요한 부분에 대해 언급하면서 시의 숨은 메시지를 찾으려 했고, 대문자와 소문자 표기를 활용해서 전하고자 했던 의미에 대해서도 거론했다. 학생들이 선택했던 이슈들(고통, 편견, 할아버지는 더 이상 언급하고 싶어 하지 않음) 또한 통찰력 있는 것이었고, 시를 깊이 이해할 수 있게 하는 토론이 되도록 이끌었다. 이뿐만 아니라 시 일반에 대해 생각하는 방법에 대한 이해를 제고(提高)하는 토론이 되도록 했다. 12세 학생들은 시 읽기에 대해 상당히 세련된 접근법을 이미 갖추고 있었다. 학생들의 시 쓰기도 상당히 발달된 것이었다.

이 책의 후반부에서 우리는 밀렛 교사가 수업 시간에 학생들이 문학작품에 대한 유능한 독자이자 토론자가 되도록 하기 위해 텍스트에 어떻게 몰입하게 했는지에 대해 제시할 것이다. 밀렛 교사의 학생들은 문식성을 갖춘 사유자 공동체에 참여한 사람처럼 느끼고 행동한다. 학생들은 역동적이고 지속적인 의미 개발에 가담하고, 그들이 읽은 바를 개인적인 성찰을 위한 탐색 속에서 내면화한다. 그리고 깊이 있는 이해를 위해 텍스트를 분석하고, 자기 생각과 다른 타인의 논평이 자기 생각을 풍부하게 하는 잠재력이 있는 것으로 취급한다. 문학작품을 읽고 사유할 때에도 마찬가지다. 혼자서 하는 생각을 지속하면서도 꾸준히 다른 사람과 토론한다. 문학적 경험에서 끝이란 없고, 단지 휴지(休止)가 있을 뿐이며, 해석에 영향을 주는 미래의 가능성들이 있을 뿐이다.

내가 위 사례를 선택한 이유는 해당 활동이 이루어진 때에 밀렛 교사가 아서 애플비(Arthur Applebee)와 마틴 니스트랜드(Martin Nystrand)와 함께 수행한 문식성을 위한 파트너십 연구(Partnership for Literacy study)에 참여했기 때문이다. 이 연구에서는 수업을 지원하는 연구자들과 지도 방법 및 학습 내용에 있어 실질적인 변화를 바라는 교사들이 협력했다. 연구자가 각각 수행한 연구를 기반으로 활동이 만들어졌는데, 이 활동들이 합쳐졌다. 위 사례들은 상호작용과 경험을 강조한 우리 연구의 초점이 문학 수업에 퍼져 있는 전형적인 사례이다. 학생의 사고와 문식성 발달에 초점을 둔 수업에서 학생들은 자신의 해석 성장에 대한 주인의식(ownership)을 드러내고, 향상되고 있는 자신의 이해(텍스트/내용/구조/언어/형식 등이 어떻게 다른 문학작품과 삶에서 얻은 학생 경험의 다양한 결들과 상호작용하는지를 이해하는 것)에 관한 대화에 참여하며, 대화를 기반으로 자신의 해석을 제시할 기회를 많이 갖게 된다.

삶 속의 문학

문학은 종종 우리가 의식하지도 못한 채 삶에서 중요한 역할을 한다. 문학은 우리에게 자신과 타인에 대해 생각해 볼 상황을 제공한다. 우리가 누구인지, 우리가 무엇이 될지, 세상이 어떠한지를 고민하고, 또 고민하게 한다. 웨인 부스(Wayne Booth, 1988), 제롬 부르너(Jerome Bruner, 1990, 1992), 조지 켈리(George Kelly, 1955) 같은 저자들은 이야기가 인간을 인식하는 방식뿐만 아니라 인간을 재창조(re-create)하는 방식을 제공한다고 했다. 상상으로 창작된 인간의 시선으로 쓰인 이야기를 읽거나 들으면서, 우리의 옛 자아는 우리의 기억에서 점차 사라지고, 어제의 기억은 다시 쓰이며, 우리의 새로운 자아는 우리가 누구였고, 누구인지 믿는 힘과 영속성을 갖게 된다. 모든 문학(우리가 읽고 듣는 모든 이야기)은 우리에게 인간의 잠재성을 상상하는 하나의 길을 제공한다. 가장 좋은 의미에서 문학은 지적인 자극을 주면서도 정서적으로 인간적이게 해 주고, 우리가 생각, 신념, 행위를 평가하는 다양한 관점을 동원할 수 있게 해 준다.

학교에서의 문학

문학은 다른 교과 내용과 다르게 다루어질 필요가 있다는 인식이 커지고 있음에도 문학 교육의 초점은 내용, 즉 학생들에게 문화적 지식과 미적 판단, "좋은 취향"을 심어주는 데 도움을 주는 방식에 초점을 두고 있다. 문학은 또한 "기초 문식성(basic literacy)"을 가르치기 위한 매력적인 환경으로 간주된다. 모두 좋은 일이지만 나는 그것으로 충분하지는 않다고 생각한다. 이해(understanding)에 관한 문학의 역할, 즉 문학을 이해하려고 할 때 일어나는 생각(mind)의 발달은 대부분 간과되었다.

대학들 대부분이 문학적 이해가 일어나는 과정에 대한 이해, 또는 문학교육이 사고발달을 위해 할 수 있는 것이 무엇인지에 대한 이해가 거의 없는 채로 교사들을 배출한다. 예컨대, 예비교사들이 수학적 논리 구성과 과학적 사고는 배우지만 문학적 논리 구성에 대해서는 배우지 않는다. 그러나 과학 실험을 이해하는 것은, 이야기 세계에 뛰어들어 등장인물의 삶 속에 들어가 의미를 이해하고자 할 때의 사고 과정을 포함하지 않는다. 예컨대, 팀 버튼 감독의 〈이상한 나라의 앨리스(2010년 영화)〉를 이해하려고 할 때 필요한 사고 과정과 과학 실험을 이해하는 데 필요한 사고 과정은 다르다. 여러분은 이 영화에서 루이스 캐롤(Lewis Carroll)의 책에 등장한 앨리스와 완전히 다른 맥락에 있는 젊은 여성 앨리스를 보게 된다. 여러분은 앨리스가 무엇 때문에 묘사된 상황에 처하게 되었는지 이해해 보려 할 것이고, 다양한 등장인물의 관점을 생각해 볼 것이며, 앨리스의 독특한 입장에서 사태를 해명해 보려 할 것이고, 해당 장르로 들어가 이야기의 결말을 예측해 보려 할 것이다. 이런 여러 시도에 필요한 능력들이 문학 지도와 결합될 필요가 있다.

문학적 이해는 무엇인가?

여러분은 "왜 문학에 관심을 가져야 하나요? 왜 이렇게 난리죠?"라는 의문을 가질지 모르겠다. 이 책을 읽어 나가면서 볼 수 있듯, 문학과 문학적 사고방식은 학교교육을 받는 동안 모든 학생의 교육에서 매우 중요하고 성인의 삶 속에서도 중요하다. 문학적 사고는 우리가 개인적으로, 사회적으로, 지적으로 성장해 나가는 것을 돕는다. 문학적 사고는 가정, 학교, 직장에서의 우리 삶 속에 스며들어 있다. 따라서 문학적 감상/문화적 지식/수준 높은 취향의 발달도 중요하지만, 학생이 작품을 읽는 방법의 제측면도 읽기의 대상이 되는 작품만큼이나 중요하고, 읽는 방법은 창의적이고 비판적으로 생각하는 힘을 학생들에게 길러주기 때문에 더 중요하다.

문학에서 개인적, 사회적, 지적 혜택을 받을 수 있다는 나의 주장은 놀랍지 않다. 이 책의 모든 독자는 문학과 관련하여 이런 혜택을 경험한 적이 있을 것이다. 교육에 영향을 준 많은 철학자, 심리학자, 언어학자들이 문학적 경험과 비문학적 경험을 구분했다. 이 구분은 인간이 생각하고, 상황과 아이디어를 연결하며, 담화를 구성해 나갈 때 거치는 상이한 두 개의 사고방식(mind-sets)을 반영하는 것이다(Barthes, 1986; Calvino, 1986; Harding, 1937). 예를 들어, 제롬 브루너(Jerome Bruner, 1986, 2003)는 현실(reality)을 바라보는 방식으로, 서로 다르면서 보완적인 계열적(paradigmatic) 사고 양식과 서사적(narrative) 사고 양식을 이야기한다. 그는 사람들이 이 두 가지 사고를 모두 활용할 때, 비유하건대 각각 과학자의 위계적인 사고와 이야기꾼(storyteller)의 인간적인 직관력을 활용할 때, 세상을 온전히 이해할 수 있게 된다고 한다. 이와 유사하게 제임스 브리튼(James Britton, 1970)은 언어능력 발달에 대한 논의에서 관찰자와 참여자의 역할을 비교하면서 비슷하게 구분했다. 마치 루이스 로젠블랫(Louise Rosenblatt, 1978)이 독자의 역할을 설명할 때 원심적 읽기와 심미적 읽기를 구분했던 것처럼 말이다.

한편, 우리는 우리 밖으로 생각과 감정을 끄집어 낼 수 있다. 생각과 감정을 서로 멀리 떨어뜨리고 생각과 감정을 다른 생각과 감정, 사건, 행위와 관련시키고 점검하고 객관화시키면서 말이다. 멀리서 또는 과학자의 계열적 역할 속에서, 우리는 감정 없이 논리적일 수 있다. 즉, 우리는 일이 어떻게 서로 관련되는지 분석하고 평가할 수 있고, 그런 입장에서 일이 어떻게 돌아가는지 볼 수 있다. 『마음: 인간 감정에 대한 에세이』라는 책에서 수잔 랑거(Suzanne Langer, 1967)는 이런 의미화를 객관적 경험(objective experience)이라고 부른다. 이는 마치 대상을 바라보고, 대상과 떨어져서 충실하고 객관적인 시각에서 대상을 검토하는 것처럼, 사람들이 의미를 다룰 때 일어나는 사고의 사실추론적 방식(discursive way)을 포함한다.

다른 한편으로, 주관적 경험(subjective experience)은 우리가 새로운 경험과 생각을 내면에서 "보고자(see)"하는 방식으로 거리를 두지 않고 우리에게 가깝게 끌어들일 때, 그리고 우리가 의미와 이해를 위해 자신의 내부를 볼 때 발생한다. 이때 우리는 새로운 경험과 생각이 무엇처럼 보이는지, 어떻게 느껴지는지, 어떻게 체감되는지, 그리고 그것이 다른 참여자의 생각, 감정과 어떻게 관계되는지에 대해 참여자의 관점을 취한다. 우리는 마치 이야기꾼처럼 의미를 파악해 나가고 내면화를 통해 이해하게 된다.

객관적, 주관적 경험의 각 유형은 의미를 다르게 다룬다. 예상할 수 있듯, 우리는 각 경험으로부터 다소 다른 이해에 도달하게 된다. 예컨대 여러분이 피아노 레슨을 받고 있고 피아노를 잘 치고 싶어 한다고 가정해 보자. 여러분은 악보 읽기, 음악 이론 공부를 할 것이고 손가락 연습과 피아노 치기 연습을 많이 할 것이다. 심지어 나중에 듣고 평가하려고 자신의 피아노 연주를 녹음하기도 할 것이다. 시간이 지나면서 그러한 객관적 경험으로부터 배운 것을 토대로 여러분의 피아노 치는 기술은 향상될 것이다. 그러나 베토벤 소나타를 치는 알프레드 브랜들(Alfred Brendel)이나 리처드 구드(Richard Goode)[2]의 연주에 몰입하면 어떻게 될까? 여러분은 피아니스트의 음악이 여러분의 감각에 스며들고 당신을 지배하도록 할 것이다. 여러분은 피아노의 음색과 악구를 구분하여 연주하는 방법에 귀를 기울일 뿐만 아니라 그런 것들에 의해 환기되는 분위기를 느끼게 된다. 즉, 여러분은 소리를 느낄 것이고 소리가 데려가는 곳으로 따라갈 것이다. 그들

---

2   역자주: 알프레드 브랜들은 오스트리아 출신의 피아니스트이고 리처드 구드는 미국 출신의 피아니스트이다. 둘 모두 베토벤 소나타 연주에서 두각을 나타내었다.

의 음악을 내면화함으로써 당신은 피아니스트의 독특한 해석에 반응하게 된다. 그리고 만약 여러분이 피아니스트의 입장이 된다면, 심지어 건반에서 피아니스트의 손가락 느낌을 느끼고 피아니스트의 귀로-여러분 자신만의 경험이라는 필터를 통해 들리는, 같지만 다른-소리를 들을 수 있게 될 것이다.

이러한 주관적 경험을 통해, 여러분이 강점을 보이는 관점에서 음악을 할 수 있을 것이다. 여러분은 블라디미르 호로비츠(Vladimir Horowitz)와 같은 더 오래된 클래식 피아니스트의 귀를 통해, 아니면 바흐(Bach)나 스트라빈스키(Stravinsky)와 같은 상당히 다른 작곡가의 귀를 통해, 아니면 윈튼 마샬리스(Wynton Marsalis)와 같은 재즈 음악가이자 작곡가로 클래식을 배운 사람의 귀를 통해 음악을 듣는 것을 선택할지도 모른다.

주관적 경험을 통해 얻은 통찰력은 당신에게 자신의 연주를 발전시키는 새로운 길을 열어줄 수 있다. 객관적 경험과 주관적 경험은 서로 적대적이거나 배타적인 것이 아니다. 두 경험은 함께 가는 것이다. 주관적 경험은 개인적 의미와 경험에 초점을 두고 객관적 경험은 우리 바깥의 세상에 초점을 둔다. 두 경험은 함께일 때 온전하고 보다 복잡한 이해를 할 수 있게 해 준다.

낙태에 대한 오래된 논쟁을 고려해 보자. 당신은 하나의 관점에서 논리적이고 방어가 잘 되는 논증을 마련해서, 법적인 또는 종교적인 근거와 관련된 쟁점에 대해 읽고 토론할 수 있다. 나아가 반대 의견을 가진 사람의 삶 속에 들어가서, 무엇이 그들로 하여금 그런 견해를 갖도록 만드는지를 상상하며, 어떻게 당신과 당신의 이웃, 당신이 사랑하는 이들이 정부 규제에 영향을 받는지 투영해 봄으로써, 여러분의 이해에 복잡성과 민감성을 더할 수 있게 될 것이다. 게다가 이는 여러분의 입장을 보다 확실한 믿음으로 명확하게 만드는 데 도움을 줄 것이다. 객관적, 주관적 경험은 서로 상충되지 않고, 대신에 같은 현상(이 경우에는 같은 논쟁)에 다른 관점을 제공해 준다.

우리는 항상 객관적, 주관적 경험을 하게 된다. 우리는 이 두 가지 경험으로부터 의미를 얻고 세상에 대한 이해를 넓혀 간다. 내 관점에서는, 이해의 일상적, 자연적 부분으로서 주관적 경험에 대해 인식하는 것이 특히 중요하다. 문학 교육은 이 중요한 능력을 함양시키고 개발시키는 잠재력이 있다.

이 책에서 어떤 텍스트가 문학적인 것으로 간주되어야 하느냐 아니냐 하는 문제를 다루는 것은 불필요하다. 영어 연구의 일부 이론가들은 문학과 비문학 간 구분에 의문을 제기하기도 했다(예: Barthes, 1967; Derrida, 1980; Foucault, 1981). 확실히 문학의 정의는 시간이 흐르면서 바뀌었다(Reiss, 1992). 여기에서 나는 어떤 사람이, 어떤 종류의 읽기를 하든 그 사람이 읽는 텍스트가 아니라 그 사람이 하는 생각의 종류에 초점을 둔다. 내가 논했던 것처럼, 주관적 경험은 사려 깊은 삶의 모든 측면에서 기본이 되는데, 문학 교실이 그러한 기본을 학교교육에서 체계적으로 함양하고 개발할 수 있는 공간이다.

내가 논해온 관점에서 보면, 문학은 새롭고 풍성한 관점으로 봐야 하는 대상을 있는 그대로 보는 것이 아니라 대상 너머까지 보는 것이다(Egan & Nadaner, 1988; Greene, 1988; Warnock, 1976). 문학은 우리가 새로운 결합, 대안, 가능성을 창조할 수 있게 해 준다. 즉, 대상을 표면적으로 드러난 대로 받아들이지 않게 인간과 상황을 이해하도록 해 준다. 문학은 우리가 문학 속에서든 삶 속에서든 세상에 대해 보다 잘 아는, 사려 깊은 구성원이 되도록 이끌어 준다. 문학은 우리가 사고하고 이해하는 방법의 필수적인 한 부분이 된다.

제 2 장

구상 구축하기

앞 장에서 나는 사람들이 문학적 경험을 할 때, 사람들 내면에 자리 잡는 텍스트 세계의 복잡성에 대해 설명하기 시작했다. 텍스트 세계는 어떻게 발전하는가? 가장 직접적인 설명은, 사람들이 읽으면서 의미를 능동적으로 탐색하는 것으로부터 텍스트 세계가 발전한다는 것이다. 바르트(Barthes, 1977)는 이것을 불어로 빠시용 뒤 상("passion du sens"), 즉 의미를 향한 열정이라고 부른다. 이것이 구상(envisionment)이라는 개념이 중요해지는 지점이다.

나는 구상이라는 용어를 '특정인이 특정 시점에 가지는 이해의 세계'를 지칭할 때 쓴다[3]. 구상들(envisionments)은 개인마다 다르게 마음 속에 그려지는 텍스트 세계들이다. 구상에는 한 사람의 개인적, 문화적 경험이 작동한다. 한 사람이 무엇을 아는지, 어떻게 느끼는지, 무엇을 추구하는지와 같은 현재 경험이 작동하는 것이다. 구상은 읽고, 쓰고, 말하는 동안 또는 다른 경험 동안 마음속을 채우는 생각, 이미지, 의문, 비동의(disagreements), 기대, 주장, 예감 등이 관련된 역동적인 집합이다. 각 구상은 개인이 이해하는 것과 이해하지 않는 것을 포함한다. 전체가 어떻게 전개될지, 그리고 그 전체에 대해 어떤 반작용이 나올지에 대한 일시적, 순간적인 추정도 포함한다.

---

3   나는 구상이라는 단어를 1980년에 찰스 필모어(Charles Fillmore), 폴 케이(Paul Kay)와 함께 독해력 테스트 프로젝트를 할 때 처음 소개했다(Fillmore, 1981; Kay, 1987). 필모어는 존 실리 브라운(John Sealy Brown)이 수학에서 오류 제거 시에 일어나는 능동적인 사고에 대한 토론에서 이 용어를 쓰는 걸 들었다고 말했다. 수잔 랑거(Susanne Langer, 1948)의 용어인 "마음에 그려보기(envisagements)"도 관련이 있다. 마음속 의미 수정(meaning-changing) 개념에 대한 이러한 초기 소개 덕분에 내가 학습과 수업에 유용한 개념을 개발할 수 있었다. 관련하여 Langer(1985, 1986, 1987a, 1987b, 1990), Langer, Bartolomo, Lucase, & Vasques(1990)를 참조할 수 있다.

하나의 구상은 언제나 수정 중에 있거나 수정이 가능하고 수정에 개방적이다. 이 수정 행위가 "구상 구축하기(envisionment building)"이다. 구상 구축하기는 문학작품을 읽을 때에만 일어나는 것이 아니다. 우리는 우리 자신, 타인, 세상을 이해하고자 할 때 항상 구상을 구축한다.

예를 들어, 당신이 파티에서 누군가를 처음 만났다고 치자. 여러분은 그 사람의 겉모습, 옷차림새, 파티를 여는 사람과 그 사람이 어떤 관련이 있을지에 대한 추측을 제외하고는 아는 바가 없을 것이다. 이러한 첫 단서를 가지고도 당신은 그 사람에 대한 구상을 시작한다. 당신의 관심에 따라 더 또는 덜 상세하게 구상하게 될 것이다. 당신은 그 사람이 여성이고, 45세 정도로 보이는 중년이고, 옷을 잘 차려입었고, 비싸 보이는 옷과 보석을 착용했고, 격식을 갖춘 차림새로 세련되었다는 것을 안다. 그 사람이 조심스럽게 행동하는 것으로 보아 나서는 성격의 사람은 아니고 다소 내성적일 수도 있다. 교육을 잘 받은 사람으로 전문직에 종사하는 것처럼 보이지만 파티에 온 다른 전문직 종사자와 다소 다르다. 이런 것이 당신이 그녀가 누구인지에 대해 구상을 구축하는 것이다. 처음에 당신의 구상은 일부 보여서 알 수 있는 것과 일부 그럴 것 같아 보이는 것과 많은 의문들로 차 있다. '나는 그녀가 옷을 잘 입었다는 걸 안다. 아마 그녀는 여기 처음일 거야. 그녀는 다른 동네에서 온 친구이거나 친척이겠지? 아마 내 친구가 말하던 그 컴퓨터 시스템 분석가일지도 몰라'와 같은 의문들로 차 있다. 그리고 내면의 대화, 즉 구상 구축하기가 계속된다.

구상이라는 용어는 학생 또는 교사가 읽고, 쓰고, 토론하고, 시험을 본 텍스트에 대한 이해를 지칭하는 것이다. 구상은 새로운 증거와 새로운 아이디어가 마음속에 생기면 언제든 수정되기 마련이다.

예를 들어, 구상들은 읽는 동안 시간이 지나면서 언제나 수정된다. 더 많은 부분을 읽을수록, 어떤 생각은 더 이상 중요하지 않게 되고, 어떤 생각은 추가되며, 어떤 생각은 재해석된다. 심지어 책의 가장 마지막 단어를 읽은 뒤 책을 덮고 나서도, 독자는 수정될 수 있는 구상 속에 남겨진다. 수정은 글쓰기, 추가적인 생각, 다른 읽기, 또는 타인과의 토론을 통해 이루어질 수 있다. 구상들은 시간이 지날수록 성장하고 수정되고 풍성해진다.

텍스트와 상호작용하기

7학년 학생인 짐(Jim)을 생각해 보자. 짐도 담임교사도 짐을 "평균적인" 학생이라고 생각한다. 짐은 학교에서 즐거운 생활을 하고 수업 토론과 학교 프로젝트에 잘 참여하며, 학급 친구들과 교사들은 짐을 좋아한다. 짐은 활동 기반이고 독자 기반인 국어 수업을 좋아한다고 말하지만 때로는 수업 시간의 읽기가 "어렵고" 또는 "지루하다"고 한다. 국어 시간에 학생들은 자신이 읽을 것을 스스로 선택하라고 권장됨에도, 짐은 집에서 읽는 것을 더 선호한다. 왜냐하면, "그러면 내가 읽고 싶은 것을 읽기" 때문이다. 그는 스포츠 잡지를 좋아한다. 짐은 시를 읽고 쓰는 것도 좋아한다고 말한다. 시에서 "저자는 무언가를 말하려고 하고, 나는 저자가 말하는 것이 무엇인지 알아내는 것을 좋아한다."

이를 염두에 두고, 짐이 「내 잘못을 용서하소서(Forgive Me my Guilt)[4]」라는 시를 읽은 것을 살펴보자. 이 시는 로버트 트리스탬 코핀(Robert P. Tristram Coffin, 1949/1966)이 지은 사냥(hunting)에 관한 시다. 시를 읽으면서, 짐은 사고 구술(think-aloud)을 통해 시를 읽는 동안의 자기 생각을 구술하였다. 시의 행마다 짐이 사고 구술한 내용이 이어진다.

내 잘못을 용서하소서

[아마 누군가 뭔가 잘못을 저질렀나 봐. 예전에 잘못을 저질렀거나. 아마 뭔가 잘못한 일에 대해 용서를 구하는 것 같아.]

어떤 것이 죄라고 불리는지 확신할 수 없지만 [이 사람은 무엇이 죄가 되는지 모르는 것 같아, 아니면 자기가 언제 죄를 저지르는지 또는 저질렀는지 모르는 것 같아.]
나는 한 가지 죄를 지었다고 확신합니다. [아, 죄를 지었던 걸 몰랐네.]
오래전 [아마 이 사람이 어렸을 때였나 봐], *나는 소년이었습니다.* [그렇지, 죄를 지었던 때는 이 사람이 어렸을 때였어.]
나는 총을 들고 서리꽃 속에 누워, [이 사람이 뭔가를 쏜 것 같아,

---

4 역자주: 어린 시절 새를 총으로 쏘아 날개를 부러뜨리고 난 다음, 달아나던 새들의 울음소리에 시달렸던 경험을 담은 작품이다. 시적 화자는 새의 울음소리를 환청으로 들으면서 죄의식과 후회에 시달리면서 용서를 구하고 있다.

아니면 왜 소년이 총을 갖고 있겠어? 모르겠네, 공기총이나 혹은 다른 건가? 아니면 (불분명함). 소년이 왜 총을 가지고 있었는지 모르겠네.]

꽃처럼 파랗게 흐르는 공기를 느끼며 [파란 꽃이 있었군], **숨을 참았습니다.** [아마 소년은 새나 뭔가를 쏘려고 했거나, 겁만 줘서 쫓아버리려고 한 건 아니었어.]

꿈처럼 날씬한 황금 다리의 두 마리 새 금빛 모래 위를 또르르 달렸습니다. [응, 소년은 새를 쏘려고 했던 거네, 고무 총이든 뭐든 가지고.]

내 총은 발포되었고, 새들은 부러진 날개로 [소년은 하나 또는 둘 모두를 쏘았고, 새들은 날개가 부러져 날 수 없게 됐네.]

바닷속으로 달아났고 [소년은 해변가에 있었네], **나는 새들을 잡으러 달려갔습니다.** [내 생각에 소년은 그 새들을 잡으러 들어갔어. 아마 소년은 새들을 치료해 주길 바랐을지 몰라, 새를 쏘았고, 슬프게도 새들이 봉변을 당했으니 그런 마음이 들었을지도 몰라.]

그러나 새들은 머리를 높이 들고 바다 멀리 헤엄쳐갔습니다. [새들은 달아났어. 겁에 질렸고, 왜 소년이 따라오는지 몰랐어. 새들은 소년이 심각한 피해를 입혔는데, 왜 따라 들어와 잡으려고 하는지 생각했을 것 같아.]

새들은 날개가 있어야 할 곳에 부러진 뼈를 보이며, [새들은 고통스러웠고, 괴로웠을 거야. 새들은 고통에 빠져 있었어.]

하이 플룻 곡조처럼 슬프게 울었습니다.

며칠 동안 나는 그 바닷가를 걸을 때 새들의 소리를 들었습니다, [새들은 무리를 지어 있었고, 소년이 물가에 있거나 해변을 걸을 때

울었던 거야.]

바다의 자기 종족들에게 외치는 울음을. [새 무리는 아마 해변에서 떨어진 바닷속에 있었어. 다친 새들이 울 때 말이야.]

다른 물떼새는 남쪽으로 가고 있었습니다. [분명 겨울이었을 거야, 추워지면 새들은 남쪽으로 이동하니깐.]

이 부러진 둘이 남겨 둔 은빛 날개 위로, [다친 새들은 날개가 완전히 부러졌나 봐.]

어느 날 울음이 터졌습니다. [소년은 모든 새들이 우는 걸 들었어]
나는 여전히 새들의 울음을 듣습니다. [소년은 다친 새들의 울음도 들어.]

전쟁이나 평화의 모든 슬픔의 소리를 [아마 소년은 왜 새를 쏘았는지, 왜 쏘고 싶었는지, 무엇 때문에 새를 쏘았는지 몰라. 이제 소년은 울음소리를 영원히 붙들고 있어.]

나는 들어본 적이 있습니다. 시간이 그들을 익사시킬 수는 없습니다. [소년은 새들이 늙어서든 다른 이유로든 죽지 않을 거라고 생각하지는 않아.]

그 가느다란 슬픔의 플룻 곡조는 결코 멈추지 않습니다. [여기서 '멈추다(cease)'가 무슨 뜻인지 모르겠어.]

두 새는 날 수 없습니다!

나는 새들의 삶이 종국에 어떻게 되었는지 알지 못했습니다. [그는 새를 죽였거나 다치게 했어. 그리고 새들은 다친 뒤로 회복되지 않은 거 같아. 새는 아마 총에 맞았기 때문에 죽었던 것 같아.]

그러나 나는 오랫동안 모든 게 야생에서 벌어질 수 있는 일이라고 생각했습니다. [그는 남은 생에 무언가를 죽이려고 하지는 않을 것

같아.]

아름다운 새들이 내 죄를 용서할 거라고요. [새들은 결코 용서하지 않을 거야.]

  조금 뒤에 나는 이 전사에서 포착된 짐의 생각으로 돌아가 질문했다. 우리는 짐이 읽으면서 시와 자기 삶의 경험과 지식을 연결하고, 자신이 발전시키고 있는 텍스트 세계와 시를 연결하고 있는 것을 볼 수 있다. 짐은 시의 최초 의미를 만들고 있다. 읽기의 마지막에 해당 부분이 자신에게 어떤 의미로 다가왔는지 물었을 때, 짐은 "이건 죄에 관한 거예요. 어떻게 우리가 그렇게 쉽게 죄를 짓는지, 그게 죄인지 모른 채 죄를 짓는 것에 관한 거예요."라고 답했다. 처음 짐의 사고 구술은 시가 이런 의미를 가질지 모른다는 단서를 짐이 이미 가지고 있었다는 것을 드러내었다. 짐은 자신이 단서를 이미 가지고 있었다는 것을 마지막에 알아채는데, "첫 문장 다음에 …, 화자는 무슨 죄였는지 몰랐다고 말했고, 시 제목도 거의 암시하는 바가 없었어요. 누군가가 화자를 용서하지 않았기 때문에, 처음에 제가 추측해서 사고구술했던 거예요."라는 언급을 통해 알 수 있다. 그러나 짐은 시를 읽어 나가면서, 시가 다른 사람이 하는 원망이라기보다는 화자가 자진해서 하는 회한에 관한 것이라고 생각했다. 돌이켜 생각해 보며 짐은 "지금 화자는 나이가 들었고, 이제는 아는 겁니다. 그런데 화자가 어렸을 적에는 잘 몰랐었죠. 예전에는 고민도 하지 않았던 것 같아 보여요. 그러나 지금은 화자가 고민을 하는 겁니다."라고 말한다.
  파티에서 처음 보는 사람에 대해 구상을 구축하는 과정과 유사하게, 짐은 시에 대한 자신의 이해를 창출하는 과정에 있다. 짐은 극히 일부 단서로 시작하지만 희박한 단서들을 가지고 해당 순간에 그럴 듯한 구상을 한다. 시간을 가지며 짐이 시를 계속 읽어 가면서, 생각은 풍성해지고 변하며 발전한다. 새롭고 보다 풍성한 다른 이해가 그를 기다린다. 짐의 초점은 미래이다. 짐은 구상이 자기의 경험과 시가 말하는 바가 결합된 것에 영향을 받음을 안다.

짐의 시(짐이 시를 이해하는 바)는 그의 생활, 경험, 가치가 작용한 결과이다. 짐은 사람들이 서로 같지 않으며 해석도 상이하다는 것을 안다. 짐은 큰 시골 지역의 경계에 있는 교외 지역에서 산다. 짐은 사냥을 간 적이 있고, 짐의 학급 친구들도 가족들과 함께 스포츠로서 사냥을 한 적이 있다. 짐은 이 시를 자신과 다르게 해석하는 친구들도 있음을 안다. 짐이 설명했던 것처럼 다른 친구들은 "응, 와우, 그가 새를 쏘았어, 그거야… 새를 걱정하지도 않을 거예요. 오, 수백만 마리 새 중 한 마리야"와 같이 말할지도 모른다. 짐은 또한 시가 다른 방식으로 해석될 수도 있다고 생각한다. "내 생각에, 이건 새가 자라고 총을 맞고 그래서 죽는 것에 관한 시일 수 있어. 그니깐 작은 알갱이에서부터 시작된 삶이 전체로 나아가는 거지." 그러나 짐은 이 시가 화자가 느끼는 방식에 관한 것이라고 생각한다. 시간이 지나는 동안 자신의 구상을 수정하면서 내면화하게 된 회한의 정서 때문이다.

짐과 마찬가지로, 독자는 텍스트와 상호작용할 때 구상 속에서 많은 수정을 경험한다. 구상은 텍스트 읽기가 진행되고 이해가 발전하면서 수정된다. 작품 속 새로운 문제, 감정, 사건 발생은 마음에 새로운 생각과 추정을 불러일으킨다. 작품 속의 틈, 대화를 통한 시점의 변화, 시간과 관점의 전환 등 이 모든 것은 우리가 삶, 픽션, 판타지로부터 알게 된 모든 것을 모아서 이해와 추정을 구축-계속 수정되는 구상을 구축-해 나가게 한다.

토니 모리슨(Toni Morrison, 1987)의 『빌러비드(Beloved)』[5]의 예를 들어 보자. 이 이야기는 독자가 세쓰(Sethe)라는 중심인물의 삶으로 직접 다가가게 이끈다. 처음에 나오는 몇 단어를 읽으면, 독자는 세쓰의 깊은 슬픔을 느낄 수 있다. 세쓰의 계모인 베이비 스컥스(Baby Scuggs)는 죽고, 세쓰의 아들인 하워드(Howard)와 불가(Bulgar)는 집을 나가 버렸다. 10살짜리 덴버(Denver)만 세쓰와 함께 남게 된다. 그런 다음 회상을 통해 가족이 세쓰와 함께 124번지에서 살던 때로 이동한다. 가족의 슬픔이 독자의 마음을 채우고 우리는 그들이 누구이고 왜 이런 시련이 그들에게 닥쳤는지 생각하게 된다. 우리는 책을 읽어 가면서 죽은 아이의 영혼에 대한 묘사로부터 나중에 이어질 비극에 대한 아주 작은 단초를 얻게 된다. 그리고 그 묘사는 물리적, 정신적 차원에서 깊은 슬픔을 짐작하게 해 준다. 세쓰와 오랜 친구 폴디(Paul D)(이 둘은 스윗홈(Sweet Home) 대농장에서 노예들을 보았다)간에 펼쳐지는 대화는 독자를 비극으로 안내하고, 독자가 다른 각도에

---

5 역자주: 토니 모리슨, 최인자 역, 『빌러비드』, 문학동네, 2014. 1988년에 퓰리처상을 수상한 미국 소설로, 미국 전역에서 노예 해방이 있기 전, 한 흑인 여성이 대농장(플랜테이션)에서 노예로 겪은 수난에 대한 이야기이다. 세쓰는 자기와 같은 노예 취급을 받지 않도록 하기 위해 어린 자식을 죽이는데, 이 소설에는 '빌러비드'라는 이름의 영혼이자 육화된, 실체를 알 수 없는 등장인물이 나온다. 빌러브드는 죽은 아이의 영혼이라는 해석, 실재하는 인물이라는 해석 등 여러 갈래로 나뉜다.

서 일부 등장인물의 시선을 통해 소설을 읽을 수 있게 해 준다. 우리는 등장인물들의 공포를 경험하게 되고, 그들이 어떤 사람이 되어가는지에 대한 이해를 하게 된다. 이러한 초기 독자 경험과 이해는 강력한 것으로, 우리가 소설을 읽어 가면서 배우게 될, 세쓰가 살아가면서 가지는 고통과 세쓰가 아는 모든 이를 뒤덮고 있는 아픔에 대한 단서가 된다. 시간이 지나면서 세쓰의 이야기를 통해, 우리는 세쓰와 다른 사람들이 감내해야 했던 비인간적인 대우와 등장인물들의 삶에 스며든 허무의 의미에 대해 구상을 구축한다.

소설은 왜 아이의 영혼이 세쓰의 집을 점거하고 있고, 세쓰가 그것을 받아들이고 있는지에 대해 단서를 준다. 우리의 구상은 추측으로 가득하고, 이야기가 전개되면서 초기 구상의 세부사항은 폐기되기도 (하워드와 불가에 대한 묘사 같은 경우) 하고 일부 세부사항은 더해지기도 한다(스윗홈 대농장에서의 삶이 어떠했는지, 그들이 왜, 어떻게 그 농장에서 탈출했는지, 세쓰의 아이가 어떻게 죽었는지, 어떻게 'Beloved'라는 이름이 지어졌는지와 같은 것들). 이미지와 생각이 추가되면서 우리의 구상은 수정되고, 세쓰의 비극적 삶과 세쓰를 둘러싼 이들의 삶에 관한 우리의 구상은 보다 복잡해진다.

우리는 구상 구축하기를 의미 형성(sense-making) 활동이라고 생각할 수 있다. 우리의 생각 속에서 작품에 대한 이해가 이루어지면 의미는 수정되고 변화하며 발전한다. 사람과 작품 사이 지속적인 상호작용(루이스 로젠블랫(Louise Rosenblatt, 1978)은 이를 상호교섭 (transaction)이라고 불렀다)이 있고, 상호작용으로 창출된 특정 의미는 사람과 작품 둘의 만남을 표상한다. 구상은 단순히 시각적인 것만이 아니고, 언제나 언어 경험인 것도 아니다. 구상은 개인이 때때로 의식적으로, 또는 흔히 암묵적으로 개인이 이해해 가면서 생각하고, 느끼고, 감지하는 것들을 포괄한다.

그러면 구상이 수정되게 되는 시간이 흐르면서 어떤 일이 생기는가? 우리는 텍스트를 읽어 가면서 새로운 생각을 발전시킨다. 초기 일부 아이디어, 의문, 예감은 우리의 이해에 더 이상 중요하지 않거나 적절하지 않을 수 있다. 예컨대, 하워드와 불가의 가출을 둘러싼 상황에 대해 읽을 때 우리는 세쓰 가족의 경험 일부를 이해하기 시작한다. 우리는 그들이 왜 연락을 하지 않는지에 대한 예감을 가지게 되고 그들에게 무슨 일이 있었던 것인지 궁금해하게 된다. 그러나 그들은 구상의 중심에 오랫동안 머무르지는 않는다. 나중에 나오는 치욕과 슬픔의 이야기를 통해 우리는 세쓰가 껴안고 있는 공포, 회한, 사랑의 심연을 깨닫게 된다. 그리고 우리는, 소설 속에 등장하는 죽은 아이의 영혼은 세쓰가 씨름해야 하는 또 다른 비극을 나타내는 것임을 알게 된다.

이런 견지에서, 하나의 구상은 독자가 특정한 지점에 자신과 텍스트 사이의 상호작용에서 비롯된 총체적 이해를 표상한다. 어떤 책, 연극, 장(chapter)을 읽는 동안 독자는 "지엽적(local)" 구상을 하게 되고, 지엽적 구상은 작품, 독자, 다른 사람, 다른 사건에서 비롯되는 새로운 생각으로 수정된다. 구상은 이 새로운 생각에 의해 수정되어 총체적 이해에 이르게 된다. 이런 식으로 하나의 지엽적 구상은 "최종" 구상으로 진화하기도 한다. 최종 구상은 책을 읽으면서 우리가 생각한 것들의 합집합이 아니고, 최종 구상에 이르게 한 모든 지엽적 구상의 변형에 의해 수정된 것이다. 지엽적 구상들에서 비롯된 일부 아이디어는 최종 구상에 남아 있지만, 작품의 의미에 더 이상 주효하지 않는 아이디어는 폐기될 수 있다. 수정되는 지엽적 구상은 이전 구상과 질적으로 다르다. 과거의 궤적 위에 현재의 결들이 쌓이는 나무줄기의 나이테 같은 것이라기 보다 마치 애벌레−번데기−나비와 같이 생의 각기 새로운 단계에서 보이는 독특함과 같다. 텍스트의 마지막 단어를 읽고 난 후, 혹은 마지막 장면이 끝나고 무대의 커튼이 드리워진 후에도 구상은 추가적인 생각/읽기/토론/쓰기/생활을 통해 수정될 수 있다.

구상이라는 개념은 읽기 후에 모든 학생들(교사 역시도)이 가지는 그들의 "최초 인상들"이 자신과 다른 사람들의 생각에 반응하여 수정 대상이 된다는 추정을 낳는다. 구상은 또한 읽기가 문학 비평가들이 논한 공식적인 해석이라는 의미가 아니라 교육자들이 사용한 의미 구축(meaning−building)이라는 측면의 해석 행위임을 시사한다. 이 해석 과정은 본질적으로 사회적인 것으로, 바흐친(Bakhtin, 1981)이 말하는 개인적 역사(personal history)와 경험의 상호텍스트적 망 속에 있는 인간의 생각을 포함하는 것이다. 바흐친은 과거 텍스트와 관련 텍스트(그리고 이전 텍스트), 그 순간의 반응들, 그리고 미래에 생성되거나 나타날 텍스트들이 서로 얽혀 있다고 하였다. 그러한 해석은 필연적으로 "어려운 작업"이지도 않고 반드시 학술적인 것도 아니다. 우리가 미스터리나 로맨스 소설에 빠져들 때에도(Radway, 1984) 구상은 발전되고 수정된다.

구상 구축하기 동안의 단계들

구상이 발전하는 방식—학생이 텍스트를 이해하려고 기대게 되는 일종의 지식—을 고려해 보자. 이는 학생이 그러한 노력을 할 때 어떻게 지원해야 하는지에 대해 이해할 수 있게 해 줄 것이다. 가장 첫 출발점에서부터 이해는 해석이고, 사람들은 자신의 해석을 발전시켜 가면서 가능한 선택지들(options)을 가지고 있다는 것을 기억해야 한다. 나는 이러한 선택지들을 단계들(stances)이라고 부른다. 선택지들은 구상 구축하기 행위에 중요하다. 각 선택지가 아이디어를 얻을 수 있는 유리한 관점을 제시하기 때문이다.

단계들은 선조적이지 않다. 단계들은 특정 독자와 특정 텍스트 사이의 변화무쌍한 상호작용에 기인하는 것이고 읽는 와중에 어떤 지점에서든 일어날 잠재성이 있다. 따라서 단계들은 모든 독자의 구상 구축하기 경험의 일부이고, 단계들이 일어나는 패턴과 단계들이 포괄하는 내용은 텍스트와 상호작용하는 동안 독자의 경험과 예상을 토대로 한 것이다[6]. 나는 다섯 가지 단계를 확인하였다. 아래에 각 단계에 대해 간략히 설명하고 학생들의 사고구술 사례를 제시한다.

---

6 단계(stances)라는 개념은 내가 학생들이 문학적 목적으로 읽을 때 구상을 구축하는 방법을 이해하기 위해 수행한 일련의 연구에서 개발되었다. 여러 해 동안 나는 정규 수업 시간에 학생들의 참여와 그들이 작품을 읽을 때 사고구술한 자료에 대해 연구했다. 이에 대한 나의 첫 번째 보고(Langer, 1990) 이후, 어떤 단계들은 최초 버전과 다소 다른 방식으로 활용되거나 해석되어 왔다. 특히, 전국 교육 성취도 평가(the National Assessment of Educational Progress, 1990, 1992, 1995)에서 말이다. 전국 교육 성취도 평가의 틀은 특정 테스트 목적의 요구에 부합하는 이론을 채택한 학자들과 실행자들로 구성된 집단에 의해 개발되었다.

그런 다음, 일상 교실 대화에서 단계가 발전하고 상호작용하는 방식을 증명하는 수업 토론을 검토하고자 한다.

단계 1: 외부에 있기와 구상으로 진입하기

우리는 읽기 시작할 때 외부에서 시작해서 구상으로 진입하게 된다. 우리는 작품이 무엇에 관한 것인지 알아가기 위해, 마치 실세계에서 처음 보는 사람에 대해 가능한 많은 아이디어를 모으려고 하는 것처럼 충분한 아이디어를 모으려고 노력한다. 빈약하기는 하지만 이것이 우리가 실세계이건 텍스트 세계이건 우리 자신과 대화를 시작하게 되는 지점이다. 우리는 구상 "외부"에 있어서 구축할 것이 거의 없기 때문에, 어떤 단서든 있으면 잡으려고 하고, 그 단서를 가지고 우리가 이미 알고 있는 극히 적은 부분을 활용해 이해해 보려고 한다. 우리는 가능하면 많은 단서를 찾지만 우리가 찾고 파생시키는 의미는 대체로 표피적인 것이어서 탐색은 더 깊이 더 넓게 이루어지게 된다.

이 단계에서 우리는 대체로 우리의 지식, 경험, 텍스트의 표면적 자질과 가능한 단서를 활용해서 구상을 발전시키기 시작한다. 특히 읽기가 막 시작되었을 때, 우리는 이런 폭넓은 탐색을 활용한다. 폭넓게 탐색하는 이유는 등장인물, 구성, 배경, 상황 및 이것들이 어떻게 상호 관련되는지에 대한 최초 아이디어와 추측을 형성하기 위해서이다. 그러나 "텍스트 세계 외부에 있기와 구상으로 진입하기"는 읽기의 전(全) 과정을 통해 일어나는 것으로, 새로운 아이디어가 생기는 초반에만 일어나는 것은 아니다. 그리고 구상이 구축된 뒤에, 해당 구상을 벗어나게 되는 것도 가능하다. 이는 어휘가 낯설거나 뜻밖의 불가해한 사건이 우리를 당황하게 하여 초점을 잃게 될 때 일어난다. 심지어 작품 마지막 단계에서 우리는 반전의 결말에 의해 구상에서 벗어나게 될 수도 있다. 각각의 경우에 우리는 구상을 재구축할 시작점을 찾는데, 아이디어를 모으는 초기 단계와 본질적으로 유사한 방식으로 찾게 된다.

우리는 이미 짐이 「내 잘못을 용서하소서」의 제목을 읽으면서 다음과 같이 말할 때, 시의 첫 부분에서 하나의 구상에 진입하려고 하는 것을 보았다.

아마 누군가 뭔가 잘못을 저질렀나 봐. 예전에 잘못을 저질렀거나. 아마 뭔가 잘못한 일에 대해 용서를 구하는 것 같아.

나중에 짐은 화자의 나이에 대해 추측한다.

아마 이 사람이 어렸을 때였나 봐. 그렇지, 죄를 지었던 때는 이 사람이 어렸을 때였어.

이 경우, 짐의 추측은 시를 읽는 초반에 모을 수 있는 단서로부터 출발해서 발전한 것이다.

단계 2: 내부에 있기와 구상을 통해 나아가기

　　표면적 아이디어들(때로는 몇몇 아이디어로도 충분할 수 있음)에서부터 그리고 삶이나 텍스트와 관련된 경험에서 출발하여, 우리는 이해를 발전시키는 데에 보다 몰두하게 된다. 우리는 개인적 지식, 텍스트, 읽기의 사회적 맥락에 의지한다. 읽기의 사회적 맥락은 아이디어를 제공하고 생각이 떠오르게 해 준다. 이 단계에서 우리는 텍스트 세계 속으로 몰입하게 된다. 우리는 새로운 정보를 받아들이고 정보를 곧바로 활용해 모티프, 감정, 원인, 상호관련성, 함의에 대해 질문하면서 우리가 이미 이해하고 있는 것보다 더 나아가게 된다. 이는 의미가 의미를 낳는 순간이고, 우리가 이야기의 서사에, 시의 의미나 느낌에, 묘사의 이미지에, 수사의 감미로움에 사로잡히는 순간이다. 이 단계에서 우리는 텍스트, 우리 자신, 타인, 삶과 세계에 대한 우리의 지식에 의존하여 우리의 생각 속 연결고리를 만들고 정교화해서 이해를 진전시키고, 작품이 무엇에 관한 것인지 그 의미를 수정해 나간다.

　　짐은 자기가 텍스트 세계 안에 머문 채 읽으면서 구상을 통해 진전하고 있다는 증거를 보여 준다.

　　　응, 소년은 새를 쏘려고 했던 거네, 고무총이든 뭐든 가지고… 둘 모두를 쏘았고, 새들은 날개가 부러져 날 수 없게 됐네…. 내 생각에 소년은 그 새들을 잡으러 들어갔어. 아마 소년은 새들을 치료해 주길 바랐을지 몰라, 새를 쏘았고, 슬프게도 새들이 봉변을 당했으니 그런 마음이 들었을지도 몰라.

여기에서 짐은 시를 읽어 나가면서 시구가 뜻할지도 모를 것들에 대해 추측한다. 짐은 아이디어를 내 보면서도 자기 아이디어를 테스트해 보고 있고, 자기의 구상이 계속 수정될 수 있게 열어두고 있다. 이 단계에서 짐은 작품 전체에 대한 이해를 진화시키는 데 기여하도록 자신의 순간순간의 이해를 바탕으로 의미를 만들어 가고 의미를 풍성하게 하고 있다. 나중에 짐이 다음과 같이 말하는 것을 볼 수 있다.

아마 그는 무엇 때문에 새를 쏘았는지 몰라. 이제 그는 이 울음소리를 영원히 붙들고 있어.

단계 3: 물러나기와 아는 것 재고하기

'물러나기와 아는 것 재고하기' 단계는 앞의 단계들과는 본질적으로 다르다. 다른 단계에서 우리는 텍스트 세계를 이해하기 위해 우리의 지식과 경험을 활용한다. 이는 본질적으로 구상을 구축하는 단계들이다. 이번 단계에서는 정반대이다. 이 단계에서 우리는 우리가 발전시킨 이해와 텍스트 세계를 우리가 가지고 있는 지식과 경험에 추가하는 것을 허용한다. 이 단계는 구상에서 의미 개발의 초점이, 우리가 창조하고 있는 텍스트 세계에서 어떤 의미를 주는지에서 우리의 삶, 생각 혹은 지식에 어떤 의미를 주는지로 초점이 바뀌는 시점이다.

『빌러비드』가 예속, 노예제도, 권력에 대해 우리가 가지고 있는 느낌을 성찰하게 하고, 우리의 느낌이 얼마나 얄팍했던 것인지를 깨닫게 했을 때, 우리는 이 단계에 몰입하는 것이다. 우리는 이런 것들을 세쓰, 베이비 스컥스, 폴 디, 덴스의 시점을 통해 한번 경험해 봄으로써 우리가 가지고 있던 느낌이 얄팍했음을 깨닫게 된다. 이 단계에서 우리는 텍스트를 읽기 전에 우리가 이미 알았거나, 했거나, 느꼈던 무언가를 성찰하는 데에 구상들을 활용한다. 여기에서 우리는 가공의 세계와 실제 세계 사이의 상호관련성을 볼 수 있다. 구상은 삶에 빛을 비추고 삶에 영향을 준다. 삶은 구상에 빛을 비추고 삶에 영향을 준다. 또한 우리는 노예제도와 노예제도 폐지에 대해 우리가 안다고 생각했던 것에 대해 재고하는 데로 나아가게 될지 모른다.

우리가 텍스트를 읽을 때 "물러나기와 아는 것에 대해 재고하기" 단계가 다른 단계들만큼 자주 일어나지는 않는다. 이는 부분적으로는 모든 작품이 우리가 성찰하고 배울 수 있는 방식으로 삶을 다루지는 않기 때문이고, 또 부분적으로는 축적된 문학적 경험이 충분치 않아서 문학작품이 우리에게 영향을 주는 데에 시간이 많이 걸릴 수도 있기 때문이다. 그러나 이 단계는 상당히 강력한 것이고 궁극적으로는 은근히 스며드는 것이기 때문에 이 단계의 잠재적 영향력은 문학을 읽고 공부하는 주요한 이유가 된다. 문학은 우리의 삶을 이해하고 꾸려 나가는 데 도움을 주기 때문에 우리는 문학을 읽고 공부하게 된다. 독자로서 우리는 문학이 주는 교훈이 경험의 값진 측면임을 안다. 그 교훈은 우리의 현재와 미래의 자신을 비춰볼 수 있는 거울이 된다. 또한 문학이 주는 교훈은 우리의 성공을 재검토하고 대안적 가치/신념/감정을 상상할 수 있게 해 준다. 우리는 짐이 「내 잘못을 용서하소서」를 읽은 뒤 죄에 대해 생각하는 데에서 이런 상황을 볼 수 있다. 짐은 죄의식과 나이 들어감(aging)에 대해 철학적인 생각을 한다.

> 난 죄의식에 대해 이해해. 하지만 내 생각에, 왜 그렇게 오랫동안 죄의식에 붙들려 있어야 해? 이제 죄의식에서 벗어나… 왜냐하면, 만약에 죄를 짓는다면 아마 어려서 그런 거 아니겠어. 오랫동안 죄의식에 갇혀서 매여있는 것보다 아마 말을 해 버리는 게 나을 거야.

단계 4: 물러나서 경험을 객관화하기

네 번째 단계에서 우리는 우리가 발전시킨 구상에서 우리를 떨어뜨려 놓고 물러서서 다시 한번 구상을 성찰하게 된다. 이는 우리의 이해, 읽기 경험, 작품 그 자체를 객관화시키는 단계이다. 우리는 우리의 이해, 읽기 경험, 작품 그 자체를 성찰하고 분석하며 판단하여 그들을 다른 작품과 다른 경험과 관련시킨다. 이 단계는 우리가 작가의 기법, 작품의 구조, 문학적 요소와 인유(引喩)(allusions)에 초점을 둘 수 있는 단계이다. 우리는 문학 이론의 관점이나 다른 문화나 시대적 관점에서 작품을 분석적으로 읽을 수 있다. 또한 우리는 왜 어떤 작가나 작품이 중요한 위치를 차지하는지, 다른 사람의 해석에 동의할지 말지와 왜 그러한지에 대해 알게 될 수도 있다. 이 단계에서 우리는 작가와 세계에 대한 우리의 이해 사이의 긴장, 힘과 충돌의 암시, 비판적이고 지적인 전통과 그러한 전통 속 작품의 위치 사이의 긴장들을 파악하는 비평가가 된다.

결국 이는 보다 분석적 고찰을 허용하는(그러나 요구하지는 않는), 거리를 둔 채 텍스트와 의미를 바라보는 것을 포함하는 단계이다. 우리가 『빌러비드』와 랄프 엘리슨(Ralph Ellison)의 『보이지 않는 인간 (The Invisible Man, 1972)』[7]을 두고, 등장인물이 처한 삶과 역사를 꼼꼼히 보고, 인종차별이나 성차별적 관점에서 텍스트를 읽으면서 비교할 때, 우리는 "물러나서 경험을 객관화하는" 것이다. 또한 우리는 성서적 혹은 신화적 인유(引喩)라는 걸 알아채거나 상기할 때(빌러비드가 물에서 나와 온전하고, 뭔가를 갈망하며, 새롭게 나타날 때처럼 또는 우리가 세쓰가 직면해야 할 시련을 숙고할 때처럼) 한발 물러나서 텍스트를 객관화하게 된다. 그리고 그러한 암시와 우리의 성장하는 구상들을 연결시킨 결과로 우리의 읽기에 새로운 이해의 깊이를 더하게 된다. 또한 이 단계는 우리가 작품에 대해 평가하거나 또는 선입견을 가지거나 작품을 전체적으로 보게 되는 때이다. 짐은 「내 잘못을 용서하소서」를 자기가 왜 좋아하는지를 설명할 때 이 단계를 보였다.

이 시는 뭔가에 대해 표현하고 있어, 누군가의 무언가에 대한 두려움에 관한 거 말야, 무언가에 대해 무얼 생각하는지에 대한 거지… 아이들을 위한 시는 알다시피 워크(walk), 토크(talk)와 같이 음

---

7   역자주: 랄프 엘리슨, 조영환 역, 『보이지 않는 인간 1, 2』, 민음사, 2008.

운을 맞추려고 하지. 그치만 이 시는 누군가의 감정에 대한 거야, 무언가에 대한 감정…. 나는 죄에 대한 시를 예전에는 들어본 적이 없어. 이건 마치 한 유형의 시 같아.

단계 5: 구상을 떠나 한 단계 나아가기

이 단계는 다른 단계들에 비해 자주 일어나지는 않는다. 이 단계는 우리가 풍부하고 제대로 된 구상들을 구축한 때—우리가 새롭고, 때로는 관련성이 없는 상황에서 활용할 지식이나 통찰력을 가진 때—가 해당된다. 이 단계는 새로운 구상 구축 경험을 창출하기 위해, 풍부하게 구성된 구상을 비판적으로 바라보아야 하기 때문에 생성적이라고 할 수 있다. 이 단계는 리스트가 빅토르 위고의 시를 원작으로 한 교향곡 〈마제파〉와 윌리엄 셰익스피어의 희곡을 원작으로 한 교향곡 〈햄릿〉 등을 작곡한 것처럼, 작곡가가 시의 여러 측면에 기대어 새로운 심포니를 창조할 때 일어난다.

내가 앞에서 언급했던 것처럼, 이 다섯 단계는 순서에 따라 차례로 일어나지 않는다. 이 단계들은 읽는 동안, 읽고 나서 토론하거나 쓰는 동안, 그리고 작품에 대해 나중에 돌아보는 동안에 언제든 어떤 순서로든 일어나고 다시 일어날 수 있다. 시간이 지나면서 경험이 확장될 수 있으며 우리는 더 나은 이해에 이르게 된다. 우리의 구상은 단계와 단계에서 일어나는 자아와 텍스트 간의 관계들을 변화시킴으로써 발전한다. 각 단계에서 우리는 텍스트/구상/삶에 대한 우리의 이해를 발전시키는 다소 다른 매개체를 통해 우리의 생각을 걸러냄으로써, 다양한 의미를 생성하게 된다.

처음 두 단계에서 우리의 사고는 구상 자체에 있다. 세 번째 단계에서 우리의 사고는 실세계에 관한 지식과 우리의 경험에 있다. 네 번째 단계에서 우리는 점검을 위해 구상을 한발 물러서서 바라봄으로써, 구상을 객관화한다. 그리고 다섯 번째 단계에서 우리는 구상에서 멀어져서 종종 완전히 새로운 구상으로 진전하게 된다. 이 단계들은 우리가 일반적인 이슈를 다르게 생각하는 데에도 도움을 준다. 첫 번째 단계에서 우리는 최초의 아이디어들을 모으고, 두 번째는 텍스트 세계 속으로 진입하며, 세 번째 단계에서 우리는 구상에서 통찰력을 얻고, 네 번째 단계에서 텍스트가 뜻하는 바, 텍스트가 어떻게, 왜 그런 뜻을 드러내는지에 대해 되짚어보고 마지막 단계에서 한 단계 더 나아가는 것이다.

교실 사례

구상이라는 개념은 문학 수업과 문학 지도를 위해 특히 중요하다. 이 개념은 학생들이 아이디어를 내 보고, 대안적인 관점도 고려해서 보다 분명한 관점으로 수정하며, 타인의 반응과 다른 자신의 반응을 구분하고 정교화하여 해석하는 방식을 개념화한 것이다. 달리 말해 학생들이 보다 사려 깊은 독자가 되게 하는 방식을 개념화한 것이다. 단계들은 독자가 활용하고 의미가 통하는 선택지들을 드러내 주기 때문에 우리가 학생들을 어떻게 지도해야 할지에 도움을 준다. 이러한 지도는 학생이 자신이 떠올린 아이디어를 보다 분명하고 효과적으로 생각할 수 있도록 도움을 줄 것이다.

한 예로 교실 토론을 들어 보자. 바바라 퍼스트(Barbara Furst) 교사는 언제나 학생들이 자신이 이해한 바와 고민하는 부분에 대해 토론한 다음에 그것을 뛰어넘도록 하면서, 문학적 "공동체"의 일원이 되도록 독려한다. 아래 수업은 셜리 잭슨(Shirley Jackson, 1976)의 단편 소설 「찰스(Charles)」에 대한 교실 토론의 일부이다. 이 소설에서 등장인물 로리(Laurie)는 유치원에 다니는 꼬마인데 집에 오면 매일 같이 유치원의 악동인 찰스에 대해 이야기한다. 로리의 부모는 아들이 즐거워하는 악동의 장난 이야기에 매료된다. 그런데 어느 날, 학부모와의 만남 자리에서 로리의 엄마는 학급에 찰스라고 불리는 아이는 없다는 말을 교사에게서 듣게 된다[8]. 우리는 이 소설에 대한 7학년 학생들의 토론 중에서 다음과 같은 돈(Dawn)의 발언을 뽑았다.

나는 여전히 로리가 찰스를 일부러 지어냈다고 생각하지 않아. 나는 여전히 로리가 찰스라고 말하고 싶어. 왜냐하면 소설 첫 줄에, 내가 지금 책이 없는데 말이야…. 어쨌든 "나는 내 귀여운 조그만 아이가 어른 같아지는 것을 보았다."와 같은 구절이 나와. 이건 로리 엄마 생각에 로리의 행동이 정말 바뀌었다는 걸 보여 줘. 그 첫 줄에서,

---

8 역자주: 로리가 집에 와서 부모님께 악동 찰스에 대해 한 이야기 중에는 찰스가 착하게 행동해서 교사의 도우미가 되었다는 이야기도 있다. 학부모와의 만남에서 교사는 로리의 엄마에게 로리가 가끔 개구쟁이같이 굴었지만 이제는 자신의 도우미로 역할하고 있다고 말한다.

그 첫 줄은 로리가 정말 귀여운 아이였지만 유치원을 다니면서 빨리 크고 싶었던 거야. 로리는 뭔가 남들과 다르게 행동하고 있었어.

여기에서 돈은 "물러나서 경험을 객관화한다." 돈은 이 순간에 자신의 이해를 설명하거나 방어하기 위한 방식으로 이 단계를 활용하면서 (자기 마음속에 있는 구상보다는) 텍스트에 집중한다. 수업은 다음과 같이 이어진다.

> **퍼스트 교사:** 로리의 태도가 바뀌지.
> **애니(Annie):** 제 생각에 로리가 부모님을 테스트하려고 했던 것 같아요. 왜냐하면 부모님이 로리한테 찰스가 하는 행동이 나쁘다거나 찰스는 그런 일을 해서는 안 된다거나 그런 말을 하지 않았거든요. 부모님은 그냥 찰스한테 일어난 일과 찰스가 무엇을 했는지에 대해서만 말했거든요.

애니는 학교에서 실제로 일어났던 일과 왜 로리가 사건들과 부모님을 계속 연결하려고 했는지에 대한 자신의 이해를 도모하면서, "텍스트 세계 내부에 있기와 구상을 통해 나아가기"를 하고 있다.

> **퍼스트 교사:** 오, 그건 찰스에겐 나쁜 일이었어. 부모님은 찰스가 한 일에 대해 그저 웃었거든. 아직 발언을 안 한 친구들이 있는데, 한 번 의견을 들어보자. 그렉?
> **그렉(Greg):** 저는 어떤 시기에 쓰인 소설인지 알고 싶어요.
> **다른 학생들:** 네.

여기에서 그렉과 다른 학생들은 이 이야기가 펼쳐지는 시대가 로리의 이야기와 그 동기를 이해하는 데 필요하다고 생각한다는 점에서 "텍스트 세계 외부에서 구상으로 진입하기"를 하고 있다. 그런 다음 학생들은 로리가 청바지를 입었다는 사실을 최근의 증거로 사용하면서(전술한 것처럼 파티에서 우리가 정보를 모으는 것처럼), 시기에 대한 토론으로 이어간다. 그리고 학생들은 찰스가 교사에게 엉덩이를 맞는 이야기에 대해 토론하고 이런 일이 현재 학교에서도 허용될 수 있는지에 대해 질문한다. 토론을 통해 학생들은 주로 두 번째와 네 번째 단계를 오가고, 가끔 토론이 끊겼을 때, 첫 번째 단계에 들어서기도 한다. 이번 토론에서 학생들은 세 번째 단계에 들어서지는 않는다-학생들의 지식이나 태도가 수정된 증거는 없다-. 학생들은 엉덩이를 맞는 것과 관련된 자기 경험에 대해 이야기하고 그것을 시기와 관련짓는다. 그렉이 다음에 한 말처럼 말이다.

글쎄 내 생각에 시기가 중요한 것 같아. 왜냐하면, 내 생각에 만약 우리가 '찰스가 로리인지, 로리가 찰스인지 또는 로리가 찰스를 지어낸 것인지' 알아내려면, 이 소설을 제대로 이해할 필요가 있고, 시기가 언제인지를 알아낼 필요가 있다고 생각해. 왜냐하면… 예전에 아이들 엉덩이를 때리는 규칙 같은 건 없지 않았나?

이 부분에서 학생들의 토론 목표는 찰스가 로리인지 아닌지를 탐색하는 것이다. 이를 위해 그렉을 포함한 대부분의 학생들은 이야기가 펼쳐진 시대를 알아내는 것이 필수라고 생각한다. 이렇게 하기 위해서 학생들은 그들에게 도움이 될 지식 원천을 동원한다. 즉 그들 자신의 관련 경험을 텍스트와 견주어 점검해 본다(단계 4). 그런 다음 그들은 수정되는 구상 안에서 그들의 아이디어를 검토한다(단계 2). 즉, 탐색하며 넓혀 보고 성찰한다. 결국 어른이 부지불식간에 로리가 거짓말 같은 이야기를 계속할 수 있게 해 준 것이었고, 로리의 속임 수였다는 것이 이해되었을 때에, 학생들은 일부 요소를 새롭게 수정된 구상에 적용하게 된다(단계 5).

단계라는 개념은 학생이 이해를 해 나갈 때, 경계 없이 일어나는 이해의 절차를 개념화한 것이다. 이 책에서 내가 단계에 대해 설명할 때에는 선조적이게 되지만, 단계들이라는 용어는 '반복적이고 유동적이며 때로는 동시에 일어나는 전략들의 집합'을 뜻한다. 그리고 어떤 읽기에서는 어떤 특정 단계가 전혀 일어나지 않을 수도 있다. 단계의 활용은 다양할 수 있다. 예컨대, 단계의 활용은 독자의 텍스트/내용/구조/언어에 대한 친숙함, 읽기 구상에 대한 인식, 선택지들에 대한 친숙함 등에 기초해서 다양하게 나타날 수 있다. 나는 사람들이 텍스트를 읽을 때 동일한 빈도로 단계를 거치거나 거쳐야 한다고 보지 않는다. 사실 나는 반대라고 말하고 싶다. 가장 자주 발생하는 단계는 사람들이 아이디어가 어떤 것이든 이해를 해 가는 데 능동적으로 연루되는 두 번째 단계이다. 작품이 굉장히 어려울 때(너무 어려워서 분명한 의미를 붙잡기가 어려울 때) 첫 번째 단계가 자주 활용된다.

또한 나는 단계들을 독립적으로 가르쳐야 한다고 제안하고 싶지도 않다. 단계들은 특정 텍스트 세계를 상정해서 구축할 때 특정 시간의, 특정 사람에 의해 활용되고, 그 사람이 수집한 아이디어들 속에서만 의미를 갖는다. 그렇다면 왜 내가 그 단계들을 분리해서 논했을까? 왜냐하면 단계라는 개념과 단계들이 개인의 이해를 돕는 방식은 우리가 학생들의 대화로 들어서서, 그들의 구상과 구상이 담고 있는 아이디어에 대해 질문할 수 있게 해 준다. 이런 질문들은 학생이 확장된 의미를 탐색할 수 있도록 도움을 주면서, 학생들의 풍부한 생각을 타당화해 가는 방식의 대화로 이끌 잠재력이 있다. 또한 단계에 대한 이해는 교사가 문학에 대한 사고를 유발하는 질문과 문학에 관한 활동을 개념화하는 데에도 도움이 된다.

문학적 경험에서 학생은 단계 사이를 왔다 갔다 한다. 상상력은 의미 창조(meaning-creation)의 본질적인 한 부분이다. 학생이 의미로 나아가 이해에 이르게 되는 데에 의미 창조는 결정적인 길이다. 융합하고 탐색하는 행위는 문학에서 의미를 발전시키는 핵심이다. 그리고 이 행위를 통해 문학은 각 개인에게 가용한 선택지들과 상상할 수 있는 미래를 생각해 볼 수 있게 한다. 나는 다음 장에서 의미 형성(meaning-making)을 위한 문학적 지향 이슈에 대해 논의할 것이다.

제 **3** 장

문학적 경험의
본질

단계라는 개념을 통해 우리는 문학 구상하기의 또 다른 측면인 문학적 경험의 본질을 보게 된다. 우리가 본질적으로 내면화되는 경험인 문학적 경험을 할 때 이해하는 방식과 대체로 객관적인 경험인 사실추론적 경험(discursive experiences)을 할 때의 이해하는 방식은 어떻게 다른가? 실생활에서 사람들은 다양한 배경에서 여러 개인적, 오락적, 제도적 목적을 위해 문학적인 방식으로 생각을 하게 된다. 사람들은 많은 참조점의 프레임에 영향을 받는다. 그리고 사람들은 자신이 말하고자 하거나, 하고자 하는 활동과 목적 속에 자신의 위치를 자리매김할 수 있다. 참조점 프레임은 특정 상황/문화/하위문화 내 특정한 사람들이 가지는 문학적 이해의 사회적 쓰임에 따라 만들어진다.

예를 들어, 잠들기 전 머리맡에서 이야기를 듣거나 할머니의 옛날 이야기를 듣기, 청소년 문학작품이나 성경 이야기 읽기, 뉴웨이브 예술을 보거나 연주하기, 자서전적 스케치를 쓰거나 일기를 쓰는 것 모두는 잠재적으로 내면화를 포함한다. 또한 이런 경험들은 모두 실생활 사회 배경 속에서 일어나기 때문에 인간관계의 복잡한 망 속에서 참여하는 개인을 포함한다. 집단 내 타인과의 상호작용/유대/개인적 느낌 등은 이런 활동의 보다 명백하고 일반적인 자질과 함께 다른 동기들을 다양하게 창조한다. 문식적 사고의 일반적인 활용과 그런 활용에 깔려 있는 개인적 동기는 우리가 사는 일상의 사회적 환경에 반영되어 있다.

의미를 향한 지향들(Orientations toward meaning)

　고도로 복잡한 사회적 배경 속에서, 우리의 사고가 진화하는 방식에 영향을 주는 확장된 담화의 두 가지 형태가 있다. 이 형태는 사회적 맥락으로부터 나온다. 우리 주변 사람들이 무엇을 하고 무엇에 대해 생각하는지 그리고 우리가 그런 것들과 어떻게 상호작용하는지는 종종 우리가 생각하고 아는 것을 구조화하거나 표상하는 방식에 영향을 준다. 또한 우리의 문화적 소속, 집단 소속, 역사는 개인의 정체성과 함께 우리의 아이디어를 특징짓는(frame) 방식에 영향을 준다. 다른 사람들과 함께 또는 독립적으로 사람들은 대체로 상상의 세계를 창조하려 하거나 뜻을 밝히려고 자신의 담화를 형성한다. 이렇게 함으로써 사람들은 본질적으로 다른 방식으로 의미에 접근한다. 읽기, 쓰기 또는 토론의 이유가 주로 경험하기일 때와 반대로 그 이유가 사실추론적일 때(아이디어나 정보를 얻거나 공유할 때) 본질적으로 다른 방식으로 의미에 접근한다.

　나는 사람들이 대안적 사고방식을 가로막을 정도로 목적에 경도된다는 것을 말하는 것이 아니다. 대신 나는 모든 언어 경험에는 관심, 경험, 전통의 사회적 구인에 영향을 받는 개인에게서 나오는 다소 암묵적이고 강렬한 주요 초점이 있음을 말하는 것이다. 이 초점은 본질적으로 대체로 주관적이거나 사실추론적인 것이다. 이 초점은 한 사람의 중요한 목적에서 나온다. 물론 우리가 어떤 활동을 하면 우리는 두 가지 사고 양식의 안팎을 넘나든다. 그러나 우리의 주요 초점이 전반적인 구상 구축하기에 길잡이가 된다. 일부 학자(예컨대 Harris,

1988)는 목적의 다양성 대신 지배적인 목적이라는 개념에 의문을 제기한다. 나는 한 사람이 특정한 읽기나 쓰기 활동을 하는 여러 이유가 있다는 것에 동의함에도 불구하고, 하나의 양식은, 물론 이 양식이 나중에 다른 양식으로 전환될지라도, 특정 순간에 다른 양식에 비해 보다 지배적임을 주장하는 것이다.

문학적, 사실추론적 경험 모두에서 우리가 발전시키는 의미는 전체의 본질에 대한 우리의 감(sense)−읽기에서 텍스트가 주로 사실추론적이거나 주로 문학적인지를 분간하는 감−에 의해 안내된다. 우리는 그 순간에 우리가 구축하고 있는 구상에 대한 감이 있고, 또한 구상이 처음부터 우리를 특정한 길로 지향하게 하는 전반적인 목적에 대해서도 감을 가진다. 결국 이르게 될 의미의 종류에 대한 우리의 기대는 그 목적이 문학적인 것이냐, 아니면 사실추론적인 것이냐에 따라 달라진다.

내가 1장에서 시사했던 것처럼, 학생의 사고에 대한 교육자들의 접근은 이해에 대해 논리적, 사실추론적 접근에만 초점을 둔 것으로, 상당히 단면적인 것이었다. 교육자들은 과학적 또는 논리적 사고에 대해 이야기하는 용어를 개발했고, 사고를 인식하고/가르치고/테스트하는 길을 제시하는 광범위한 이론적 패러다임에서 비롯된 다양한 수업 기법을 개발했다. 그러나 문학적 사고에 대해서는 그러지 않았다. 더 많은 관심이 문학적 사고에 기울여질 필요가 있지만 문학적 사고와 상반되는 "요리책" 접근을 지지하는 방식이어서는 안 된다.

내가 나중에 증명할 것처럼(그리고 이미 제시한 것처럼), 사람들이 문학을 읽을 때에만 문학적 지향을 갖는 것은 아니다. 또한 사람들이 과학이나 사회 교실에서 사실추론적 지향만을 가지는 것도 아니다. 대부분 우리는 어떤 지향을 "선택"하지 않는다. 대신, 우리가 취하는 주요 지향은 사회적으로 자리매김되는 것이다. 우리의 초점은 지향이 아니라 특정한 사회적 활동이다. 예를 들어, 우리가 소설에 빠져서 소파에 앉아 있을 때 우리는 문학적 지향으로 들어서길 기대한다. 그리고 우리가 신문이나 전문 잡지를 가지고 소파에 앉아 있을 때, 우리는 사실추론적 경험을 기대하게 된다. 이러한 기대는 애초에 우리가 특정한 텍스트를 선택한 이유와 관련된다. 논의를 시작하기 위해 나는 이와 같은 상황 각각에서 사람들이 이해해 가는 일반적인 방식에 대해 설명하고자 한다.

가능성의 지평 탐색하기

나는 우리가 문학적 경험을 할 때 우리의 사고가 작동하는 방식을 가능성의 지평에 이르는 것으로 특징짓는다. 가능성의 지평에 이르는 것은 대상이 명확하지 않으나 정찰 임무를 띠고 끊임없는 수색을 벌이는 것으로 생각할 수도 있다. 이는 발견하려는 행위이다. 우리의 읽기는 마치 우리가 배를 문지르면서 머리를 쓰다듬을 수 있는 것처럼, 한 번에 두 가지 수준에서 진행된다. 우리의 순간적인 이해와 전체에 대한 감은 모두 수정되는 상태에 있다. 우리의 지엽적 구상들과 구상이 담고 있는 것은 전체에 대한 이해를 발전시켜 가는 우리의 감(感, sense)에 영향을 받고, 우리는 전체를 고려하면서 구상을 한다.

따라서 문학적 지향은 본질적으로 불확실성과 개방성이 정상인 탐색이고, 새로 발견된 가능성들은 다른 가능성들을 유발한다. 문학적 경험에서 우리는 다른 관점, 느낌, 의도, 상황, 시대, 문화, 다른 가능성들을 고려하고 이런 것들이 "진짜" 이야기에 대한 우리의 탐구에 시사점을 준다. 우리는 종종 탐색하고자 시나리오를 만든다.

이는 실제 생활에서도 늘 일어난다. 예를 들어, 1장에서 언급한 가상의 파티에서 새로 보게 된 사람이 여러분 친구의 사촌이고 그녀가 여러분의 동네로 이사를 오려고 한다는 것을 알게 되었다고 해 보자. 여러분은 즉각 그녀의 이사 동기와 상황에 대해 생각해 볼 것이다. 여러분은 그녀가 새로운 직장을 구하려고 하는지 아닌지 궁금해할 것이다(아마 그녀가 다니던 직장을 잃었을지 모르고, 아마 좀 더 좋은 대우를 받는 직장으로 옮기려 하는지 모르며, 이사하려는 동네에 그녀에게 중요한 사람이 살고 있는지도 모를 일이다). 각각의 가능성을 통해 여러분은 전체에 대한 다른 가능성을 점쳐볼 수 있게 된다. 우리는『빌러비드』를 읽는 동안 "주인공은 어떻게 고난을 견뎠을까? 주인공은 어떤 걸 기억하게 될까? 그녀의 기억은 평생 그녀를 괴롭힐까? 그녀는 그걸 감당할 수 있을까" 같은 질문을 한다. 여러분이 질문에 대한 답을 찾을 때와 같이, 이야기가 어떻게 끝날지에 대한 상상은 수시로 변할 것이다. 여러분은 그 순간을 견딜 수 있는 세쓰의 능력에 대해 탐색해 볼 수도 있고, 작품 전체가 주는 암시에 대해 심사숙고하기도 할 것이다. 이것은 가능성의 지평을 탐색하는 이중개방성이다. 지엽적 구상의 개방성과 전체적 구상의 개방성이다.

나는 문학적 경험이 개방성과, 지속적인 탐색과 현재와 미래의 가능성을 "시도"하는 탐구를 포함한다는 것을 강조하기 위해 '가능성 탐색하기'라는 용어를 선택했다. 그리고 나는 본질적으로 문학적 경험에 한계가 없다는 것을 상기하기 위해 '지평'이라는 용어를 선택했다. 즉 문학에는 끝이 없다. 우리는 가까이 다가설 수 없다. 대신, 각각 새로운 가능성으로 인해 우리의 관점은 수정되고 지평은 넓어지며 우리가 움켜잡을 수 없는 신기루가 남는다.

한 독자. 한 예로, 레이 브래드버리(Ray Bradbury, 1973)의 단편소설 「난 당신을 본 적 없다(I See You Never)」를 읽은 짐의 사고구술 일부를 보자(짐은 2장에서 시 「내 잘못을 용서하소서」 사고구술을 한 그 학생이다). 이 소설은 캘리포니아에 살고 있던 한 남성이 멕시코로 추방되어야 하는 이야기이다. 짐의 반응을 이해하는 데 짐의 배경에 관한 몇 가지 정보가 도움이 될 것이다. 2장에서 언급한 것처럼 짐은 교외의 중산층 지역에서 줄곧 살아온 학생이다. 짐이 사는 지역은 다양한 문화적 배경을 가진 이들이 살고, 경제적 격차도 큰 가난한 시골 지역 및 도심 지역과 구분되는 지역이다. 2장에서처럼 소설 문장 이후에 짐의 사고가 대괄호([ ]) 속에 이어져 있다.

> **난 당신을 본 적이 없다** [이 소설은 누군가를 다시 보지 않는 것, 아니면 누군가 죽었다는 것에 관한 건가 봐.]

처음에 짐은 임시로 제목에서부터 구상을 구축하기 시작했다. 구상 구축하기 초기 단서를 모으면서, 짐은 가능성에 대해 추측하고,

가능성의 지평(전체 텍스트에 대해 가능한 형태)이 변할 수도 있다고 추측한다. 짐은 계속 소설을 읽어 나간다.

> **부엌문에서 부드러운 노크 소리가 났고,** [누군가 부엌문에 노크하고 있어—아마 이 사람의 이웃인가 봐.] **오브라이언 여사(Mrs. O'Brian)가 문을 열었을 때** [오브라이언 여사의 이웃이었네.] **뒷문 현관에는 오브라이언 여사의 세입자들 중 최고의 세입자인 램지 씨(Mr. Ramsey)와** [라미레스(Remirez)] **램지 씨 양쪽에 두 명의 경찰이 있었다. 램지 씨는 거기 서 있었고, 벽으로 둘러싸여 작았다(walled in and small).** ['벽으로 둘러싸여 작았다'가 무슨 뜻인지 모르겠어, 램지 씨가 세입자인가 봐.] **"왜 램지 씨가," 오브라이언 여사가 말했다.** [오브라이언 여사는 무슨 일이냐고 말할 것 같아. 왜 이런 일을 했냐? 어떻게 이 사람을 체포했냐? 당신은 세입자 중에 최고야, 그녀는 이런 생각을 할 것 같아.]

여기에서 우리는 짐이 이미 이야기에 몰입해서, 오브라이언 여사의 입장에 서서 그녀의 시점에서 상황을 상상하면서 구상을 발전시키는 것을 볼 수 있다. 짐은 라틴계 이민과 불법 외국인에 대한 뉴스 기사를 읽고 교실 토론에도 참여하지만, 라틴계 집단에 속한 이중언어 화자를 만날 기회는 거의 없었다. 따라서 짐이 라미레스 씨의 상황을 이해하는 듯해도, 짐은 그 사람의 이름이 자기가 잘못 읽은 것과 같은 램지 씨가 아니라, 히스패닉계의 이름(라미레스)이라는 걸 전혀 알아채지 못한다.

램지 씨는 회복되었다. 그는 할 말이 없어 보였다. [무슨 일이 있었던 거야? 왜 그가 체포되었지? 왜 경찰이 그를 집으로 데려왔던 거지?] *그는 오브라이언 여사의 넓은 집에 2년여 전에 왔었고, 그때부터 계속 거기서 살았다.* [오브라이언 여사는, 내 생각에, 집을 살 형편이 안 되는 사람들에게, 사람들은 일하고 먹을 것을 사고, 오브라이언 여사에게 돈을 내면서, 그니깐 사람들이 이 집이나 건물을 공유하는 것 같아.]

짐은 여전히 램지 씨의 생활 상황을 이해하지는 못하지만 텔레비전에서 본 집단 복지 회관 같은 것을 떠올려 가능성을 탐색하고 있다. 짐은 이것이 추측이라는 것을 안다. 그리고 쉽게 이 추측을 버리고 발전하는 구상에 일관성을 더하는 다른 가능성을 고려한다. 그는 계속 읽는다.

램지 씨는 멕시코 시티(Mexico City)에서 샌 디에고로 버스를 타고 왔고, 그런 다음 로스앤젤레스로 갔다. [아마 그는 로스앤젤레스에 돈을 벌기 위해 갔나 봐. 거기서 일자리를 구하려고 했거나.] *거기에서 그는 꽃 패턴 벽지에 촛불 그림이 달려 있는 깨끗하고 작은 방을 발견했고, 엄격하지만 친절한 집주인 오브라이언 여사를 만났다.* [오브라이언 여사는 그가 돈이 없었으니까 그냥 받아들인 것 같아. 아니면 오브라이언 여사가 측은해했거나 말이지.]

소설의 다음 부분은 로스앤젤레스에서의 램지 씨 생활과 오브라이언 여사의 파이 굽기에 대해 다룬다. 짐은 그들의 관계를 탐색한다.

오브라이언 여사는 이 남자를 좋아했나, 아니면 그냥 친절을 베푼 건가? 이 둘은 그냥 좋은 친구였나 아니면 뭔가가 있었나, 아직은 잘 모르겠는데, 이 둘 사이에 무슨 일이 있었는지. 어쩌면 이 둘은 집주인과 세입자, 아니면 그냥 친구, 아니면 정말 좋은 친구였을지 몰라.

조금 뒤, 애초에 짐이 집단 거주 형태에 대해 추측한 부분과 관련된 모든 의미가 바뀌는 것을 볼 수 있다.

오브라이언 여사는 내 생각에 램지 씨를 꽤 좋게 본 거 같아. 그녀는 방 하나를 빌려줬고 그는 최고 세입자이지.

짐은 더 읽어 가면서 가능성 탐색을 계속한다.

오브라이언 여사의 통통한 손을 보며 램지 씨는 "제가 여기에서 13개월 머물렀어요."라고 조용히 말했다. "그건 6개월이나 긴 기간입니다."라고 한 경찰이 말했다. "이 사람은 임시 비자만 가지고 있었죠. 우리는 이 자를 찾으러 수색에 나섰고요." [오, 아마 그는 이민자였고, 멕시코를 벗어나 이곳에서 새로운 삶을 개척하려고 했던 것 같아.]

짐은 다양한 등장인물의 관점과 자신의 관점에서 사건과 감정에 대해 추측하면서 읽기를 이어간다. 짐은 삶에 관한 자신의 지식과 감정을 이용해 상황을 상상하고 상황에 공감하고, 행복한 결말에 성원을 보낸다. 또한 짐은 등장인물의 행동이 거슬릴 때에는 등장인물의 동기를 검토하기도 한다. 짐은 램지 씨가 경찰과 함께 떠날 때 오브라이언 여사가 조용히 받아들이는 것에 실망하면서, 다음과 같이 말한다.

아마 그녀는 감정이 북받쳤지만 내색을 하지 않으려고 했어. 그녀는 램지 씨에 친근감을 나타내고 싶어 하지 않았어. 그런데 실은 램지 씨가 떠나고 추방되었을 때 정말 슬퍼했어, 그만큼 램지 씨에게 친근감을 갖고 있었지.

작품을 읽는 동안 짐은 선택지를 열어 놓아, 탐색이 열린 가능성 속에서 공감과 이해로 나아가도록 하였다.

문학을 경험하기. 짐과 같이 우리는 삶 속 문학과 문학 속 삶을 융합하면서 가능성의 지평을 탐색한다. 우리는 탐색의 원천으로 실제와 상상에 대한 지식과 다른 문학작품에 대한 이전 경험들을 활용한다. 우리는 우리가 아는 것, 상상한 것, 인간적인 것에 기대어 삶과 문학에서 얻은 것을 활용하여 감정, 관계, 동기, 반응을 탐색한다.

예를 들어, 『로미오와 줄리엣』을 읽을 때 처음에 우리는 두 연인의 부모가 둘 사이의 깊은 관계를 이해하는 데 시간이 걸린다면 이야기가 어떻게 전개될지에 대해 탐색을 시작할지 모른다. 이는 전체 희곡(새로운 지평)에 대한 하나의 새로운 이해 형성의 시작이 된다. 그런 뒤 우리가 희곡을 계속 읽어 가면서, 두 집안의 엄청난 문화적 불화에 사로잡혀서 로미오와 줄리엣은 거의 등장인물로서의 존재감이 없는 것 아니냐는 질문을 할지 모른다. 어쩌면 심지어 그들의 부모가 그 반목에 발목 잡힌 사람들이고 두 연인의 운명은 부모의 통제와 상관없는 것이라고 여길지 모른다.

우리가 읽기를 마칠 때에도 우리는 등장인물의 감정과 행동에 대해 아마 시간에 따라 다른 접근—심리적, 정치적, 신화적—을 취하며 우리의 해석을 계속해서 재고한다. 읽으면서 우리의 아이디어는 지속적으로 변하고 풍성해진다. 가능성들이 생기고, 우리의 사색, 다른 사람의 논평 또는 생활 속 사건에 의해 유발되는 다양한 해석이 마음에 떠오른다. 또한 우리는 우리 자신의 삶, 타인의 삶, 일반적인 세상의 조건을 반영한 구상을 활용하여, 특정 상황을 넘어서 생각하기도 한다. 동시에 대안적 해석/비판적 읽기/관점의 변화/복잡한 특징 규정/미해결된 의문에 대한 여지를 두면서, 우리 이해의 폭도 그런 식으로 확장된다.

참조점 유지하기

우리가 이해에 접근하는 방식과 구상을 구축하는 방식은 아이디어나 정보를 얻거나 공유하는 것이 목표일 때와는 상당히 다르다. 이 둘을 구분하는 것은 우리가 텍스트 전체를 취급하는 방식에 있다. 나는 사실추론적 지향을 참조점 유지하기로 특징짓는다. 주로 아이디어나 정보를 구하기 위해 읽을 때 우리는 처음부터 읽고 있는 화제의 의미나 논쟁의 논점을 알고자 한다. 이런 화제와 논점은 텍스트 전체에 대한 우리의 감(sense)이 된다. 그런 뒤 계속 텍스트를 읽어 가면서 우리는 동의하기도 하고, 비동의하기도 하며, 참조점과 관련된 질문을 하기도 한다. 그리고 우리는 모호성을 제거하고자 하고, 특정 화제나 아이디어와 관련된 이해의 망을 구축하려고 한다.

우리가 전체에 대한 감을 형성하면, 우리는 새로운 아이디어를 활용하여 감을 정교화하지만 드물게는 감을 크게 수정하기도 한다. 우리는 지엽적인 구상을 수정할 준비가 되어 있음에도, 화제나 논점에 대한 우리의 감을 재고해서 실제로 수정할 때에는 그 이전 구상을 상쇄할 만큼 많은 증거를 필요로 한다. 일례로 짐이 시라 번바움(Shira Birnbaum, 1986)이 쓴 「달의 탄생」이라는 과학 기사를 읽는 것을 보자. 짐은 다음과 같이 시작한다.

> *달의 탄생. 화성만 한 크기의 한 행성이 시속 2만 5천 마일로 우주를 돌진해 지구에 부딪힌다.* [만약 그런 일이 있었으면 아마도 많은 사람들이 죽었겠지. 난 뭔가가 지구에 부딪혔다고 생각하지는 않아. 그니깐 어떻게 시속 2만 5천 마일로 움직이는 행성이 지구에 떨어진다는 거야? 난 그런 게 어떻게 일어나는지 모르겠어.] *이 행성들은 화씨 10,000도 이상에서 폭발한다.* [이건 정말 이글이글할 정도로 뜨거운 거네, 정말 뜨거운 거야.] *지구는 형체도 없이 폭파된다.* [지구는 더 이상 존재하지도 않게 돼.] *암석들은 증발한다. 그리고 뜨거운 가스 기류는 우주 공간으로 폭발적으로 내뿜어진다.* [이건 일종의, 어떤 종류인지 분명하게 말하고 있지 않지만, 말하자면,

뜨거운 물, 아마 그런 종류의 것 같아.] **밝고 뜨거운 섬광이 우리의 태양계를 비춘다.**[태양이나 달에 관해 말하는 거군.] **달의 탄생.** [빛을 비추는 게 아마 달이라고 난 생각해.] **달이 태어난다.** [맞아, 내가 맞았어, 이건 달에 관한 것이었네.]

이 읽기 초반부에서 짐은 기사의 화제—달—를 찾으려고 한다. 「난 당신을 본 적 없다」를 읽을 때의 생각과 달리, 그는 보다 구체적인 정보에 대한 탐색을 형성하기 위해, 화제인 달에 대한 감을 활용한다. 충돌 이론에 대해 읽은 뒤 짐의 논평은 이해를 구축하는 방향으로 진전되고 있음을 시사한다. 짐은 "지구로부터 달이 형성된 것처럼, 아마 지구로부터, 지구에서 잘려나간 것과 같은 것일 거다."라고 말한다. 그러나 읽기 후반부에서 여전히 짐은 일부 새로운 정보가 그의 이해와 불일치하는 대목에서 어려움을 겪는다.

그래, 아마 달이 분리되었거나… 그래, 난 이해가 안돼. 나는 왜, 어떻게 행성들이 똑같은 암석들을 가지는지, 그리고 아마 서로 분리된 것이 아닌지도 모르겠어. 그치만 만약 천문학자들이 다른 장소에서 나온 샘플들을 가지고 있고 다른 장소에서도 같은 게 나왔다면, 아마 그 샘플들도 분리되어 쪼개졌는지 모르지.

텍스트를 읽으면서 나중에 짐은 "글쎄, 내가 맞았다고 생각해. 왜냐하면 결국 행성들이 부서졌거든."이라고 말했다. 텍스트를 읽어나가면서 짐은 텍스트가 달에 관한 것이라는 자신의 결정을 활용해서 자신이 생각하는 바를 안내하고 어떻게 부분들이 서로 연결되고 달의 탄생에 대한 자신의 이해에 기여하는지를 결정지었다.

문학적 지향과 다르게 이 경우의 지평은 언제나 변할 준비가 되어 있으나 그 끝은 안정적이다. 그 끝은 예측되고 유지되며, 지엽적 구상과 구상이 담고 있는 것은 전체에 대한 감과 관련해서 발전한다. 이는 경직된 종류의 사고가 아니다. 전체에 대한 우리의 감은 변할 수 있고, 변한다. 그러나 우리의 감을 상쇄할 만한 충분한 정보가 있을 때에만 우리는 텍스트의 화제나 논점에 대한 전반적인 감을 재고한다. 그렇지 않다면 참조점 유지하기는 안내자 역할을 하여 우리의 탐구가 관련성이 있는 테두리 내에서만 일어나도록 유지시켜 준다. 우리는 우리의 지엽적 구상들을 참조하여 전체에 대한 감으로 돌아가, 지엽적 구상들의 의미가 통하는지를 점검하게 된다. 이렇게 함으로써 우리는 보다 논리적이고 결과적으로 전체에 대해서는 덜 개방적으로 다가가게 된다.

나는 참조점 사고에서 의문이나 탐색이 일어나지 않는다고 이야기하는 것이 아니다. 의문과 탐색은 일어나지만 지평에 의해 개방성을 갖기보다는 참조점에 의해 제한을 받는다는 것이다. 경계를 알 수 없는 지평을 유지하려는 의문을 제기하기보다, 우리는 우리가 아는 것과 모르는 것 사이의 간극, 참조점과 관련하여 우리가 받아들이는 것과 받아들이지 않는 것 사이의 간극을 좁히기 위해 질문한다. 우리는 종착점으로 나아간다.

혹자는 과학은 언제나 새로운 해석에 열려 있고, 과학적 사고는 언제나 상대적이라고 주장할지 모른다. 나는 그런 주장에 동의한다. 예컨대, 과학적 사고는 가설 설정을 포함한다고 이야기하는데, 가설 설정이 바로 참조점으로 기능한다. 실험을 통해 또는 증명을 통해 가설은 개인의 초점을 안내한다. 탐구의 결과가 다른 가설에 이르게 할지라도, 의문은 어떤 의미에서 순차성을 갖는다. 사고는 일련의 순차적인 탐구 속에 초점을 둔다. 각 탐색에서 우리가 생각해 내는 아이디어는 화제나 논점에 대한 전반적인 감에 안내를 받는다. 사실추론적 경험에서 우리는 이 화제나 논점을 상대적으로 안정적인 참조점으로 사용하고 우리의 지엽적 구상 속에서 고려하는 것들은 전체에 대한 감에 의해 안내되고 형성된다. 우리의 구상이 펼쳐지면서, 우리는 발전하는 이해를 구조화하는 데 이 감을 중심 초점(a focal point)으로 활용한다.

내가 1장에서 시사했던 것처럼, 이해에 대한 두 가지 접근인 참조점 유지하기와 가능성의 지평 탐색하기는 효과적이고 지적인 사고에 중요하다. 때때로 우리는 주로 한 가지 사고에 기대기도 하고 다른 때에는 다른 사고에 기대기도 한다. 많은 경우 이 둘은 우리의 구상을 추가하고 구상을 풍성하게 하면서, 그리고 우리가 생각하는 것/이해하는 것/용인하는 것/믿는 것에 영향을 주면서, 미묘하지만 중요한 방식으로 상호작용한다.

몇 가지 교실 사례

2장에서 살펴본 짐의 「내 잘못을 용서하소서」 읽기를 다시 보면, 짐이 주로 가능성의 지평을 탐색했음을 볼 수 있다. 그는 성인이 된

소년이 어떻게 느끼는지와 새가 어떻게 느꼈을지도 고려하면서 자기의 구상을 구축했고, 이런 것들을 자신의 죄와 죄의식, 성장에 대한 감과 연결시켰다. 이러한 탐색을 통해 짐의 구상들은 변한다. 대조적으로 바바라 퍼스트 교사 수업의 예에서 학생들은 이야기가 펼쳐진 시대를 특별히 고려했다. 시대라는 개념은 학생들의 토론 중 해당 국면에서는 참조점으로 작용했다. 학생들이 찰스와 로리의 관계에 대한 설명을 확장했음―가능성의 지평을 탐색하는 것으로 돌아감―에도 불구하고, 토론의 해당 부분은 사실추론적 지향을 가진다. 많은 교실 토론은 의미에 대한 두 가지 접근을 넘나든다.

한 1학년 교실

탄냐 웨버(Tanya Weber) 교사의 1학년 교실은 문학적 지향이 어떻게 이루어지고, 가능성이 어떻게 탐색되며, 수업 중에 구상이 어떻게 발전되는지를 보여 준다. 여기에서 토론은 지도의 중요한 부분이 되고, 이야기에 깊이 관여하고 이야기를 잘 이해하도록 하는 길이다. 이 토론에서 우리는 학생들이 내면화된 상상의 세계로 하나의 그물망을 짜나가는 것을 볼 수 있다. 학생들은 자기가 아는 이야기들을 처음 듣는 이야기와 연결하여, 구상을 확장시키는 데 활용한다. 다음의 대화는 제인 욜런(Jane Yolen, 1991)의 『그레일링(*Greyling*)』에 대한 토론의 일부이다. 이 이야기는 한 어부가 발견한 꾸러미가 탈바꿈하는―한 어린 소년이 나중에 바다표범이 되는―이야기이다.

스티브(Steve): 나는 왜 물에서 [학생의 토론 내용이 분명하게 들리지 않음]. 소년은 충분히 컸기 때문에, 그는 13 또는 14 사이즈 정도로, 물에 들어갈 수 있어요.

웨버 교사: 모스[학급의 한 학생]는 왜 소년이 물에 들어갈 수 없는지 그 이유를 모르던데.

스캇(Scott): 소년은 물에 들어갈 수 없어요. 소년의 부모님도 그렇게 생각하는 걸 보면요. 그는 지금은 그냥 소년이에요. 만약 소년이 물에 들어간다면 더 큰 바다표범이 될 거고 다시 소년으로 돌아오겠지요.

제시카(Jessica): 아마 물과 그리고 그 [학생의 토론 내용이 분명하지 않음] 엄마와 아빠

스티브: 아, 만약 소년이 물에 들어가면 바다표범이 돼요. 다른 소년들도 그랬잖아요. 사람들이 말했던 것처럼 소년은 달아났어요. 나는 사람들이 틀렸다고 생각하지 않아요. 모스처럼, 소년이 나갔으면, 아, 소년이 바위에서 했던 것처럼, 소년은 변하지 않았을 거예요. 소년은 사람으로 바뀌지 않았어요. 저는 누군가는 그렇게 해야 했다고 생각해요. 엄마 아빠랑 식구들이 그렇게 생각했을 거 같아요. 왜냐하면 부모와 식구들은 소년에게 물에 들어갈 수 없다고 100번도 넘게 말했었거든요.

학생들은 가능성의 지평을 탐색하면서 구상을 발전시키고 있다. 그들은 등장인물과 등장인물이 한 행동의 근거에 대한 이해를 돕기 위해, 가능한 시나리오를 창출하는 데에 상상력을 활용하고 있다. 모스는 복장이라는 아이디어를 꺼내면서 탐색을 계속하고, 가능한 시

나리오를 제시한 뒤 그것을 폐기한다.

> 모스(Moses): 바다표범 복장. 그런 다음 소년은 그걸 집어던져
> 요. 그리고 바위에 도착하지요. 왜냐하면 그는—음, 일부는 [분명하
> 지 않음] 인간이었으니까요. 그치만 이건 아니라고 생각해요. 나는
> 복장이었다고 생각해요. 그는 머리부터 발끝까지 지퍼가 있는 그런
> 복장을 가지고 있었던 거지요.

위 인용에서 이 1학년 학생들은 이야기의 가능성으로 진전하면서
(단계 2) 그들의 구상을 구축하고 있다. 학생들은 가능성을 모으고 탐
색하며 이야기에 대한 이해를 발전시키기 위해 실세계와 상상의 세
계를 오간다.

한 12학년 교실

가장 마지막 학년 사례는 모라 스미스(Maura Smythe) 교사의 12
학년 교실로, 토니 모리슨(Toni Morrison, 1974)의 다른 소설 『술라
(Sula)』[9]에 대한 토론이다. 이 소설은 술라와 넬의 삶을 통해 선과 악
의 모호성을 탐구하는 소설이다. 이 둘은 어릴 적 친구로 치킨 리틀
(Chiken Little)이라는 동네 아이를 사고로 죽이는 일에 가담한 이후
떨어져 살게 된다. 학생들이 상호작용을 하면서 그들의 구상을 발전

---

[9] 역자주: 토니 모리슨, 송은주 역, 『술라』, 문학동네, 2015.

시키고 있는 것을 보자(단계 2).

카라(Kara)와 조원들이 등장인물과 등장인물의 동기에 대해 창안한 바를 제시하고 있다.

캔디(Candy): 넬은 관계에 있어서 좀 더 침착해. 술라는 좀 더 음란한 거, 열광적인 거를 더 좋아해. 죽음에 있어서도, 아마 그들의 느낌이 비슷할 거야. 그니깐, 술라는 좀 더 이국적이고 색다른, 불타는 것 같은 종류의 죽음을 좋아해. 반면 넬은, 관계에 있어서도 그렇지만, 자기가 가라앉아서 결코 드러나지 않는 것 같은 침착함을 좋아해.

교사: 음, 내 생각에, 누구 이 부분을 읽었는지 모르겠는데, 술라와 넬이 그들을 구한 것에 대해 죄책감을 느끼고 있다는 부분 말야. 치킨 리틀을 구하는 게 여기에 포함될까?

슈크(Suke): 그를 구하는 건 포함 안 되는 것 같아요.

교사: 맞아, 그를 구하는 건 아니지. 달리 말하면, 술라와 넬이 구하는 것에 대해 이야기를 하는 부분에서, 그게 포함되는 건지 아닌지, 그 부분이 나한테는 많이 헷갈렸단 말이야. 여기 술라와 넬이 보고 있지, 내 말은, 왜 누군가가 익사하는 걸 바라보고만 있냐는 거야.

카라: 글쎄요, 제 생각에 술라는 당황했던 것 같아요.

캔디: 술라는 넬보다 더 걱정했어요.

카라: 맞아.

캔디: 섀드랙(Shadrack, 죽음에 대해 천착하는 참전용사)에게 달려갔던 사람이 술라에요.

카라: 그리고 술라가 사로잡혀 있던 것이 죽음이었고 그녀에게 강하게 남아 있던 것도 섀드랙과 늘 말하면서 함께 했던 부분이야. 이건 전체 중에 미미한 부분이었지만 그게 술라 마음에 영원히 남아 있지.

교사: 그런데 왜 술라는 화가 난 거니?

카라: 섀드랙에 대해서요?

교사: 아니, 내 말은 네가 술라는 언제나 폭력적으로 반응하는데, 이게 그녀가 폭력적으로 반응한 마지막이라면서?

카라: 아니오. 저는 아마도 폭력적인 반응은 없었고, 그녀에게는 만족감을 주지 못했지만 넬은 만족했다고 생각했어요.

교사: 나는 넬에 대해 물어야겠네, 넬이 만족하는 거.

카라: 글쎄요. 술라가 죽을 때 하는 말이(소설 일부를 읽음) *술라가 기억하기에 넬은 언제나 위기를 잘 헤쳐나갔다. 물속의 닫힌 공간에서, 하나의 장례식에서, 넬은 최고였다. 술라가 넬을 흉내 냈을 때 또는 오랜 세월 동안 흉내 내려고 했을 때, 일은 언제나 기이한 결말로 끝났다. 한번은 술라가 넬을 보호하려고 했을 때, 술라는 자기의 손톱 끝을 잘랐는데, 이건 도리어 넬이 고마워하게 한 게 아니라 넬을 기겁하게 만들었다.*

그래서, 다시 돌아가면, 몇 가지 사소하지만 위기에 관한 이야기가 두어 번 나와요. 이게 전체적으로 인간관계와 어떻게 연결되는지는 모르겠어요.

교사: 네 의견을 이해해. 그치만 우리가, 나는 왜 술라와 넬이 치킨 리틀에 대해 뭔가 하지 않았는지, 이게 내 생각에 넬은 만족했다고 생각하는데 왜냐면 넬이 모든 걸 통제했으니까, 이게 넬과는

관련이 없는지에 대해 토론할 필요가 있는 거 같아. 내 말 무슨 말인지 알지, 그러니까 큰 문제가 있고 넬은 어떻게 해결해야 하는지 알고 있어. 근데 누군가 물에 빠져 죽어가고 있는 걸 그냥 보는 건 문제를 해결하는 게 아니야. 내 말이 무슨 말이지 알겠니? 난 정답을 요구하는 건 아니야.

아비게일: 모든 사람이 죽음에 대해 다르게 반응해요. 어떤 사람은 미친 듯이 날뛰고 울고 소리 지르기 시작하죠. 어떤 사람은 앉아서 논리적으로 생각하기도 하고요.

여기에서 학생들은 등장인물의 관점에서뿐만 아니라 자신의 관점에서 등장인물의 행동과 동기를 고려하고, 또 고려하면서 가능성을 탐색하고 있다. 교사는 이런 토론이 학생들에게 가능성의 지평을 탐색하고 다양한 해석의 여지를 남기는, 문학적 방식으로 구상을 구축할 기회를 준다고 믿는다. 수업이 끝나고 가진 면담에서 마일스라는 학생은 스미스 교사의 지도 목표에 대한 인식을 드러낸다. 이 학생은 "오늘 수업이 좋은 예에요. 저는 선생님이 어떤 정답이나 오답이 있다고 결론내고 싶어 하지 않는다고 생각해요…. 선생님은 우리가 생각하는 바를 정하도록 이끌어 주시죠. 제 생각에 그건 괜찮아요. 사람들은 어떤 걸 볼 때 다 다르게 보잖아요…. 그리고 제가 나이가 더 들어서, 이걸 다시 읽는다면 저는 아마 다르게 보게 될 것 같아요."라고 말했다.

다양한 관점에서 의미를 고려하는 것을 통해 지엽적인 가능성을 탐색하는 감은, 종종 마일스와 같은 학생들이 이런 사고를 문학 토론

중에 하고, 토론이 끝난 이후에도 계속할 것이라고 기대하게 만든다. 그리고 토론에는 문학적 접근과 사실추론적 접근 간의 차이가 존재한다. 맥신 그린(Maxine Greene, 1995)이 제시한 것처럼, 문학적 경험 속에서 "우리는 익숙하고 당연한 것에 의해 감응할 뿐만 아니라 새로운 진입로를 발견함에 따라 감응하기도 한다. 우리는 갑작스럽게 나타난 새로운 가능성의 감을 느끼고 그에 따라 새로운 시작을 경험하기도 한다(379쪽)." 문학은 독자에게 검토되었으나 여전히 불완전한 구상을 남기면서, 종결이 아니라 숙고를 하게 만든다.

삶과 사고

나는 구상 구축하기의 본질과 사람들이 문학적 경험을 할 때 구상이 일어나는 방식에 대해 설명하였다. 이 장을 마치기 전에 나는 다양한 학생들이 특정 텍스트에 반응하면서 구상 구축하기를 할 때 거치는 여정에는 많은 차이가 있을 것임을 강조할 필요가 있다. 학생들의 구상은 그들의 상이한 이전 경험, 독서의 목적, 교사가 원하는 것에 대한 학생의 가정, 무엇이 정치적, 사회적으로 올바른가에 대한 학생의 인식에 영향을 받는다.

내용과 사고에 대한 접근은 그 학생이 누구인지, 그 학생이 특정 사회적 조건 속에서 어떻게 상호작용하는지에 영향을 받는다. 따라서 실질적 의미에서 모든 구상 구축하기 경험은 서로 다르다. 같은 상황 속 상이한 사람들, 다른 상황 속 같은 사람, 같은 상황 속의 같은 사람이지만 다른 시점에서는 모두 다르다. 그러나 이는 구상 구축하기가 완전히 개별적인 것이거나 '뭐든 다 된다'를 의미하는 것은 아니다. 한 사람이 형성하는 의미에 대한 텍스트의 기여는 무시될 수 없다. 언어학(Pratt, 1976), 문학 이론(Booth, 1988; Iser, 1974), 철학(Grice, 1975; Searle, 1969)과 같이 다양한 분야의 학자들이 의견을 같이 한다. 독자로서 우리는 우리가 융합하는 의미에서 주요한 역할을 하지만 텍스트와 텍스트의 저자 역시 우리의 읽기에 영향을 준다. 글쓰기는 기예(技藝)를 요구하고 모든 글은 의미적 표지와 신호를 통해 아이디어를 전달한다. 의미적 표지와 신호는 우리가 형성하거나 저항하거나 또는 재형상화하는 아이디어와 이미지를 불러일으키는 표지판의 역할을 한다. 텍스트와 독자 사이의 관계에는 긴장이 있고 독자들 사이에는 다양성이 있다. 온전한 개별 구상과 문학적 경험이 길을 잃어 빠지게 되는 나락 사이에는 끊임없이 수정되는 유약한 경계가 있다. 교육에서 이는 무정부주의를 의미하지 않고 개인 독자와 그들의 삶과 생각을 염두에 두는 효과적인 읽기를 지원할 수 있음을 의미한다.

구상 구축하기라는 개념과 그때 일어나는 단계 및 구상 구축하기에 영향을 주는 지향은 이해가 유동적이고 사회적인 것임을 고려할 수 있게 해 준다. 구상은 불가피하게 교실 안팎에서의 경험과 상호작용에 영향을 받는다. 구상은 교사에게 학생 사고에 대한 하나의 창을 제공한다. 구상은 우리에게는 학생의 아이디어를 돌아보고, 학생들의 대화에 뛰어들어 지지하도록 초대하고, 학생들에게는 발전하는 아이디어를 성찰할 거울을 제공해 준다. 교실 상호작용에서 불필요한 것들이 걸러지지 않으면(Delpit, 1988; Dyson, 1994를 보라), 초점은 텍스트에서 학생들에게로 옮겨지는 것이 아니라 텍스트에서 어떤한 계층의 사람-그들의 역사, 관계, 개인적 정체성-에게로 옮겨간다. 학생들의 교실 문학 공동체로의 진입은 가정을 탐색하고 아이디어를 협상하고 가능성을 상상하는 기회를 제공한다. 이에 대해서는다음 장들에서 더 살펴보고자 한다.

　나는 문학적 경험을 구체적으로 펼쳐 보이고, 문학적 경험의 본질적인 속성을 설명하고자 문학적 이해와 구상 구축하기라는 개념을개발하였다. 무엇이 문학적 경험을 독특하게 가치 있는 것으로 만들고, 왜 문학 공부가 교육과정에서 초석으로 존재해 왔는지를 설명하기 위해서 말이다. 문학을 읽을 때에만 문학적 지향에 들어서는 것은 아니지만, 문학 교육은 학생들이 문학적 사고를 체계적으로 연습하고 문학적 사고의 능숙도를 개발할 수 있는 주요한 학습 통로이다.가능성의 지평 사고하기는 언어 기능과 국어 교육과정의 특별한 영역이다. 이것이 시사하는 바는 크다. 우리가 무엇을 안다고 여길 것인지 재고하게 해 주고, 이것이 수업에는 어떤 의미를 주는지 재고하게 해 준다. 그전에 참조점 사고가, 활동의 주요 목적에 기초해서 문학 교실에서 어떻게 중요한 역할을 하는지 살펴보자.

ENVISIONING LITERATURE

제 **4** 장

문학작품 속에서
지향을 전환하기

가능성의 지평 탐색하기와 참조점 유지하기, 이 두 가지 지향은 문학 교실에서 어떻게 작동하는가? 사람들은 종종 내게 설명을 요청한다. 특히 이런 질문 역시 제기된다. "가능성의 지평 지향의 역할은 무엇이며 그것은 비평적 입장과 어떻게 다른가?" 양자는 모두 독자가 객관적으로 텍스트의 바깥에 위치하기를 요청한다는 점에서 확실히 유사점을 지닌다. 그러나 일차적인 목표가 작품의 의미를 탐색하는 데 몰입해서 작품의 깊은 의미를 끌어내는 것일 때, 가능성의 지평 탐색하기가 중심적인 지향이다. 이 지향 안에서 구상을 구축할 때, 비평적 입장을 포함하여 모든 입장은, 문학작품을 파헤치고 더 잘 이해하기 위해 사용 가능한 방법들이다. 사실상 하나의 문학작품을 충실히 이해하기 위해, 독자와 토론자와 작가들이 여러 차례 비평적 입장을 취하고 또 취하는 것은 중요하다. 1장의 켈리 밀렛(Kelly Millett) 교사의 교실에서 학생들이 그랬듯이, 작가의 기교를 분석할 때, 한 작품의 내용이나 기교를 다른 작품의 그것과 비교할 때, 또한 작품이 창작된 시대·나라·사회적 배경을 통해 작품을 이해하려고 할 때, 여성학적 관점을 사용하여 작품에 반응하려고 할 때, 『빌러비드(Beloved)』를 신역사주의 관점에서 읽으려고 할 때, 그들은 비평적 입장을 취하고 또 취한다. 참여자들은 텍스트의 바깥에 위치하면서 비평적 입장을 취해, 가능성의 지평 탐색하기 지향 안에서 문학적 구상 구축을 풍요롭게 한다. 따라서 비평적 입장을 취하는 것은 가능성의 지평 탐색하기에서 매우 중요한 일면이다.

반면, 어떤 문학작품에서 우선적으로 참조점 지향을 취할 때는 다음과 같다. 특정한 화제나 쟁점에 관해 정보를 얻는 것을 일차적인 목표로 하여, 객관적인 입장에서 화제나 텍스트의 일면 또는 전부를 탐색하는 것이 주요 활동일 때다. 가령 우리는 특히 미국 남부의 노예제도라는 사회적·문화적 맥락에 관해 배우기 위해『술라(*Sula*)』를 읽을 때 참조점 지향을 취한다. 이 경우에, 우리는 일차적으로 문학적 경험이 아니라 정보 습득을 위해 읽는다. 이는, 우리가 빅토리아 시대 영국의 사회상을 이해하기 위해서『고난의 시절(*Hard Times*)』을 읽을 때 취하는 지향이기도 하다. 문학작품을 읽으면서 참조점 지향에 접어들 때, 가능성의 지평 탐색하기 지향에 참여할 때와 마찬가지로, 우리는 이해를 확장하고 완성하기 위해 여러 가지 입장들을 취한다. 이때 우리가 가능성의 지평 지향을 취하고 있더라도, 우리의 목표는 문학적 감상을 풍부하게 하는 것이 아니다. 전반적인 목표는 우리가 찾는 주요 정보에 관한 구상을 발전시키기 위한 방법으로서 여러 가지 입장을 취하는 것이다. 예를 들어『전쟁과 평화(*War and Peace*)』를 참조점 지향으로 읽으면서 이해 확장의 입장을 취한다면, 우리는 전쟁의 원인과 사회에 끼친 폐해에 관한 이해를 확장하기 위한 방법으로서 전쟁의 다양한 측면들에 관해 가능성의 지평을 탐색하게 될 것이다. 가능성 지평 탐색하기는 참조점 지향 읽기에 도움을 줄 것이다.

우리가 문학을 읽을 때 하나의 지향을 취하고, 그것을 떠나 다른 지향을 취하고, 또 그것을 떠나 이전에 했던 지향으로 돌아오는 일을 계속 반복하는 것도 가능하다. 이것이 지향들에 관한 나의 생각과 심미적이고 원심적인 독서에 관한 루이스 로젠블랫(Rosenblatt, 1978)의 생각 사이의 중대한 차이다. 그녀와 나는 이러한 차이들에 관해 여러 차례 이야기를 나누었다. 두 가지가 연속체이며 독자가 어떨 때는 어느 정도 원심적이고 어느 정도 심미적으로 읽는다는 것이 그녀의 논점이었다. 이것은 나의 두 가지 지향에 관한 개념에서 불가능하다. 이미 논했듯이, 독자는 활동 자체의 우선적인 목표에 기반하여 오직 하나의 우선적인 지향을 취할 수 있다. 이는 그 목표가 우리의 마인드가 구축할 의미의 종류를 결정하기 때문이다. 일단 중심적인 목표가 정해지면, 마인드는 목표를 충족할 자료들을 모으도록 구조화된다. 따라서 중심 목표가 바뀌면, 지향도 바뀌고 이와 마찬가지로 마인드의 구조도 바뀌고, 따라서 의미 탐색의 방향도 바뀔 것이다. 나는 이 차이가 결정적인 것이라고 생각한다. 왜냐하면 목표 도달에서 가장 유용한 인지적 동인을 교사들이 이해하고 지원할 수 있게 해 주기 때문이다. 일상에서와 마찬가지로 교실에서 한 지향에서 다른 지향으로의 전환은 유용하다.

켈리 밀렛 교사의 7학년 교실을 다시 살펴보자. 우리는 1장에서 그녀의 시 수업에 관해 고찰한 바 있다. 그녀는 학생들이 시를 읽고 다음과 같은 활동을 수행하도록 했다.

이 시의 많은 가능성들을 탐색하기 위해 "생각나는 대로 쓰기 (writing off)" 기법을 활용하기. 학생들은 시 안으로 들어가면서 시의 최초 의미를 해석하려고 할 것이다.

그리고 그녀는 학생들이 시의 더 깊은 의미를 파악하기 위해 구체적이고 지속적으로 토론하기를 원했다. 동시에 그녀는 학생들이 다음과 같이 하기를 의도했다.

시인의 의도를 이해하고, 시인이 독자들에게 효과적으로 다가가는 시를 창작하기 위해 시 안에서 기교들을 어떻게 사용하는지 이해하기. 그리고 전략들에 대한 이전 학습을 통합하고 활용하기. 이때 전략들은 시를 해석하고, 문학적 요소들을 식별하며, 행갈이의 잦은 사용을 이해하고, 시를 자신의 글쓰기에 모델로 어떻게 활용할지 결정하기 위한 것이다.

학생들이 자신의 시를 창작하면, 그것은 "개인별 시 모음집의 일부"가 될 것이다. 정말 대단한 목표이지 않은가? 그러나 그녀의 주된 목표는 학생들이 시를 해석하고 구조를 이해하는 문학적 경험에 참여하게 하는 것이었다.

밀렛 교사의 학생들은 리카도 산체스(Ricardo Sanchez)의 시 「노인(Old Man)」(1985)을 읽으면서 수업을 시작했다. 이 시는 아름답게 감정을 자극하는 작품이다. 한 할아버지의 삶과 고난에 관해 섬세하고 선명하게 언어로 새겨 넣은 초상화나 다름없는 시다.

…시간과 더불어 현명해진
얼굴에는 시냇물이 흐르고…

교사가 수업 전에 개발한, 구상을 안내하는 질문들을 살펴보자. 밀렛 교사는 각 질문을 필수로 사용하지는 않는다. 학생들이 토론 화제를 제기하지 않으면, 밀렛 교사는 자기가 준비한 질문을 활용할 것이다.

구상 구축을 위한 안내-시: 리카도 산체스의 「노인」

최초의 이해(첫 번째 단계):

제목은 무엇을 뜻하는가?

첫인상은 어떠한가?

이 시에서 "꺾어진 가지"라는 문구를 읽을 때 무엇이 생각나는 가?(구절, 발상, 개념)

무엇이 궁금해지는가?

이 시의 형식에 대해 어떤 생각이 드는가?

이 시는 여러분에게 어떤 기억을 불러일으키는가?

이 시는 여러분에게 어떤 의문을 불러일으키는가?

아이디어와 다양한 관점을 발전시키기(두 번째 단계):

발상에 관해 무엇이 눈에 띄는가? 그것은 어떤 뜻일까?

서두/중간/결미의 발상에 관해 어떻게 생각하는가?

우리가 취할 수 있는 다른 관점은 무엇일까?

어떤 이미지가 마음에 와닿는가? 그것은 어떤 뜻일까?

토론이 진행되면서 여러분이 이해하는 바가 어떻게 바뀌는가?

텍스트로부터 배우기(세 번째 단계):

자신이나 주변의 세계에 관해 시로부터 배운 것이 있는가?

이 시에서 할아버지의 삶에 관해 무엇을 배웠는가?

이 시는 할아버지가 가진 유산과 문화를 이해하는 데 어떻게 도움을 주는가? 그리고 여러분 자신의 삶을 이해하는 데 어떻게 도움을 주는가?

비평적 입장을 취하기(네 번째 단계):

시의 형식과 구조에서 눈에 띄는 것은 무엇인가? 그것은 여러분의 이해에 어떻게 영향을 미치는가?

텍스트의 어떤 부분이(구절, 이미지, 문장, 시어) 특히 눈길을 끄는가? 왜 그러한가?

전체적으로 시의 의미를 효과적으로 구현하기 위해 어떤 문체를 사용하는가?

이 시는 어떤 다른 작품들을 연상시키는가? 그것에 대해 설명해 보라.

자신의 시를 창작하기 위한 모델로서 이 시를 어떻게 활용할 수 있을까?

더 나아가기(다섯 번째 단계):

「노인」을 모델로 삼아 자신의 시를 써 보라. 이 시처럼, 독자가 여러분의 성격을 느끼고 볼 수 있게 세부 요소들을 충분히 사용하라.

밀렛 교사의 안내에서 볼 수 있듯이, 이 수업의 주된 목표는 학생들의 문학적 이해를 강화하고 확장하는 것이다. 비평적 입장을 포함하여 모든 단계는, 문학적 이해를 발전시키는 데 도움을 주기 위해 도입되었다.

이 사례를 밀렛 교사의 다른 수업, 즉 에이비(Avi)의 소설 『오직 진실(*Nothing But the Truth*)』(2010)에 관한 수업과 비교해 보자. 이 소설에서 필립 멜로이(Philip Malloy)는 낙제 점수를 받아서 고등학교 육상 팀에서 제외되었다. 그는 그 결정을 번복하기 위해 책략을 꾸미면서 애국심과 연관된 학칙을 위반한다. 이후 매스컴이 개입되고 독자는 다양한 관점들의 충돌을 목도하게 된다. 학생들이 이 책을 읽고서 작품에 관해 다양한 가능성의 지평을 탐색하며 토론한 이후, 밀렛 교사는 새로운 목표를 도입한다. 학생들에게 이 책에 그려진 특정 화제를 주목하고, 그것에 관해 조사하며 더 많이 배우고, 이미 읽은 작품에 그것을 다시 연결시키도록 한다. 여기에서 그녀는 학생들이 책에 나오는 어떤 화제나 쟁점에 대한 조사와 이해로 이끄는 관문으로 문학작품을 사용하면서 그 문제에 대해 깊이 이해하기를 바란다. 활동의 일차적인 목표는 문학적인 것이 아니라 정보 습득을 위한 것이다. 그녀의 수업 안내는 아래와 같다.

> **다음 활동을 해 보자.**
> 문학작품과 비평적으로 연결시키기
> 이 책에서 연결 관계를 찾아내기
> 조사를 통해 정보를 얻어, 그 연결 관계에 대해 자신만의 의미를 구성하기
> 개념들[10]에 중요하다고 여겨지는 뒷받침 근거를 선택하기
> 정보들을 조각조각 모아서 스크랩북 만들기
> 개념을 현실의 삶에 창의적으로 연결시키기

---

10 역자주: 여기서 '개념들'은 밀렛 교사가 학생들에게 주목하게 한 특정 화제와 관련된 개념들을 의미함.

요구 사항:

그리기: 작품에서 여러분의 개념과 관련 있는 하나 또는 몇몇 부분을 시각적으로 보여 주는 연결 페이지를 만들자.

쓰기: 제목과 작가를 포함하여, 작품에서 어떤 연결 관계를 찾았는지 설명해 보자.

그 연결 관계에 포함된 작중인물들 거론하기

이 연결 관계가 그 이야기에 왜 중요한지 말하기

이 연결 관계에 관해 독자에게 정보를 제공하기

이 연결 관계를 왜 선택했는지 짧게 설명하기

참고자료에 인용 표기하기

모델:

에이비의 소설 『오직 진실』에 "직조된" 많은 화제들 중 하나를 비평적으로 주목하기로 했다면, 다음과 같은 화제들을 고려할 수 있을 것이다. 자유, 진실, 정직, 기만, 애국심, 충성, 고결함, 개인주의, 그리고 전국적 언론을 배경으로 둔 무언가에 맞서는 우정, 정의를 향한 그의 투쟁은 그가 기대했던 것 이상으로 많은 것을 깨닫게 한다.

다음과 같은 것들을 고려하라.

내 스크랩북을 백과사전식 기사 모음과 차별화하기 위해 무엇을 할 수 있을까?

사진을 포함시키면 어떨까? 스크랩북을 재미있게 만들기 위해 무엇을 사용할 수 있을까?

그 화제에 관해서 흥미로운 어떤 정보를 찾을 수 있나?

이 흥미로운 화제에 관해 최근에 읽은 다른 책을 언급하면 어떨까?

자신의 화제를 확정하면 학생들의 목표는 화제에 관해 더 많이 배울 방법들로 초점이 맞추어진다. 아래에 한 학생의 스크랩북을 제시한다. 스크랩북은 네 개의 항목으로 구성되었고, 미적인 이미지와 색깔을 갖추었다.

에이비의 『오직 진실』

우리는 모두 유죄가 입증되기 전까지는 결백하다. 일례로, 누군가가 핸드폰을 가져간 것 같은데 진술을 뒷받침해 줄 증인이 없는 상황을 생각해 보자. 그러나 어떤 아이가 핸드폰을 훔쳤다는 것을 안다. 싸우는 동안 한 아이가 와서 핸드폰을 욕실에 놔두었다고 말한다. 1948년에 만들어진 세계인권선언 11조는 매우 중요하다. 증거가 없을 때 누군가를 고발할 수 없다. 최근에 우리는 사회 시간에 사마귀가 있거나 이상하게 행동하는 사람을 마녀라고 손가락질하며 사람들이 미쳐 갔다는 과거의 역사적 사실을 배운 바 있다. 이런 일들은 점점 심해졌고 결과적으로 많은 무고한 사람들을 죽음으로 내몰았다. 사람들에게는 자신의 생각을 입증할 절대적인 증거가 없었다. 내가 정

립하려는 생각은 에이비의 소설『오직 진실』에 등장한 나원이 마주한 상황과 정확히 일치한다. 그는 나원이 나쁜 사람이라고 설정한다….

참고자료:

「인권을 위한 3개의 결과」, 인터넷, http://diction- ary. reference.com/browse/human%20rights.

유죄가 밝혀지기 전까지 무죄인 케네쓰 페닝턴, 「법정 격률의 기원」, 인터넷, http://faculty.cua.edu.pennington/ Law508/InnocentGuilty.htm

"유죄가 입증되기 전까지는 무죄다"라는 진술에 관해 내가 찾은 정보는 놀랍게도 빈약하다. 그러나 흥미로운 사실은 발언권, 집회권, 노동권과 같이 기본적인 권리를 의미하는 인권, 개인에게 속하고 국가가 침해할 수 없는 인권에 관한 고려에서 위의 진술이 파생되었다는 점이다. 말하자면, 유죄가 입증되기 전까지는 무죄라는 생각은 세계인권선언 11조에 명시되었고, 이는 1948년에 만들어졌다….

여기에서 우리는 밀렛 교사의 학생들이 첫 번째 예에서, 가능성의 지평 지향 안에서 비평적 입장을 취하여 문학적 의미를 파악하는 방식을 보았다. 그리고 같은 학생들이 어떻게 참조점 유지하기 지평에 관여하게 되는지 역시 보았다. 「노인」 수업에서는 작품에 대한 학생들의 이해 확장이 목표였다. 이와 달리『오직 진실』수업에서는 학생들이 참조점 입장을 전제로, 정보를 얻고 그 정보와 작품의 관계에 관해 쓰는 것을 주요 목표로 삼았다. 스크랩북 작성에서도 주된 초점은 이 경우에 "유죄 입증 전까지는 무죄"라는 생각에 맞추어져 있다. 텍스트로 다시 돌아와 텍스트와 화제를 연결 짓는 작업은 작품 자체를 더 깊이 논의하기 위해서가 아니라 특정 화제에 대한 예시를 제공하기 위함이다.

이 장에서 나의 목표는 두 개의 지향이 작동하는 상호 차별적이지만 상호 보완적인 방식을 명쾌하게 규명하는 것이었다. 두 지향은 문학작품을 읽고 가르치는 데 중요한 선택지를 제공한다. 그 선택지들은 함께 작용하여 학생들이 문학과 상호작용하고 문학을 이해하는 것을 활성화하고 확장하며 심화시킨다. 나아가 학생들이 이것에 반복적으로 노출된다면, 이러한 선택지들은 내면화되어서 모국어 학습에서의 탁월함과 연관되는 마인드를 체화(體化)시키는 데 기여할 것이다. 다음 장에서는 이 모든 것이 교실에서 무엇을 의미하는지 탐색하려고 한다.

제 5 장

구상 구축을 위한
사회적 장치로서의 교실

구상이라는 개념은 학생을, 소집단의 구성원과 소집단 활동의 이력에 의해 크게 영향을 받는 독립적인 사유자로 간주하기를 요한다. 일상에서 개인은 학교나 교실 공동체의 일원임과 동시에 그가 관련 있다고 느끼는 많은 학교 밖 소집단의 일원으로서 존재하고 행동하고 배운다. 학교 안팎에서 이러한 다중의, 가끔은 겹치는 자아들은 다양한 순간에 여러 가지 방식으로 자신을 알리면서 학생을 따라다닌다. 어떤 의미에서 교사는 학생이 속한 학교 밖 다른 세계에서 언제나 이방인이다. 그러나 문학적 경험을 통해 교사는 학생이 다양한 문화적 자아들을 인식하고 활용하여, 자아들을 서로 연결하고 그 관계를 탐색하며 충돌 지점을 검토하고, 문학작품 읽기와 타인과의 상호작용을 통해 작품을 이해하게 도울 수 있다.

구상을 구축하는 교실에서 각 학생은 개인적 취향과 관심뿐만 아니라 복합적인 사회적 정체성을 가진다고 전제된다. 또한 한 사람이 이해하는 바는 필연적으로 그가 교류하거나 인정하는 많은 소집단과 하위 소집단에 영향을 받는다고 가정된다. 개인이 각자 읽은 작품에서 서로 다른 의미를 끌어낸다는 사실과 이러한 차이를 억압한다면 의미 차이를 무화(無化)시킨다는 사실 또한 당연하게 여긴다. 만약 교실에서 이러한 차이들을 무시한다면, 구상이나 해석을 구축하거나 다른 사람의 생각을 자극하는 학생의 능력을 저하시킬 것이다.

교실의 학생은 다양한 수준에서 많은 것을 배운다. 교사 역시 마찬가지다. 어떤 학생은 독서하면서 의미 구성에 더 좋은 전략을 배우고, 어떤 학생은 토론을 지속하면서 쟁점을 검토하는 법을 배우며, 어떤 학생은 다른 이의 관점을 숙고하는 법을 배운다. 나아가 어떤 학생은 그들의 해석에 관해 더 첨예한 논쟁을 유발시키는 법을 배우며, 어떤 학생은 텍스트의 이면을 읽는 법을 배우고, 어떤 학생은 역사적·문화적 쟁점을 행동과 연결시켜 고려하는 법을 배운다. 교실이 잘 작동하기 위해서, 학생이 다른 이가 공유하거나 하지 않을 수 있는 관심을 표현하고, 충돌 지점을 확인하며, 충돌을 다양한 관점에서 탐색하고, 거리낌 없이 자신의 생각을 이야기하고 다른 이의 생각을 추동하는 자유를 가지는 것이 중요하다. 교사에게 이것은 교실 공동체를 일종의 역동적인 총체로 바라보아야 할 필요가 있다는 사실을 의미한다. 역동적인 총체는 그것을 구성하는 개인의 반응에 따라 변화하고 유연하게 움직인다.

학생들이 문학을 사용하는 방법들, 그렇게 사용하는 이유들 그리고 그들이 경험으로부터 끌어내는 의미들은 그때까지 형성된 이력과 맥락에 의존한다(예컨대 Gates, 1992 참조). 각 학생은 공유된 신념, 관습, 의사소통하고 행동하는 방식으로 정체성을 부여받는 하위문화의 한 구성원인 복합적인 개인이다. 사회적, 역사적 그리고 문화적 차이의 특정한 영향 때문에 각 소집단은 문학을 서로 다른 방법으로 다룰 잠재력을 지닌다(예컨대 다음을 참조하라. Bloome & Egan-Robertson, 1993; Dyson, 1994; Lauter, 1990; Minnick, 1990). 가정은 하나의 하위문화로 간주될 수 있고, 이웃·종교 회당·친구들 역시 다른 하위문화로 간주되며, 학교의 많은 수업들 역시 다른 하위문화다. 이러한 하위문화들 중 몇몇은 겹칠 수 있으며, 학생은 언제든지 새로운 하위문화에 합류할 수 있다. 특정한 하위 소집단의 일원이 되면, 개인은 소집단에 참여하기 위해 소집단에 적합하게 행동하고 생각하는 방법을 배운다.

　어떤 학생에게는 동네 교회가 문학을 활용하는 데 핵심적인 맥락이다. 종교적인 이야기와 기도문과 찬송가는 특정 집단에 의존하여 읽히고 기억되며 해석되고 아름답게 꾸며진다. 대부분의 학생은 또한 문학을 사용하는 데 가족이라는 맥락을 가진다. 가족이라는 맥락은 지면이나 매체로 된 일련의 문학작품, 가족 또는 조상에 대해 전승되는 이야기들, 소용돌이치는 실제 삶의 이야기들, 기타 등등을 공유하고 토론하는 것을 포함한다. 그리고 이러한 문학적 경험은 특정한 가족 전통에 따라 다시 이야기하고, 기억하며, 해석하고, 미화하는 일을 포함할 수 있다. 학생들에게는 또한 DVD나 텔레비전 프로그램을 함께 보고, 소설을 함께 읽으며, 노래 가사를 함께 만들고, 컴퓨터 게임을 함께 즐기며, 극회에서 함께 연극하고, 흥미진진한 잡지를 나누어 보는 친구들이 있다. 이러한 활동들 역시 특정 소집단의 전통에 따라 다양한 종류의 상호작용을 포함할 수 있다(Heath, 1983; Lee, 2007; Wolf & Heath, 1993 참조).

　이러한 몇 가지 사례들은 대부분의 개인이 문학과 관련하여 다양한 경험, 즉 다양한 사고방식에 연루되었던 경험을 가진다는 것을 보여 준다. 문학적 이해에 관한 이론은 이러한 다양성을 심각하게 고려해야 하며, 학생을 교실 공동체의 참여자일 뿐만 아니라 여러 개의 사회적·문화적 소집단의 일원인 개별적인 인간으로서 주목해야 한다. 그러한 공동체는 개인 정체성과 소집단의 우호관계, 개성, 친밀성 사이의 긴장과 균형을 내포한다. 개인과 소집단 사이의 긴장과 균형을 인정하는 것은 가장 효과적인 교수학습법을 개념화하고 그 근거를 만들 수 있게 도와준다.

문학 토론

목표는 학생들이 실질적인 문학적 토론에 참여하도록 돕는 것이다. 실질적인 문학적 토론이란 어떤 사회적 특징과 풍부한 사고라는 패턴을 공유한다. 이런 특징과 패턴은 전통적인 교실 맥락 바깥의 일상에서 "실제" 사람들이 토론할 때 분명하게 나타난다. 그러한 집단이 어떻게 작동하는지 숙고하는 것을 돕기 위해서, 케이트 쇼팽(Kate Chopin)의 「한 시간 동안의 이야기(The Story of an Hour)」(1984)에 관해 토론하는 성인 독자들의 소집단을 살펴보자. 이 짧은 단편소설에서 한 여인은 남편이 출장 중에 기차 사고로 죽었다는 소식을 듣는다. 따뜻한 위로를 받은 후에 그녀는 침실로 돌아가는데, 그곳에서 예기치 못했던 자유의 감정과 앞날에 대한 기대감에 휩싸인다. 얼마 동안 상상을 즐긴 후에, 그녀는 남편이 부르는 소리를 듣고 아래층으로 내려가서 그를 맞이한다. 남편은 다른 기차를 탔던 것이다. 그녀는 심장마비로 죽고 만다.

작품을 읽고 나자, 몇몇 사람들은 드러나지 않게 웃고서는 신음하는 듯한 목소리로 이야기한다.

> **제인(Jane):** 전에 이 작품을 읽었는데 결말을 까먹었었어요. 지금 읽어 보니 너무하네요. 그녀는 자유로워졌다고 생각했어요. 그녀

가 그걸 원했다는 사실조차 알지 못했어요…. 그런데 갑자기 그녀에게 닥친 일이라니. 농담이 심하네요.

코라(Cora): 전에 이 작품 읽은 걸 기억해요. 갑자기 여주인공이 죽는 장면이나, 여동생이 "문 열어. 너무 슬퍼하지 마."라고 말할 때 그녀가 창문 밖을 바라보며 라라라 노래 부르듯이 즐거워하던 장면이 기억나요. 그리고 남편을 보자, 아, 그녀가 불쌍해요, 막 자유로워졌는데. 그런데 지금은 믿을 수 없는 아이러니가 느껴지네요. 이 이야기를 제 수업에서 시험 삼아 가르쳐 봤어요. 그러면서 생각했지요, 아, 학생들이 이 이야기를 이해할까? 어제는 삶이 길었는데, 오늘은 충분히 길지 않아요. 놀라운 이야기에요.

다이애나(Diana): 긍정적인 것과 부정적인 것이 항상 우리 안에 있는데, 우리는 그 점을 항상 알아차리지는 못한다고 생각했어요. 보통은 부정적인 것을 간과하죠. 만약 우리가 자신에게 진실로 정직해진다면, 결혼이나 관계 그런 것에서 부정적인 면들이 있을 거예요….

제인: 맞아요. 바로 그 생각이 아마도 제 뇌리를 스쳐 지나간 것 같아요. 전 궁금해요….

다이애나: 당신은 모른다는 거지요. 당신이 어떻게 느낄지 모른다는 거지요.

코라: 예전에 읽은 다른 소설에 나오는 한 커플이 기억나요. 도리스 레싱(Doris Lessing)의 「19번 방(Room 19)」이거나 「노란 벽지(Yellow Wallpaper)」 아니면 다른 작품이었는지도 몰라요. 그 작품에서 여주인공은 미쳐 가고 있어요. 쇼팽의 다른 작품 『깨어남(The Awakening)』에서도 자신만의 작은 세계, 그러니까 자기 가족

안에서 압박과 억압으로 미쳐 가는 사람들이 나와요. 이 작품 「19번 방」에서는 한 여자가 매일 호텔에 가요. 그녀는 방 하나를 빌리고 거기에 머물면서 그냥 비명을 지르고 미친 짓을 해요. 남편은 그녀가 왜 그러는지 모르고, 뭐 다른 것도 몰라요. 그리고 그 같은 일은 계속되어요. 이 소설을 보니 그 장면이 떠오르네요. 자기 가족이 행복하다고 모든 사람들과 가족들이 생각할 때, 그리고 자식들을 위해 이것저것을 다 해준다고 생각할 때, 여자들의 진짜 생각이나 속마음이 뭘까요. 그들은 밖으로 나가서 오후에 몇 시간씩 어디론가 홀린 듯 싸돌아다닐 뿐이에요. 그런 생각이 드네요.

쏘냐(Sonja): 여성주의 관점의 일종이네요. 너무 안 좋네요. 다시 말하자면, 한 여자가 자신을 상실했어요. 그녀가 너무 안됐어요.

톰(Tom)[그 날 소집단에서 유일한 남성]: 이 작품을 읽기 시작했을 때 작가에 대해 살짝 알아 봤어요. 전에 쇼팽이 쓴 작품을 본 적이 없었어요. 그리고서 이 작품을 읽으면서 작품을 어떤 맥락에 위치시키려고 애쓰기 시작했어요. 이런 배경이 어디인지 알아내려고 노력했어요. 남편의 친구를 이해하지 못했어요. 리차드가 그의 이름이지요. 내가 생각하기에 리차드는 매우 영국인다운 사람으로 보여요. 소설을 계속 읽으면서 후반부에서, 영국의 빅토리아 여왕시대가 이 이야기의 배경이 아닐까 [불분명] 생각했어요. 그런데 작가의 생몰 연대[1851-1904]를 보고 굉장히 놀랐어요. 그 당시에 오늘날 여성문학과도 연결되는 특별한 이야기를 썼다는 사실에 대해서도요.

바바라(Barbara): 재미있는 생각이네요.

다른 사람들: 맞아요.

코라: 그처럼 한 세기 전의 사람이…. 놀라워요. 『깨어남』이라는 그녀의 작품은 얇은데요. 여주인공이 미국인이에요. 그것이 출판되었을 때, 아, 그 책은 막 잠에서 깨어나서 "세상에, 내가 갇힌 이 덫은 도대체 뭘까?"라고 뇌까리는 여인에 관한 이야기에요. 그러나 그 이야기의 배경은 1800년대 후반이에요. 세상에, 이 이야기는 급진적이고 혁명적이어서 많은 곳에서 금서가 되었어요. 만약 누군가 그 책을 읽기라도 한다면. 그러니까 여자들은 이 책을 읽을 수 없었어요. 여자들은 이것저것 침대 밑에 감춰 두는데, 이런 책은 침대 밑에 감춰 두어야 했겠지요.

여기에서 개인들은 작품에 관한 최초의 생각들, 즉 읽기를 끝낸 직후 구축한 구상으로부터 생성되는 아이디어를 이야기한다. 그러나 거의 즉각적으로 그들은 토론을 통해 새로운 아이디어와 마주하고, 서로에게 응답하며, 이전에 스스로 생각했거나 못했을 아이디어에 관해 논평하기 시작한다.

제인은 이야기의 물꼬를 트는 촉발자로서, 다른 사람들이 자유롭게 말하도록 풀어준다. 코라는 사람들이 구상 구축하고 토론하는 것을 도와주는 자신의 아이디어뿐만 아니라 공유할 만한 정보도 가지고 있다. 그리고 톰은, 아마도 안전하게 토론하기 위한 시도로서, 배경에 대한 이야기를 처음 시작하는데, 다른 사람들도 그 화제에 대해 이야기한다.

분명히 대화의 초반에 개인들은 자신의 아이디어를 반추하고 있었으며, 어떤 생각은 다른 사람에 의해 점화되었고, 그들은 구상 구축하기를 계속한다. 비록 그들이 같은 관점이나 유사한 구상 구축에서 시작하지 않았더라도, 개방성과 신뢰의 감각은 널리 퍼져 있다. 지금까지는 조용했던 레이첼(Rachel)은, 잠시 후 대화에 끼어들면서, 그녀의 관심사를 이야기하려고 한다. 톰 역시 마침내 그를 괴롭혀 왔던 본질적인 문제를 제기한다.

레이첼: 결말에서 전 완전히 혼란스러웠어요. 앞장으로 돌아가서 확인해야 했어요. 제가 그의 이름을 잘못 기억한다고 생각했어요. 어떻게 그가 돌아올 수 있지? 잠깐. 내가 그의 이름을 혼동했나? 그러나 그녀가 죽을 것이라고 예상했어요. 그 부분을 읽는 일은 끔찍했고 당황스러웠어요. 이건 마치 절대 발설하지 말아야 하거나(많은 웃음) 교실에서 읽을 수 없을 것 같았어요. 당혹스러웠어요. 그것을 읽는데 황당했어요. 일반적인 사람이라면 생각을 할지는 몰라도 이렇게 표현하지는 않지요.

다이애나: 그러니까, 이야기가 동화처럼 흘러간다고, 사실은 맬러드 부인이 귀엽다고 계속 생각했어요[맬러드 부인은 주인공의 이름이다]. 이야기가 극단적이었기 때문이에요. 여러분도 알다시피, 동화 속에 나오는 사람 그러니까 작중인물은 종종 극단적이잖아요. 그러나 저 역시 그런 면을 가지고 있어요.

톰: 이 이야기를 읽을 때, 제 첫 번째 관심사는 이 작품을 어딘가에 잘 위치시키는 것이었어요. "아, 이것은 어떤 장르, 어떤 학파의 어떤 지파에 속한 이야기로구나." 이렇게 말할 수 있게 제 지적 배경의 어떤 지점에 그 소설을 끼워 넣으려고 애썼어요. 그다음에 계속해서 읽자, 몇 년 전에 친한 친구가 죽었다는 소식을 들었

을 때 제가 느꼈던 특별한 슬픔이 생각났어요. 그리고 나서 소설 속 그녀의 반응을 생각하니까, 제 부모님의 반응과 비슷했어요. 그다음에 그녀가 방으로 들어가서 "자유다, 자유다, 자유다"라고 이야기할 때는요. 기즈 마틴 루터 킹(Geez Martin Luther King) 목사가 생각났어요. 저한테 무슨 일이 일어나고 있죠? 그러다가 생각이 르누아르(Renoir)나 반 고흐(Van Gogh)의 그림들, 그러니까 프랑스의 그림들로 옮겨 갔어요. 창문을 열려고 하는 것, 뭔가 듣는 것, 이게 그 그림의 낭만적인 배경처럼 느껴졌어요. 그녀의 상태, 그 자유와 해방의 감정을 따라가자니, 여러분이 로렌스(D. H. Lawrence)의 『채털리 부인의 사랑(Lady Chatterley's Lover)』, 그 작품 전체와 온전한 감정을 떠올릴 수 있다면, 바로 그것이 거기에 있었어요. 이것들이 제 머릿속을 관통하던 생각이에요…. 부끄러운 질문이 하나 있어요. 제가 갑자기 죽는다면 제 아내가 여주인공처럼 느낄지 궁금했어요. 그리고 바로 그 질문을 서둘러서 묵살했어요. (웃음)

코라: 거꾸로 생각하는 건 어때요? 만약 아내가 죽는다면, 남자들은, 당신은 어떨 것 같아요? 그리고….

제인: 안도감을 느끼겠죠.

코라: 당신은 틀림없이 그럴 거예요.

톰: 모르겠어요. 난 단지….

주디스(Judith): 그러나 당신이 그 책을 읽는 동안에는 그런 생각을 안 해 봤죠? 당신은 남성 입장만을 고수했어요. 당신은 여성 입장이 되어 보려고 하지 않았….

톰: 맞아요. 나는 입장을 바꾸어 생각해 보려고 하지 않았어요.

여기에서 레이첼과 톰은 그들이 실제로 관심을 가진 화제를 제기하는데, 다른 이들은 이를 미처 생각하지 못했다. 레이첼의 이야기는 톰이 그의 실제 관심사를 이야기해도 좋게끔 자유롭게 풀어 주었다. 레이첼이 작품에 대해 불편함을 토로한 첫 번째 여성이기 때문이었다. 비록 다른 사람들은 레이첼이나 톰의 시각을 전적으로 공유하지 않는다 하더라도, 토론에서 언급된 경험과 자신의 경험을 연결시키고, 동료들의 시각을 진지하게 고려하며, 연관된 다양한 가능성을 탐색하기 위해 노력한다. 코라는 레이첼의 이야기에 자신의 상상력을 연결한다. 몇몇 여성은 톰을 지지하면서 한편으로는 그가 여성(그의 아내)의 시각으로 작품을 보게 안내하려고 노력한다. 그들은 또한 맬러드 부인의 시각에 대해 심사숙고한다. 그러나 대화의 후반부에서, 그들은 맬러드 부인이 느낀 해방감이 애초의 고통과 슬픔을 극복하기 위한 심리적 대응 기제의 일종이 아닌가 생각한다.

바바라: 그건 가능한 해석이에요. 그러나 작품을 보면, 그 해석이 맞다면 결말이 이렇지 않았을 거라고 생각해요. 그녀가 정말로 고통을 부정하는 거라면, 결말이 딱 떨어진다고 생각하지 않아요….

제인: 다른 방식으로 토론해 볼게요. 사실 그녀의 죄책감이 지대하고 그것이 순간적이었다면요. 그러니까 그녀가 오랜 세월 동안 이러한 생각을 해 왔는지도 모르잖아요.

바바라: 다른 때 그녀는 전혀 이런 생각을 안 해 봤을 것이라고 생각해요.

다이애나: 소설의 3장은 그녀가 고통을 부정한다는 추론에 들어맞지

않아요. 거기에 부정은 없어요. 그녀는 소식을 듣고 즉시 비탄에 잠길 뿐이에요.

이후 다이애나와 제인은 소설 몇 줄을 읽는다. 소집단은 맬러드 부인이 슬픔과 기쁨 중 어떤 감정을 느꼈는지(그 중 어느 것인지 또는 둘 다인지)에 관한 문제를 두고 탐색을 계속한다. 제인은 개인적 경험에 의거하여, 맬러드 부인이 현실을 부정한다는 생각을 진지하게 고려하는 것으로 보인다. 그러나 대부분의 다른 사람들은 그 가설을 불가능한 것으로 여기고 폐기한다. 그러나 나중에 그들은 케이트 쇼팽의 삶과, 빅토리아 시대에 작품을 쓸 때 그녀가 마주했던 난관들에 주목한다. 이후 그들은 이러한 사실들이 「한 시간 동안의 이야기」에 어떤 영향을 미쳤을지 토론한다.

바바라: 그러나 여러분도 알다시피, 그녀가 결말에서 죽는 방식이기에 [그 시절에] 이 이야기가 수용 가능하게 만들어진 거예요. 만약 남편이 돌아오지 않았더라면….

코라: 그리고 이후 30년 동안 [그녀가] 멋진 시간을 누렸더라면.

바바라: 바로 그것이 당시에는 작가가 쓸 수 없었던 부분이었겠지요.

이것은 그 소집단의 첫 번째 토론이었다. 서로를 더 잘 알게 된 후에, 개방성, 다른 사람들의 관점을 추정하려는 의지, 동의하지 않고 서로 대결하려는 의지가 의미심장하게 발전했다. 그러나 항상 섬세함 및 상호 지지와 함께 그러하였다. 이는 학생들이 배워야 하는 토론의 형태다. 토론에서 학생들은 실제 자신의 삶과 교감하는 화제들을 탐색하며 텍스트, 관련 문학작품, 작가의 삶, 서로의 삶, 학생 자신의 삶을 충분히 활용한다. 다양한 아이디어가 새로운 인식과 가능성을 자극하고, 문학작품 독서가 학생의 인지뿐만 아니라 사회성 발달에 의미심장한 역할을 떠맡는 공동체에서 학생들이 상호작용하는 법을 배울 수 있다면, 삶을 위한 준비로서 얼마나 훌륭한가.

「한 시간 동안의 이야기」에 관한 위의 토론을 다시 보자면, 가능성의 지평 지향 안에 비평적 입장을 취하여 사고하는 모습을 볼 수 있다(예컨대 케이트 쇼팽이 작가로서 마주했을 문제들이나 배경에 집중하는 등). 그러나 그 소집단은 우선적으로 이해 확장의 입장 안에서 가능성들을 탐색했다. 동시에 작품에 대한 전반적인 이해가 열려 있고 다른 화제들을 고려할 잠재성이 있는 상태에서 구상을 구축했다.

가치 있는 토론(사람들이 상호작용하고 서로의 생각에서 자신의 생각을 키워 가는 진정한 대화)이라는 개념은 새로운 것이 아니다. 그 개념은 경험−기반 교육을 주창한 듀이의 저작(Dewey, 1899)과 학습자 중심 교육을 주창하는 이후 세대의 저작들(예컨대 Barnes, 1976; Cazden, 1988; Mayher, 1990; Willinsky, 1991을 참조)의 기반이다. 나의 특별한 논점은 다음과 같다. 교사로부터 학생에게 주도권을 이양하는 것은 모종의 사회적 상호작용을 위한 필수적인 첫 단계인데, 사회적 상호작용은 암기와 선생님이 원하는 반응에 대한 추측으로부터 실질적인 사고와 토론으로 방향을 전환시키며, 실질적인 사고와 토론은 학생들의 이해 범위를 확장할 수 있다.

두 가지 교실 경험

이러한 생각이 어떻게 6세 학생들과 연관되는지 확인하기 위해서 탄냐 웨버(Tanya Weber) 교사의 1학년 교실을 살펴보자. 후에 이것을 모라 스미스(Maura Smythe) 교사의 교실, 한 달 후 고등학교를 졸업하는 선배들의 교실과 비교할 것이다.

한 1학년 독서 공동체

웨버 교사의 교실은 독서 공동체 같은 느낌을 준다. 교실은 책으로 가득 차 있다. 큰 책은 창문 앞 책장에 쌓여 있고, 작은 책은 바구니 안에 들어 있다. 더 많은 책이 테이블마다 펼쳐져 있다. 바구니들은 바닥에 흩어져 있는데, 어떤 것은 "쿠션 코너" 옆에, 다른 것은 형형색색의 베개가 달린 소파 옆에 놓여 있다. 소파는 "지붕", 즉 네 개의 기둥을 뒤덮는 노란색 종이 캐노피를 추가하여 아늑한 공간으로 변모했다. 여기는 학생들이 가장 좋아하는 독서 장소 중 하나다. 게시판은 종종 "스타 작가"에게 할애된다. 예를 들어, 오늘은 제인 욜런(Jane Yolen)의 책들이 전시되어 있다. 교실에는 또한 많은 "센터들"이 있는데, 미술·과학·수학 등 센터들이다. 연극에 필요한 복장과 무대 장식을 만들기 위해 학생들이 사용하는 천과 다른 조각들을 담은 상자가 소파 옆에 있다. "이야기" 공간의 한쪽은 캐노피 소파 옆이고 다른 쪽은 노란색 안락의자 옆이다. 그들 사이에 녹색 종이 나무가 있다. 웨버 교사는 종종 학생들에게 큰 소리로 책을 읽어 주면서 그 나무 옆에 앉아 있다.

제인 욜런의 『하늘 개(*Sky Dogs*)』(1990)에 관한 다음 토론은 11월 중순에 시행된다. 이는 "6세 친구들과 함께 미국 원주민들에 대한 인식을 고양하기" 위해 웨버 교사가 개발한 수업의 일부다. 다른 책 세 권 읽기, 박물관 탐방, 사진들 그리고 문화유산을 조사하는 지역 민속학 프로젝트가 뒤따를 것이다. 웨버 교사는 블랙풋 종족(the Blackfeet)이 처음으로 말을 얻게 된 사연에 관한 전설을 담은 『하늘 개』를 읽으면서 나무 아래 앉아 있다. 웨버 교사는 작가에 관해 이야기한 다음, 학생들이 책 표지를 주목하게 이끈다.

> **웨버 교사:** 그러나, 어쨌든, 너희들이 이 아름답고 아름다운 하늘을 한번 보면 좋겠어.
>
> **에밀(Emil):** 그건 말과 인디언이에요. 그리고 그건 무언가를 바라봐요….
>
> **사라(Sara):** 미국 원주민이네.
>
> **웨버 교사:** 그래, 배리 모저(Barry Moser)가 삽화가야.
>
> **벤저민(Benjamin):** 그는 미국 원주민을 모자 쓴 모습으로 그렸네요.[표지 그림은 모피 모자와 깃털을 묘사한다.]
>
> **웨버 교사:** 맞아, 그렇네.
>
> **에밀:** 깃털은 하나밖에 없어요.
>
> **웨버 교사:** 그래, 맞아.

이러한 짧은 상호작용을 하면서 웨버 교사는 학생들이 둥글게 앉아 이야기를 듣도록 초대했다. 학생들은 벌써 그 이야기가 무엇에 관한 것일지 예견하기 시작했다. 웨버 교사가 입을 연다. 웨버 교사는 놀라운 이야기꾼으로서, 따뜻하고 감정이 풍부하며 극적인 어조로 책을 읽는다. 웨버 교사의 목소리는 학생들을 작품 안으로 초대한다.

하늘 개. 제인 욜런 지음. 배리 모저 그림. 아이들아, 너희는 물었다. 사람들이 어찌하여 나를 "말을 사랑하는 사람"이라고 부르는지. 지금 나는 티피[11]에 앉아 있고, 사람들은 음식을 가져다주며, 나는 바람을 가르며 말을 타고 있지는 않다. 가까이 오너라—거기, 거기로. 가까이 와라, 너희에게 이야기해 줄게. 옛날에 땅은 우리를 숨차게 했다. 우리는 생가죽 주머니를 운반하고 트래보이 썰매[12]를 끌기 위해 작은 개들과 함께 천막에서 천막으로, 하늘에서 하늘로 우리 다리로 걸어야 했기 때문이다. 발 아래 풀은 스위-스웨시, 스위-스웨시 소리 내며 노래 불렀고, 우리는 평원의 길을 따라 걸었으며, 수많은 모카신[13]이 닳아 없어졌다. 그러다가 우리는 산의 서쪽으로부터, 올드맨의 침실로부터 다가오는 이상한 짐승들을 보았다.

---

11 역자주: 모피로 만든 아메리칸 인디언의 원뿔형 천막
12 역자주: 북아메리카 평원 지역 인디언의 운반용 썰매. 두 개의 막대기를 틀로 엮어 개나 말에게 끌게 한다.
13 역자주: 북아메리카 원주민이 신는 뒤축 없는 신

제프(Jeff): 개들은 어디에 있지?

제임스(James): 하늘에서 개들을 볼 수 있어.

사라: 이제 난 하늘에서 개들을 볼 수 있어.

벤저민: 발자국 중의 하나로 보여.

제임스: 그의 발 중 하나로 보여.

웨버 교사: 오! 흠.

제임스: 발인 것 같아.

학생들은 벌써 이야기하기 이벤트에 참여하기 시작했다. 그들은 구상 구축을 시작하기 위해서 웨버 교사가 이미 읽은 이야기에 나오는 삽화와, 서로의 논평을 활용한다. 그리고 그들은 대화에 참여한다. 그들은 서로서로 아이디어를 듣고 공유한다. 웨버 교사는 계속 낭독한다.

> 그들은 아주 멀리 있었다. 우리는 처음에 그들이 긴 그림자라고 생각했다. 그러나 해는 높이 떠 있었고, 여전히 그들은 우리 앞으로 다가왔으며, 그것은 그림자가 움직이는 방식이 아니었다. 곧 우리는 그들이 짚 꼬리가 달린 엘크[14]처럼 크다는 사실을 알아차렸다. 두 명의 쿠타니(Kutani)족 사람들이 병을 앓는 남자처럼 발을 힘없이 떨어트린 채 등 뒤에 매달려 있었다. 그리고 한 짐승은 마치 큰 개처럼 무겁게 짐을 실은 트래보이

---

14 역자주: 현존하는 사슴 중 가장 큰 사슴

를 끌고 있었다. 그러자 우리는 무서워졌다. 나와 같은 계절에 태어난 가장 친한 친구인 〈물 위로 뛰어라〉는 자기 어머니의 치마 뒤로 숨었다. 그리고 우리들 중 가장 용감하고 한 계절 먼저 태어난 〈달리는 곰〉은 가장 가까운 티피 뒤로 달려갔다. 나는 멀찍이 서서 눈을 크게 뜨고 바라보기만 했다. 무섭지 않았기 때문이 아니라, 움직일 수 없었기 때문이었다. 나는 아버지의 티피에 장착된 안전망, 그의 두 팔이 제공하는 안전망을 벗어나서 무엇인가에 사로잡혔기 때문이었다. 어머니가 돌아가신 이후 자주 그 안전망은 나와 함께 있었다. 우리 부족 사람들은 이렇게 말하고 싶다는 듯이 웅얼거렸다. "우리는 두려워하지 않는다. 아니. 우리는 아니다. 우리는 막강한 피건(Piegan)족[15]이다. 우리는 평원의 전사다. 우리는 쿠타니를 몰아내고 그들의 땅을 차지했다. 우리는 하늘로부터 하늘에 이르기까지 넓은 초원을 지배한다." 그러나 그들은 공포에 질렸다. 그들의 눈은 커졌고, 그들 중 네 명은 사냥용 활에 손을 뻗었다. 사람들은 올드 맨으로부터 오는 것을 두려워하기 때문이었다.

제프: 왜 개 대신에 말이 나오지?

제임스: 아마 엄마는 [불분명]을 좋아하지만 아빠가 개를 싫어했을 거야.

웨버 교사: 음. 좋은 질문이구나. 이야기를 듣는 동안 그 질문에 대

---

15 역자주: 북미 블랙풋(Blackfoot) 종족의 일원

해 생각해 볼까?

맷(Matt): 그건 작가의 방식 같아요. 아마도 작가는 말처럼 보이는 큰 개라고 생각했나 봐요.

제임스: 아니야, 말은 개보다 더 길고 더 커. 개의 얼굴은 말처럼 생기지 않았어.

웨버 교사: 지금 이 문제에 대해 무언가 생각나는 학생 있니? 제프가 왜 애들이 개가 아니라 말처럼 보이는지 아주 궁금해 하는구나. (몇몇 학생들이 동시에 이야기한다.)

벤자민: 우리는 브레인스토밍하고 있어요.

학생들은 할아버지와 그의 주변 사람들이 개라고 생각한 동물에 대한 할아버지의 주장, 그 동물에 대한 그의 묘사, 삽화들 사이의 불일치를 인지하고, 가능성들을 탐색하기 위해서 함께 생각하기 시작한다. 웨버 교사는 작품으로 돌아가기를 원함에도, 학생들이 스스로 문제를 해결할 필요가 있다는 사실을 깨닫고, 그렇게 하게 도와준다. 얼마동안 학생들은 삽화를 통해 이해한 것과 지금까지 들은 이야기의 한 부분을 사용하여 논점에 대해 토론한다. 그들은 그 동물이 실재하는지 상상 속에서 존재하는지, 개와 말이 들판에 함께 흩어져 있는지, 작은 소년과 그의 부족이 어떻게 느끼고 있을지 숙고한다.

이야기가 전개됨에 따라, 아이들은 심각하게 아픈 쿠타니 족의 세 사람, 두 남자와 한 여자가 도착한다는 이야기를 듣는다. 그들은 소년의 썰매에 실려 보살핌을 받는다. 그러나 남자들은 곧 죽는다. 어른들이 여자를 돌보는 동안, 아이들은 동물에게 막대기를 던져서 가져오라고 시키면서, 낯선 동물들과 장난친다. 놀이는 잘 되지 않고, 동물 중 한 마리는 도망간다.

> **제임스:** 아마 그건 개가 아니었나 봐. 그건 말이었어.
> **벤자민:** 알아. 아마 말은 무서웠을 거야. 아마도 사람들이 자기를 죽이려 한다고 생각한 거야.
> **웨버 교사:** 자. 이게 분명히 말이라고 너희들이 이제 훨씬 더 확신하는 것 같구나.
> **제프:** 맞아요. 쟤가 그렇게 말했을 때, 저도 그렇게 말하려고 했어요. 그런데 쟤가 먼저 말했어요.
> **웨버 교사:** 넌 무슨 말을 할 거니, 제프?

이야기가 전개됨에 따라, 학생들의 토론은 같은 방식으로 계속된다. 이 과정에서 웨버 교사의 모든 문학작품 읽기 소집단에서와 마찬가지로 학생들은 적극적으로 참여하고 상호작용해야 하는 문학 공동체에 가담한다. 실제로 학생들은 우리가 성인 독서 공동체에서 관찰했던 독자들처럼 상호작용한다. 아이들은 서로 이야기를 나누고, 서로의 의견을 들으며, 서로의 논평에 반응한다.

그러나 이런 일들은 "저절로 일어나지" 않았다. 웨버 교사는 학생들이 등교할 때 다른 공동체의 일원으로서 "이야기를 이해했던" 다양한 경험과 능력을 가져온다고 믿는다. 웨버 교사는 다양한 경험과 능력에 접근하여 그것을 토대로 학생들 각자의 구상을 구축하기를 바란다. 웨버 교사는 또한 학생들이 자신만의 중요한 아이디어를 가지고 있어서, 그것으로 이해를 생성한다고 믿는다. 이 능력과 아이디어에 접근하기 위해서, 그리고 학생들을 자신의 문학 소집단의 방식으로 초대하기 위해서, 웨버 교사는 작품을 읽고 반응을 흩뿌리며, 아이들에게 "옳은 아이디어나 틀린 아이디어는 없"고, 오로지 생각들만 있을 뿐이라고 말하고 보여 주면서, 웨버 교사가 "논평과 반응"이라고 부르는 것을 만들어 간다. 그해 동안 웨버 교사는 학생들의 반응을 검증하는데, 항상 재숙고와 추가 탐색을 위해서 여지를 남겨 둔다. 앞의 예에서 학생들은 텍스트, 자신의 지식과 경험, 반 친구들, 그리고 사고를 활성화시키는 교사에 의존하여 자신의 구상 구축을 담당하는 법을 배웠다. 텍스트를 "해독"할 수 있기 전에도 그들은 빠르게 문학적 사유자 그리고 문학 토론에 적극적인 참여자가 되어 갔다.

고학년 학생들의 대화

이제 모라 스미스 교사의 교실을 살펴보자. 스미스 교사는 한 종합 고등학교, 9~12학년 학생들을 가르치는데, 대부분 대학에 진학할 학생들이다. 지역 사회는 주로 중산층 전문직 가정으로 이루어져 있지만, 저렴한 임대 아파트 단지와 두 개의 작은 시골 노동자 마을도 학군 내에 있다. 교과목은 "남성, 여성 그리고 문학"이라고 불리는, 고학년 선택 과목이다. 스미스 교사는 교과목을 개발하고 17년간 가르쳐 왔다. 그녀의 목표는 학생들이 복잡한 젠더 문제에 관해 읽고 쓰고 생각하게 돕는 것이다. 과거에 스미스 교사는 젠더 문제에 관한 이론적 저작들을 읽는 것으로 수업을 시작했다. 그러나 올해 그녀의 수업은 좀 더 문학적이다. 스미스 교사는 이렇게 말한다.

> 문학적 사고는 한 작중인물의 자리로 여러분 자신을 집어넣는 것을 포함한다. 그것은 종종 지적으로[논리적으로] 표현되지 않고, 독자들이 의식하지 못하는 방식으로 독자에게 영향을 주는 감성적인 수준을 내포한다. …나는 이것이 페미니스트 운동에 관한 교과목이나 여성과 남성 문제에 관한 단원을 배치한 사회학 교과목보다 훨씬 더 좋은 문제 접근 방법이라고 생각한다. 그리고 나는 정말로 학생들이 제대로 개념을 얻는다고 생각한다. 복합적이고, 모호함을 허용하기 때문에 이 방법이 더 좋은 방식이다. …이는 여러분이 겪어봐야 할 사고의 특성이다.

스미스 교사는 이 과목을 위해 사고를 촉진하는 세 편의 작품을 골랐다. 막 읽기를 마친 새로운 작품도 포함했다. 스미스 교사의 교실은 넓고, 두 구역으로 나뉘어 있다. 한 곳은 반 아이들이 만나는 넓은 공간이고, 다른 한 곳은 컴퓨터와 신문 자료들이 자리한 좁은 공간이다.(스미스 교사는 학교 신문 제작 지도교사다.) 학생들의 책상은 원형으로 배치되어 있다. 두 개의 커다란 탁상이 원의 중심에 자리하여, 필요할 때 논의나 작업의 공간으로 사용된다. 게시판에는 스미스 교사의 수업과 관련 있는 신문 기사와 사진을 포함한, 풍부하고 다양한 자료들이 걸려 있다. 스미스 교사의 반 학생들은 교사로부터 지속적인 격려와 지지를 받는데, 그것은 교사가 활동하면서 느끼는 고유한 기쁨을 표현하는 특유의 표정과 빈번한 웃음을 통해서 전달된다. 수업에 참여한 25명의 학생들 중, 6명은 남학생이고 19명은 여학생이다.

그 해, 토론이 시행된 시점에서, 학생들은 바바라 킹솔버(Barbara Kingsolver)의 『콩나무(*The Bean Trees*)』(1989)와 토니 모리슨(Toni Morrison)의 『술라(*Sula*)』(1974)를 이미 읽었었다. 학생들은 지금 일련의 단편소설들을 읽고 있다. 앨리스 워커(Alice Walker)의 「낙태(The Abortion)」(1990)에 관한 다음 토론은, 나머지 토론을 대표하는 특성을 보여 준다. 이 이야기는 남부에 사는 고학력 흑인 미국인 부부에 관한 것이다. 남편은 시장의 법률 고문인데, 그 자신이 정치적 야망을 품고 있다. 아내는 두 살 난 딸을 돌보면서 대부분의 시간을 집에서 홀로 보낸다. 남편은 일에 지나치게 몰두하고 아내와의 관계에 무심해서, 결혼 생활은 고통스럽다. 아내는 최근에 임신 사실을 알게 되었는데 더 이상 아기를 원하지 않는다. 남편은 일의 압박에 휩쓸려 들어가 있고, 아내는 낙태 문제와 결국 이혼에 관한 고민에 홀로 직면할 수밖에 없다. 스미스 교사는 늘 하던 방식으로 토론을 시작한다.

스미스 교사: 좋아요. 누가 시작할까요?

시카(Sikka): 저는 아내가 전혀 마음에 들지 않아요. 아내는 낙태할 권리를 가졌고, 낙태가 필요하다고 저는 생각해요. 그리고 아내는 말했지요, 아이 대신 자기를 선택했다고. 아내는 말은 그렇게 했지만, 자신이 뭘 하고 있는지 생각조차 안 했어요.

스미스 교사: 아내가 전에 그 문제에 대해 정말 생각해 보지 않았을까요? 아니면….

시카: 제 말은, 아내가 생각은 해 봤지만 완전히 이기적이었다는 거지요. 제가 생각하기에 아내는 실제로 어떤 일이 일어나고 있는지 직시하지 않았어요.

레이나(Raina): 저는 완전히 반대해요. 저는 그게 좋았어요. 제 말은, 저를 불편하게 만드는 부분들이 많다는 거예요. 저는 낙태를 옹호하지는 않지만, 그녀가 두 번 낙태했다고 해서 그것에 대해 평가하고 싶진 않아요. 대체로 저는 아내가 모든 것을 자기 개인의 문제로 취급하는 방식이 좋았어요. 아내는 독자에게 상황을 알려 주고 독자를 끌고 가지요.

스미스 교사: 아내가 이기적이라고 생각했어요?

레이나: 제 생각엔, 그녀는 이기적이었어요. 그녀는 선택해야 했어요. 자신과 다른 사람 중에서 선택해야 할 상황에서는 누구나 자기 자신을 선택하지요. 그녀는 그렇게 한 거예요.

캐럴(Carol): 저도 시카의 의견에 동의해요. 왜냐하면 그녀는 남편에게조차 다른 아이를 상상할 수 없다고 편지를 썼기 때문이에요. 남편은 아내에게 차를 가져다 주었는데, 그녀는 "마시지 못하겠어요. 치워 버려요."라고 말했어요. 아내는 매사에 못되게 굴었어요.

클로디아(Claudia): [불분명] 아마 그녀의 말은 그녀가 느끼는 것을 정확히 표현한 것 같지 않아요. 그녀는 자기 마음을 정확하게 설명할 수 없어요. 때로 사람들이 어떤 상황에 처했을 때, 그들이 하는 말은 자신의 진짜 마음을 오롯이 표현하지 못해요. 누군가에게 화날 때처럼, 말로 나오는 것이 내심은 아니지요.

이때까지, 많은 학생들이 첫인상을 이야기했으나, 그들은 추가적인 아이디어를 위해 가능성을 열어 두면서, 머뭇거린다. 그들은 서로의 이야기를 듣고, 이전에 들은 논평을 다시 떠올리며, 자신의 생각을 부가한다. 클로디아의 논평은 그들이 숙고하고 멀리 나아갈 수 있게 새로운 관점을 제공하는 것으로 보인다. 초점이 바뀌는 것을 보라.

> **하이카(Haika):** 모르겠어요. [불분명] 그녀가 차를 거절했을 때는 괜찮았어요. 그런데 남편을 손님방에서 재우기 시작했을 때는요. (몇몇 학생들이 동시에 말한다.)
>
> **하이카:** 그게 정말 오래 갔지요.
>
> **레이나:** 그래요. 그러나 그는 얼간이였어요. 수술[정관절제술]을 원치 않았어요.
>
> **베브(Bev):** 알아요. 그는 그렇게 해서는 안 되었어요. 그건 마치….
>
> **레이나:** 그러니까, 임신하는 사람은 그녀에요. 그가 임신하는 건 아니죠. 임신은 실상 그에게 영향을 미치지 않아요. 그에게 영향을 줄 수 있으나, 직접적이지 않아요. 그러니까, 임신으로 인해 영향받는 것은 그의 몸이 아니란 말이죠. 누군가가 수술을 받았어야 했어요.
>
> **하이카:** 그래요. 그러나 다른 방법이 있어요. 그녀는 결혼 생활에서 정말 불안정했어요. 그 남자와 정말로 함께 할 거라고 확신하지

않는다면, 그의 선택권을 박탈하지 말아야 해요.

클로디아: 그렇다면, 그녀는 자신의 선택권을 박탈해야 하나요?

하이카: 맞아요. 그것이 그녀가 원하는 바라면.

해리(Harry): 그녀는 아이를 바라지 않았던 사람이에요.

여기에서 학생들은 감정, 의도, 선택권, 행동에 관한 민감하고 중요한 화제를 제기한다. 자기 자신과 작중인물의 관점을 포함한 다양한 관점에서 문제를 탐색하기 시작한다. 얼마 동안 학생들은 작품에서 작중인물의 삶, 시대, 관련 사건들을 탐색한다. 그들은 작품에 대한 이해를 더 발전시키기 위한 방법으로서 작중인물과 그들의 상황을 더 잘 알아 가려고 노력하는 것으로 보인다. 이후에 해리의 발언은 초점을 다시 변경시킨다.

해리: 모르겠어요. 나는 여주인공이 전혀 마음에 들지 않아요. 그러니까, 모든 이야기는 그녀의 관점에서 쓰였어요.

클로디아: 그래요. 그 남자는 그녀와 진정으로 함께 하지는 않았어요. 공항 가는 길에 정치 토론에 대해 지껄이며 멀찍이 앉아서요. 그는 아내를 쓰레기처럼 내버렸어요. 그건 그녀의 일이고, 그녀의 인생이어서, 그녀가 모든 것을 책임져야 해요. 그는 그다지 도움을 주지 않았어요.

샘(Sam): 그러나 그녀도 골칫거리에요. 여러분도 알다시피, 남편이 가져다 준 차를 치워 버리라고 한 것까지야 그렇다 쳐도, 그게 뭐에요. 손님방에서 자라니.

클로디아: 그건 나중에 일어난 일이었어요. 전에 일어난 일이 아니

었어요. 아마 그녀는 당시에 화가 나 있었을 거예요….

스미스 교사: 그들의 관계를 설명해 봐요. 이 모든 이야기들[그들이 읽고 있는 단편소설들]은 관계에 관한 것이에요. 이것은 어떤 종류의 결혼이죠?

클로디아는 남편의 행동에 대해 논의하기 시작한다. 젠(Jen)과 클로디아는 이후 이미 언급되었던 아이디어를 재활용한다. 스미스 교사는 학생들이 탐색을 계속하게 돕기 위해서 하나의 화제를 제안한다. 시간이 지나자 학생들은 다른 아이디어에 대한 공명판(共鳴板)과 도약판(跳躍板) 역할을 계속하면서 더 복잡한 문제와 맞선다.

릭(Rick): 그러나 그녀가 이만큼이라도 보살펴 주는, 뭐 그런 남편을 다시는 얻지 못할 거라고 생각했다고 볼 여지가 있어요. 누군가가 떠나야만 한다면, 그녀가 떠났어야 했을 거예요. 그런데, 그녀는 많은 일들로 화가 났어도 자기가 저지른 일들을 떠나지는 않았어요. 그리고 그녀는 자기가 통제권을 가졌다는 사실을 알았기 때문에 그것은 이상한 관계였어요. 그는 자기가 결코 그녀를 떠날 수 없다는 사실을 알고 있었어요.

스미스 교사: 그는 착한 사람으로 그려졌나요?

릭: 네. 그녀는 아마도. 그가 나쁘거나 뭐 그런 사람이 아니라고 생각해요. 그러나 그는 그녀와 조금 더 많은 시간을 가졌어야 했고, 그녀를 방치하지 말았어야 했어요. 대화를 더 많이 나누었어야 했어요. 그녀는 몇 번이나 그에게 총을 겨누고 싶었을 거예요. 그는 이렇게 말해요. "나중에 이야기합시다." 그리고 그녀는 완전히 화

가 나지요.

스미스 교사: 그들의 관계에 대한 다른 의견은요?

폴라(Paula): 왜냐하면 이 문제가 그녀에겐 중요한데, 그는 정치에만 관심이 있으니까요. 그가 그 관심을 마구 분출하는 모습을 그녀는 바라만 봤어요. 그 장면은 그들에게 공통점이 없다는 사실을 보여 준다고 생각해요. 그녀가 떠나야겠다고 그때 깨달았던 것 같아요.

또한 토론이 계속되면서 학생들은 직업에 대한 남편의 지나친 몰두를 곰곰이 생각한다. 해리의 말에 따르면, 그것이 정말 "온 가족의 발전"을 위한 남편의 도리였는지 숙고한다. 통제와 근본적인 불행에 관한 쟁점을 다시 거론하고 작중인물들과 그들의 상호작용을 어떻게 연결할지 다시 논의한다. 모라 스미스 교사의 교실에서 늘 그렇듯이, 토론이 끝나도 많은 학생들은 여전히 문제를 탐색하며, 작품에 대한 자신의 구상을 발전시키는 과정을 밟고 있다. 가끔 스미스 교사는 학생들이 읽도록 비평적 분석 자료를 교실에 가져오지만, 학생들이 이런 종류의 토론을 마쳤을 때에만 그렇게 한다. 토론을 통해서 학생들은 자신의 힘으로 이해를 확장하고 쟁점을 숙고할 기회를 가졌다.

공동체의 탄생

「낙태」가 제기하는 쟁점들이 웨버 교사의 1학년 교실에서 고려된 문제들보다 훨씬 더 성숙한 것이라 하더라도, 우리는 두 교실이 작동하는 방식에서 많은 유사점을 볼 수 있다. 두 교실은 쌍방향으로 상호작용하고 서로 지지하는 공동체로서, 그 안에서 학생들은 자신의 생각을 말하는 데 편안함을 느낀다. 아무도 발언에 제약을 받지 않는다. 스미스 교사의 교실에서 낙태와 젠더 역할에 대한 약간의 의견 불일치가 있었다 하더라도, 학생들은 상호적으로 대화에 참여한다. 작중인물과 그들의 상황에 대한 학생들의 이해에 복잡함과 섬세함을 더하는 방식으로 다양한 의견들이 토론 중에 울려 퍼진다.

이런 종류의 토론은 교사들이나 학생들 모두에게 새롭다. 탄냐 웨버 교사는 그녀가 만든 변화들을 이렇게 설명했다.

> 제가 "개입하지 않는" 상황을 조성하고, 학생들이 서로의 아이디어를 북돋우면서 서로에게 이야기할 수 있는 공동체를 실질적으로 구축할 필요가 있다는 사실을 알아요. 저는 좀 더 조용해지고 적극적인 청자(聽者)가 되기를 원해요…. 학생들이 또 다른 관점을 가지도록 도와주는 일에 관해서 [전에는] 전혀 이해하지 못했어요.

모라 스미스 교사의 논평도 유사하다.

> [구상 구축에 주목하기 시작한] 이후로 제 접근 방식은 정말 변했어요. 저는 학생들이 마지막에 어떻게 느꼈는지 물어보지 않았을 거예요[읽기 후 그녀의 시작 질문을 언급하며]. 저는 보통 어떤 의문점이 생기는지 물어보곤 했고, 우리는 특정 부분을 살펴보곤 했어요. 설사 학생들이 숙제를 하지 않았더라도 모두 참여할 수 있기 때문에 가끔 그렇게 했어요. 하지만 그것은 어떤 부분이 중요한지

스스로 알아내는 방법을 학생들에게 가르쳐 주지 못했기 때문에 실패했어요…. 이제 저는 전반적으로 교사의 결단을 좀 더 의식하게 되었어요. 학생들이 서로 다른 입장에서 말하는 것을 들을 때 저는 입장들 사이의 차이들을 알아보기 시작했어요…. 소집단이 서로의 사고를 도와주기 위해서 어떻게 작동하는지도 보여요.

웨버 교사와 스미스 교사가 개발한 이런 종류의 문학적 공동체에서는, 개개의 학생이 고유의 반응을 형성할 여지를 가진다. 그러나 교실의 학생들은 소집단에서 분리된 채로 움직이지 않는다. 토론과 여타 활동을 진행하는 동안, 학생들은 서로의 아이디어와 의견을 듣고 숙고한다. 다른 학생의 견해가 자신의 흥미를 끌고 자신의 사고를 견인할 것이라고 학생들은 기대한다. 학생들은 선정된 작품 읽기를 끝낸 후에 자신의 구상에 관해 사고하면서 토론을 시작한다. 그리고 그들은 곧 그 너머로 나아간다. 반 친구에 의해 공유된 첫 번째 의견은 학생이 이전에 가졌던 구상을 넘어 생각하고, 탐색하며, 움직이게 유도하는 잠재력을 지닌다.

이러한 관점에서, 한 학생의 반응은 개인의 사적인 생각에만 국한된다는 의미에서의 "개인적인 반응"이 아니다. 지나치게 자주, 학생 반응에 대한 개념은 협소하게 활용되는데, 즉 읽은 작품과 연관된 학생의 삶에 관한 생각만을 지칭하는 제한된 방식으로 사용된다. 반응이란 어느 시점에서나 그때그때 학생들이 가진 구상으로부터 오는 것이며, 다른 사람들과 함께 경험하는 더 깊은 사고와 토론에 기반하여 변하는 것으로 보는 편이 더 유용하다. 학생들이 반응하고 있을 때, 그들의 해석은 형성 중이며 변화 중이다. 반응과 해석은 순차적이지 않고(해석이 반응에 뒤따르는 식이 아니고), 구상 구축의 복잡한 그물망 안에서 동시에 발생한다.

학생들은 다른 사람과의 상호작용을 활용하여 가능성의 새로운 지평을 탐색한다. 그러한 탐색은 학생들이 다양한 시각에서 볼 수 있게 도와주며, 문학뿐만 아니라 삶의 복잡성에 관한 감수성을 함양하도록 이끈다. 그리고 이것으로부터 문학과 삶에서 자신 앞에 놓인 선택지들을 이해하는 능력뿐만 아니라 새로운 선택지들을 탐색하고 발견하는 능력이 자라난다.

상호작용을 통해서, 학생들은 교실과 더 넓은 공동체의 복잡한 사회적 관계 속에서 사고하고 참여하는 데 필요한 능력을 발전시키는 법을 배운다. 학생들은 서로 경청하고 대면하는 법을 배우면서, 바흐친(Bakhtin, 1981)이 언급한 의미에서 대화에 참여한다. 대화에서 참여자들은 다른 해석의 가능성들을 진지하게 고려하고, 교실 공동체 안의 개인 자신들을 한데 얽혀 뒤섞인 무엇으로 바라볼 수 있다. 참여자들, 곧 공동체 자체는 차이, 공감, 인식, 그리고 변화에 개방적이다. 개방적 환경에서, 학생들은 자신의 개인적인 발달, 비평적 사고, 생각하는 능력, 그리고 사회적인 차이와 연관성에 대한 이해를 풍부하게 하는 방식으로 문학을 다루는 법을 배운다. 이것이 바로 학생들이 일생 동안 문식성을 갖춘 인간적인 사유자로서 살기 위해 지속적으로 활용해야 할 자질들이다.

제 **6** 장

실제적인
지도 방법

현대 교육사에서 국어 교육에 대한 학교 개혁은 주로 교육 방법에 초점이 맞추어져 왔다. 즉 국어 수업이 어떤 모습이어야 하고, 어떻게 진행되어야 하는지에 관한 것이었다. 그러한 개혁의 근간에는 무언가가 잘못되었으며 그것이 고쳐져야 한다는 믿음, 그리고 교사가 변화되면 잘못이 고쳐질 것이라는 믿음이 깔려 있었다. 수업 개혁은 집단의 규모(예: 전체 학급, 소집단, 개별), 교재(예: 선집과 기초 독본, 문학작품 모음집, 축약본, 고전이라 불리는 책, 도서관의 책, 상업용 책, 다양한 문화를 다룬 단원 등), 상호 작용 방식(예: 강의, 토론, 소집단, 컴퓨터), 수업 방식(예: 직접 교수, 교도적 수업(guided instruction)[16], 학생의 직접 탐구), 언어 및 문학 학습에 대한 신념(예: 총체적 언어 접근법, 구성주의, 독자 반응, 신비평) 등에 초점이 맞추어져 왔었다.

일반적으로 교사들이 통달할 것으로 기대했던 이러한 개혁운동은 특정한 교수법을 동반했다. 평등한 교육을 보장하기 위해, 모든 교사는 같은 일을 하도록 요구받았고, 학생들도 마찬가지였다. 더 선호하는 교수·학습 방법이 있었고, 이를 수행하기 위해 선호하는 방법이 있었다.

이러한 개혁은 학생들의 배움에 실질적인 변화를 주기 위한 것이었다. 하지만 쿠반(Cuban, 1984)은 이것이 고요한 바다 위에 생기는 파도에 지나지 않는다고 지적한다. 즉 개혁으로 수업의 변화가 생기기는 했지만, 학생들이 생각하고 배우는 것이 본질적으로 바뀌지는 않았다는 것이다. 학교에서의 배움과 앎에 대한 근본적인 믿음이 바

---

16 역자주: 교사의 안내 정도가 설명식 수업과 발견식 수업의 중간 정도에 해당하는 수업형태(서울대학교 교육연구소 편, 『교육학용어사전』, 하우, 1994).

꿰지 않았으며, 따라서 개혁은 비효율적이었다고 지적한다. 수업에서 어떤 사실과 기술을 습득하는 것, 줄거리를 요약하고 제목이나 작가의 의미를 암송하는 것을 똑똑하고 성공적인 학습자 특징으로 보는 한, 교육적 접근 방식이 아무리 변하더라도 학생들이 배우는 것은 이전과 똑같을 것이라는 지적이다(Langer, 1984). 이것은 놀라운 일이 아니다. 앞서 설명한 학습에 대한 사회적 관점에 의하면, 학생들은 공동체가 가치 있다고 여기는 것을 학습하게 된다. 그들은 자신에게 가르쳐진 것을 배우며, 또한 주변 사람들과 시스템에 의해 학습에 대한 보상을 받는다.

교육에서는 불가피한 긴장이 존재한다. 즉 우리가 학생들이 생각하고 배우기를 바라는 방식은, 교육자나 대중이 가지고 있는 생각과 앎이라 간주되는 것에 대한 근본적인 믿음과 필연적으로 연결되지 않는다. 한편으로 우리는 학습에 대한 오래된 믿음에 집착하면서, 다른 한편으로는 그 오래된 믿음에 대한 근본적 변화가 일어나기를 바란다. 역사적으로 '잘한다(well)'는 것이 무엇을 의미하는지에 대한 믿음을 비롯하여 교실의 필수 요소인 일상적인 교실 업무에 주의를 기울이지 않았기 때문에 우리는 '실패'를 잘못 해석해 왔다.

교사와 학생에게 문학 구상의 개념을 어떻게 잘 적용할 수 있을지 고려하면서 이 문제에 접근해보자. 나에게 한 가지 근본적인 진실은 모든 구상 구축 교실이 반드시 같은 방식일 필요도 없고, 교사나 학생 역시 같은 식으로 행동할 필요도 없다는 것이다(Applebee, Langer, Langer, Nystrand, & Gamoran, 2003; Langer, 2002, 2010; Langer & Applebee, 1987). 하지만 교수·학습에 대한 일련의 이론적 믿음이 존재하는데, 그것은 학습의 초점에 대한 교사의 목표와 학생의 이해가 중심에 있을 필요가 있다는 믿음이다. 이것들은 이전 장에서 소개된 다음 개념들을 포함한다. 구상 구축과 가능성 탐색의 중요성, 학생들이 자신의 탐구를 통제하고 발전시켜서 더 깊은 이해로 나아갈 필요, 그리고 사회적, 개인적, 비판적, 그리고 인지적 개발을 위한 문학의 사용이 그것이다.

실천의 원리

우리는 모라 스미스(Maura Smythe)와 탄냐 웨버(Tanya Weber)와 같은 교사의 실제 수업에 대한 설명을 이미 보았다. 두 교사 모두 수업에서 활발한 문학 공동체를 만들기 위해 노력하고 있었으며, 그들의 수업 사례는 의심의 여지없이 이 책을 읽는 독자의 마음에 많은 아이디어를 불러 일으켰다. 두 교사의 수업에는 차이점이 있었다. 하지만 학생들이 가능성의 지평을 탐색하고, 구상 구축을 하고, 문학과 삶에 대한 탐구를 추구할 때, 적용되는 교육적 원리는 비슷했다. 교육적 실천 원리에 대해 논의한 다음, 이 원리가 바바라 퍼스트(Barbara Furst) 교사의 7학년 수업에서 일주일 동안 어떤 식으로 작용하는지 설명하려고 한다.

본질적인 차원에서, 사려 깊게 "문학작품에 대해 구상하는" 교실에서 가장 중요한 정신(ethos)은 문학이 사고를 촉발한다는 믿음, 그리고 학생들은 충분히 사유할 수 있는 사람이라는 믿음이다. 이것은 아무리 강조해도 지나치지 않는다. 이 두 가지 신념이 스며들어 구상 구축 수업의 문화를 특징짓는다. 이 두 신념이 있으면, 학생과 교사는 문학작품을 집어들면서 벤튼(Benton, 1992)이 말하는 소위 '제2의 세계'에 들어가게 될 것이라고 가정할 수 있다. 그곳에서 그들의 마음은 가능성의 지평을 탐색하고 그들의 상상력은 고양된다. 이것이 바로 구상 구축 문학 교실에서 자연스럽게 발생하는 경험인 문학적 체험의 본질이다.

이것은 많은 수업에서 확인되는 흔한 특성처럼 보일 수 있지만, 안타깝게도 그렇지는 않다. 표면적인 이해와 해석의 주입이 목표인 수업에서 문학은 사고를 촉발하는 것이 아닌 답을 제공하는 것으로 취급된다(Langer, 1992). 종래의 문학 수업이 학생이 어떻게 사고하고 무엇에 대해 사고하는지에 관심을 갖는 수업으로 변하려면, 공동체는 문학이란 독자의 사고를 촉발하는 것이며 문학 경험에 참여하는 방법이 섬세해져야 한다는 현실적이고 일관적인 이해를 발전시켜야 한다. 이것이 아래 네 가지 원리의 기초가 되는 신념이며, 이것은 구상 구축 문학 교실에 널리 퍼져있는 것이다.

1. 학생을 평생에 걸친 구상 구축자로 바라보아야 한다.

우리는 앞장에서 학생들이 자신과 자신의 세계를 이해하기 위해 구상 구축을 하면서 살고 있다는 것을 보았다. 효과적인 교수·학습은, 학생들이 문학을 경험할 때 그들이 이제까지 습득한 지식을 사용

하여 자신의 텍스트 세계(또는 구상)를 만들어 낸다는 인식에서 시작
된다. 그들은 문학, 문식성, 삶에 대한 과거의 경험을 활용하여 문학
작품에 대한 새로운 이해와 해석을 만들어 낸다. 교사는 모든 학생이
모든 문학적 경험을 이해할 수 있으며 실제로 이해하고 있다는 것을
안다. 개인은 일상생활에서 말하고 들은 이야기로 문학적 경험을 이
해할 수 있으므로, 학교에서도 이해할 수 있다.

　학생을 구상 구축자로 간주하는 교수·학습 환경은 학생을 수업
에서 생각할 줄 아는 사람으로 정당화해 주며, 학생들이 주저함 없
이 자신의 이해를 더욱 발전시키도록 초대해 준다. 이런 수업 문화에
서, 학생들은 자신의 발전해가는 아이디어가 자신의 것이라는 생각
을 갖는다. 그들은 이해하고, 다른 사람을 관찰하고, 도움이 필요할
때 도움을 구하기 위해, 자신이 가진 사전 지식을 사용한다. 이러한
관점에서 지도할 때 교사는 사려 깊은 청자가 되며 예타 굿맨(Yetta
Goodman, 1985)이 말한 아동 관찰자(kid-watcher)가 된다. 학생들의
아이디어를 이해하려고 노력하고, 학생들이 구상 구축에 필요한 아
이디어를 가지고 작업할 수 있는 방법을 찾도록 돕는다.

　탄냐 웨버 교사와 모라 스미스 교사의 수업은, 문학 탐색 과정에서
학생들이 아직 고려하지 않은 가능성을 탐색하면서 스스로 생각하고
서로 소통하는 교실 문화의 예시가 된다. 이 교실에서 학생들은 사유
자, 자기 아이디어에 대한 소유권을 가진 개인, 다른 동료들과 친구
들로 이루어진 공동체에 속해 있는 개인으로 간주된다. 5장에서 논
의했듯이, 이런 종류의 사회적 환경에서 학생들은 교실 문화의 요구
에 따라 사려 깊게 행동한다. 이러한 상호작용은 학생을 자신의 것이

아닌 생각으로 이끌어 가는 대신, 학생들이 자신의 아이디어를 추구할 수 있도록 해줌으로써 그들이 더 능숙한 구상 구축자, 더 강력한 사유자, 그리고 더 사려 깊은 인간이 되도록 한다.

2. 질문은 문학 경험의 일부로 간주된다.

문학에서 의미를 부여하는 행위는 새로운 지평을 찾아내는 데 제한을 두지 않으며 매우 탐색적이다. 따라서 문학적 경험은 본질적으로 질문의 제기를 요구하며, 질문은 가능성의 지평을 탐색할 때 정상적이고 꼭 필요한 것이다. 많은 생각과 토론이 이루어진 후에도, 모든 구상이 완전히 발전된 아이디어, 질문과 예감으로 가득 차 있는 것은 이 때문이다. 구상 구축의 관점에서, 우리는 한 사람이 그 순간에 그의 이해에 대해, 발전할 수 있는 것에 대해, 다른 문학작품에 대해, 그리고 삶과의 관련에 대해 모든 종류의 질문을 할 것이라고 기대한다. "잘 모르겠는데…" "만약 ~라면 어쩌지…?", "정말 그렇게 생각해…?" 사람들은 학교 밖에서 문학을 이해할 때, 영화를 보고 나서, 베스트셀러를 읽고 나서, 연극의 막간에도 이런 질문을 한다. 그런 질문들은 그 사람이 적극적인 구상을 세우고 있으며, 또 그가 문학적 사유자라는 사실을 증명해준다. 이러한 질문의 역할은 우리가 살펴보았던 수업의 학생들 사이에서와 마찬가지로, 「한 시간의 이야기」에 대해 토론하는 어른들 사이에서도 명확하게 나타난다.

질문이 이해력을 발달시키는 중요한 방법이라고 볼 때, 수업은 학생들이 가능성을 탐색하는 데 도움을 주는 시간을 제공하며, 단지 불확실성을 해결하기 위해서만이 아니라 그 너머로 나아가도록 돕는 역할을 한다. 가령, 대안을 고려하기, 증거를 저울질하기, 다른 질문들을 개발하기 등이 그러하다. 예를 들어, 탄냐 웨버 교사와 바바라 퍼스트 교사는 학생들이 훌륭한 질문자가 되고, 질문을 활용하여 그들이 깊이 있는 이해에 도달하는 방법을 터득하도록 도왔다. 두 교사는 혼자 또는 소집단인 학생들에게 수업 시간에 토론할 흥미로운 질문을 해 보라고 한다. 수업 시간에 소집단의 시각을 넓혀주고 새로운 가능성을 탐색하는 데 도움을 줄 질문을 제시해 보라고 요청한다.

텍스트 기반 수업에서 학생의 질문은 부정적인 함의를 가질 수 있다. 즉 학생의 질문이 그 학생이 무언가를 '모른다'거나 '좋은' 독자가 아니라는 것을 의미할 수 있다. 학생의 질문을 부정적으로 취급하는 교실 공동체에서는 학생들이 질문하는 것을 좋아하지 않는 것은 그리 놀라운 일이 아니다. 그러나 구상 구축을 지원하는 교실에서는 학생의 질문이 바람직한 행동으로 간주되며, 불확실성을 고려하여 가능성을 탐구하는 학생들이 문학을 잘 읽는 독자로 나타난다.

3. 학급 토론 시간은 이해를 발전시키는 시간이다.

구상을 발전시킨다는 개념은 이해를 유동적이며 변화하는 것으로 간주하기 때문에, 학급 토론은 참여자들이 그들의 이해를 탐색하고 더 발전시키도록 돕는 것을 목적으로 한다. 교사와 학생들은 수업을 시작하면서 작품에 대해 가졌던 생각이 수업이 끝날 때 즈음에는 바뀐다는 것, 그리고 학급 토론이 그 이전의 아이디어를 탐색하고 그것을 넘어서게 하는 계기라는 것을 당연하게 여긴다. 이러한 맥락에서, 학생들과 교사는 그들이 가졌던 불확실성과 예감을 점점해보고, 집단의 일원으로 상호작용한 결과로서 다른 사람들이 내놓는 다른 가능성과 관점을 고려해 본다.

구상 구축의 관점에서, 토론은 학생들의 초기 인상, 즉 그들이 특정한 시점에 가지고 있는 아이디어, 나중에는 변화할 것으로 예상되는 아이디어에서 시작된다. 학생들은 종종 개인 구상에서의 아이디어를 질문이나 임시 의견으로 전달하여 학급 전체가 더 광범위한 탐색을 할 수 있도록 한다. 이렇듯 학급 토론 시간은 학생이 각자 자신의 입장에서 그리고 집단의 일원으로서 해석을 수정하고, 질문을 제기하고, 가능성을 탐색하고, 작품에 깊숙이 파고드는 시간이다.

4. 해석을 풍부하게 하기 위해 다양한 관점을 이용한다.

구상 구축 교실에서 다양한 관점은 매우 중요하다. 다른 사람들의 관점을 고려하는 것은 여러 가지 방식으로 작동한다. 학생들에게 처음에 떠오르지 않았던 아이디어를 성찰할 수 있도록 돕는 방식, 다른 사람의 의견과 비교되거나 충돌할 때 자신의 아이디어를 더 성찰적이고 더 분석적으로 직면하는 방식, 특정한 관점을 기반으로 해석을 발전시키는 방식, 그리고 자신의 관점이 아닌 관점에 대한 민감성을 얻는 방식으로 작용한다. 다양한 관점은 학생들이 자신의 이해를 발전시키고 분석하는 데 도움을 줄 뿐만 아니라, 학생들이 만들어 내는 상상과 그들 자신, 그들의 삶, 그리고 세상을 보는 방식을 풍부하게 하는 복잡한 결을 추가한다.

여러 학년에 걸쳐서, 교사는 학생들이 선택의 안팎에서 다양한 방식으로 관점을 취하도록 도울 수 있다. 학생들은 개별 인물의 관점뿐만 아니라 자신만의 관점에서도 작품을 논할 수 있다. (우리는 스미스 교사의 학생들이 「낙태」의 상황을 그들 자신의 관점, 남편의 관점, 아내의 관점에서 이해하면서 작품을 논하는 것으로 보았다.) 학생들은 다른 문화와 전통을 가져와 작품을 고려할 수도 있고, 이미 읽고 경험한 다른 작품의 관점을 가져와 작품을 논할 수도 있다. 관점 취하기를 통해서 학생들은 자신의 구상 내에서 이해의 폭을 넓히게 되고, 의미의 주관성과 맥락성에 대한 이해를 높이게 되며, 그래서 다른 사람의 관점을 더 잘 이해할 수 있게 된다.

대부분의 학생들은 관점을 취할 때, 가능성의 지평을 탐색하고 그들이 제기하는 문제를 주관적이고 개방적인 방식으로 다룬다. 하지만 특정한 관점을 점검하기 위해서 그들의 구상에서 잠시 벗어나야 할 때도 있다. 이러한 탐색을 하면서 학생들은 문학 비평가처럼 비평적으로 사고하는 입장을 취하게 된다. 가능성의 지평을 탐색하며 학생들은 탐색에 영향을 주는 외부 기준이나 준거 틀을 동원할 수 있다. 예컨대, 페미니스트나 프로이트의 관점을 활용할 수도 있고, 자신의 탐색이 가지는 체계적 일관성을 판단할 수도 있다.

이와 같은 관점 취하기에서는 '최상의' 해석은 존재하지 않는다고 가정된다. 해석은 보는 사람에 따라 달라진다. 텍스트와 발전해가는 구상 사이의 개인적 상호교섭은 개인의 개인적, 문화적, 역사적, 사회적, 그리고 학문적 경험과 밀접하게 관련되어 있다. 관점을 취하는 것은 자신의 관점을 발전시키고, 더 나은 해석에 도전하고, 자신의 해석을 완성하는 방법이며, 해석의 차이가 어디에서 나오는지 이해하는 방법이다.

이 네 가지 원리는 교실 문화의 기초가 된다. 그러한 교실 문화 안에서 문학 환경은 윤리, 시민적·사회적 책임, 문화적 정체성, 미학, 그리고 추론하기 등의 화제를 고려하고 예시한다. 이 모든 것은 문학, 자아, 타인과 관련 있다.

실제 교실 사례

이러한 원리가 실제로 어떻게 실천되는지 알아보기 위해 바바라 퍼스트(Barbara Furst) 교사의 7학년 수업 중 하나를 살펴보자. 이 수업에서 학생들은 레이 브레드버리(Ray Bradbury, 1954/1992)의 「온 여름을 이 하루에」(All Summer in a Day)[17]와 관련된 일주일간의 프로젝트에 참여하고 있다. 이 소설은 7년마다 한 시간씩 해가 뜨는 것을 제외하고는, 거의 항상 비가 내리는 금성에 살고 있는 9살 아이들의

---

17 역자주: 레이 브레드버리, 이주혜 역, 「온 여름을 이 하루에」, 『온 여름을 이 하루에』, 아작, 2017

삶을 그리고 있는 짧은 이야기이다. 마고는 지구에서 태어난 아이로 (곧 지구로 돌아갈지도 모른다), 그녀는 학급에서 유일하게 태양의 모습과 따뜻함을 기억하는 사람이다. 그래서 다른 아이들은 마고를 질투한다. 교사는 예정대로 태양이 나타나기 직전에 잠시 교실을 나가게 되는데, 이때 윌리엄(반장)과 마고의 반 친구들은 그녀를 옷장에 가둔다. 선생님은 돌아와서 마고를 제외한 모든 학생들을 데리고 밖으로 나가 태양을 맞이한다. 아이들은 비가 다시 내리기 시작할 때까지 햇빛 아래서 즐겁게 논다. 아이들이 지하 교실로 돌아왔을 때, 그들은 마고를 기억하고 조용히 문을 열어 그녀를 밖으로 내보낸다.

퍼스트 교사는 거의 매년 이 소설을 가르쳐 왔다. 그녀는 "중학생들이 쉽게 접할 수 있는 이야기예요. 아이들에게는 아주 현실적인 이야기죠."라고 말한다. 다른 읽기 수업에서와 마찬가지로, 그녀는 학생의 수준 그리고 문학작품을 읽고 학생이 경험할 상호작용의 종류에 따라 그 소설을 매년 다르게 가르친다. "그들의 요구는 매번 달라요. 어느 해에는 사회적인 이유로 연초에 이 소설을 가르쳤어요. 아이들이 아주 잔인한 일들을 하고 있었고, 나는 아이들에게 이야기를 나눠볼 기회를 주고 싶었어요." 후에 퍼스트 교사는 덧붙였다. "브레드버리가 사용하는 언어는 매우 흥미로웠고 나는 거기에 더 많은 시간을 할애하고 싶지만, 저는 항상 아이들을 어디로 이끌어야 할지 알아내려고 노력해요." 지난 1~2년 동안, 퍼스트 교사는 학생들이 소설을 읽고 토론한 후, 학생들에게 그 소설을 바탕으로 만들어진 영화를 보여 주었다. 영화는 해피 엔딩이었고, 이전 수업에서 이에 대한 반응이 좋았다. 그들은 영화의 결말을 자신의 비극적인 구상과 비교하지는 않았다. 대신 그들은 그 영화의 묘사를 받아들이는 것처럼 보였다. 퍼스트 교사는 이번 수업의 학생들도 해석에 참여할 때, 교사가 기대했던 질문과 성찰보다는 영화의 묘사가 보여 주는 해석을 따른다고 느꼈다.

퍼스트 교사는 학생들이 서로에게 질문할 뿐만 아니라 영화에 대해 질문하는 법을 배울 수 있게, 그들이 구상한 대로, 그리고 영화가 묘사한 대로 이미지에 초점을 맞추어 일련의 활동을 계획했다. 이 수업의 일반적인 패턴에 따라, 학생들은 메모를 다양한 소규모 그룹 토론의 기초로 사용하면서 이 활동을 하는 동안 많은 자유 작문을 했다. 그들은 거의 매일 소집단 토론에 참여하였고, 이 기간 동안 자신의 아이디어를 확장하고, 전체 학급이 생각하고 토론할 주요 화제를 골라냈다. 그들은 현재 구상을 재고를 위한 출발점으로 사용했기 때문에, 모두가 그들의 아이디어가 바뀔 것이라고 기대했다. 토론은 탐색적이었다. 문학 토론은 새로운 아이디어의 중요한 원천이자 사고의 장이었다.

퍼스트 교사와 학생들 사이 상호작용의 본질은 구상을 발전시키는 것에 초점이 맞추어져 있다. 그녀는 여러 가지 방법을 통해서 유일하게 잘못된 논평이란 논평이 없는 것임을 학생들이 알게 한다. 즉 학생의 생각이 학급 토론의 초점이며, 그것이 없으면 토론이 공허할 뿐임을 깨닫게 한다.

퍼스트 교사의 학급은 이질 집단이면서 백인 주류 집단으로 구성되어 있다. 이 학급에는 다양한 사회적, 학문적, 신체적 이력을 가진 다양한 학생들이 포함되어 있다. 예를 들어, 니콜과 레베카는 둘 다심한 청각 장애가 있다. 수화를 사용하는 공인 통역사는 학생들에게 수화를 하고 그들의 수화를 구두로 번역해주는 중개 역할을 한다. 이런 식으로, 두 소녀 모두 이어지는 토론을 포함한 모든 학급 활동에 적극적으로 참여하고 있다.

첫째 날

「온 여름을 이 하루에」 프로젝트의 첫날, 퍼스트 교사와 학생들은 소설을 읽으면서 소설을 영화로 개작하는 방식에 대해 토론한다. 그들은 이미지와 이미지의 역할에 대해 이야기한다. 그런 다음 퍼스트 교사는 처음부터 학생들을 구상 구축자로 참여시키면서 소설을 큰 소리로 읽기 시작한다. 그녀는 학생들에게 마음속으로 소설을 영화로 만들어 보라고 하면서, 이야기가 진행됨에 따라, 그리고 학생들의 생각이 진전됨에 따라 영화의 장면들을 발전시키고 변화시키라고 한다. 그녀는 도중에 두 번 멈추고, 마지막에 학생들이 생각하는 것을 적어두도록 한다. "무슨 일이 일어나고 있다고 생각하세요? 뭐가 보이나요?" 여기에서 그리고 전체 단원에 걸쳐서, 그녀의 목표는 학생들이 그들의 구상을 더 의식하도록 도와서 학생들이 자신의 아이디어, 질문, 예감을 토론에 사용하도록 만드는 것이다.

1년 내내 퍼스트 교사는 덜 친숙할 수도 있다고 생각하는 작품을 극화하도록 하기 위해 종종 학생들에게 책을 읽어 주며, 학생들은 도중에 생각나는 아이디어와 질문을 메모함으로써 구상 구축 활동을 한다. 하지만 이번에는 장면에 더 초점을 맞추고 있다. 다음 이야기에서 세 개의 지점에 대한 두 학생의 얼른 메모하기(quickwrite)는 해당 부분에 대한 학생들의 인상이 변화하면서 발전한다는 것을 보여준다. 스펠링과 구두점은 학생들의 일지에서 나타난 그대로이다.

매니(Manny)는 이렇게 쓴다.

음, 우선 행성을 본다. 범람하는 거리가 보인다. 모든 숲은 습지와 같고 곤충 떼가 사방에서 날아다닌다. 하늘은 항상 흐리고 식물은 병들어 보인다.

나중에는, 다음과 같이 쓴다.

내 생각에 태양이 떠오르는 장면을 놓치면 마고는 좀 미쳐버릴 것 같다. 그녀가 자기 손에 물이 닿는 것에 격렬한 반응을 보이는 걸 보면, 어차피 거의 미친 것 같다. 나는 윌리엄이 한심한 농담을 하면서 아이들을 즐겁게 해 주는 인기 있는 아이라고 상상했다. 학급 전체가 마고의 탈출을 질투한다. 아주 잔인하다.

그리고 마지막에는 이렇게 쓴다.

인상적인 결말이다. 마고는 7년 만에 나온 햇빛을 놓쳤다. 그녀는 어떻게 행동하게 될까? 그녀가 아이들을 미워할까? 아이들은 사과할까? 나는 마고가 태양을 볼 거라고 생각했다. 적어도 결말은 현실적이다.

앤-마리(Anne-Marie)는 다음과 같이 쓴다.

나는 한 무리의 아이들이 몇 개의 큰 창문 앞에 모여 있는 것을
보았다. 유리창은 작은 물방울로 덮여 있다. 아이들은 작은데 그들
은 불안해하며 앞을 차지하기 위해 밀치고 있다.

나중에 소설을 읽어 가면서 그녀는 다음과 같이 글을 쓴다.

나는 창문을 보고 있는 어린아이들을 볼 수 있다. 세차게 내리는
빗소리가 여전했다. 갑자기 침묵이 흘렀다. 평화로운 침묵의 행복.
나도 아이들의 행동에 놀랐다. 누군가를 옷장에 가두는 것은 교육
을 잘 받은 사람의 행동은 아니다.

그리고 마지막은 다음과 같다.

이 이야기는 매우 갑작스럽게 끝났고 실제로 마무리가 되지 않았
다. 하지만 왜 그런지 알 것 같다. 모든 이야기는 마고를 중심으로
전개되었다. 아이들은 마고한테서 태양을 볼 수 있는 기회와 그녀
가 비가 오는 세상에서 살 기회를 빼앗았다.

이 얼른 메모하기에서, 시간이 지남에 따라 매니와 앤-마리의 구
상이 달라지는 것을 확인할 수 있다. 비록 소설을 다시 볼 시간은 없
었지만, 우리는 그들이 소설에 대한 자신의 첫인상에 대해 고심하고
있다는 것을 알 수 있다. 그들은 초기 아이디어를 만들어 내고, 질문

을 제기하며, 작품에 대한 몇 가지 비평적인 반응을 발전시키고 있다. 이러한 과정에서 메모는 학생들이 자신의 구상에 초점을 맞추도록 하고, 자신의 텍스트 세계를 점검하게 하며, 자신의 아이디어가 어디로 나아가는지 예측하게 하고, 변화하는 구상을 인식하도록 유도한다.

퍼스트 교사의 학생들은 자신이 읽고, 생각하고, 토론하고 있는 것에 반응하며 종종 얼른 메모하기를 수행한다. 얼른 메모하기는 그들 스스로를 위해, 그리고 자기 생각을 성찰하기 위한 방법으로, 관련 지식과 경험, 생각을 통합하고 검토하며 자신의 이해를 개선하고 확장하는 역할을 한다. 이 경우, 얼른 메모하기는 학생들이 새로운 아이디어를 통합하고 검토하는 데 도움이 된다.

퍼스트 교사는 학생들에게 소설을 읽은 후, 다음 날 수업에 와서 '우리가 이야기할 필요가 있다고 생각하는 몇 가지 질문 만들기'를 숙제로 내준다. 퍼스트 교사는 종종 질문 만들기를 학생들에게 과제로 내주는데, 이 질문은 문학적 경험에서 자연스러운 부분으로 취급된다.

매니가 가지고 온 몇 가지 질문이 있다. 우리는 그녀가 등장인물들의 관점에 관심을 두고 있다는 것을 알 수 있다.

나는 우선 마고가 옷장에서 풀려났을 때 그녀의 반응에 대해 이야기해야 한다고 생각한다. 수업 시간에 우리 학급 전체는 마고의 성격을 바탕으로 몇 가지 아이디어를 생각해 낼 수 있을지 모른다. 나는 마고가 친구들과 더 멀어지거나 마구 울음을 터트렸을 거라고 생각한다.

과학적으로 잘못된 부분이 있다면 그것이 문제가 되어야 하는지 논의해야 한다고 생각한다. 난 그렇게 생각하지 않는다. 이것은 따지고 분석하는 것이 아니라 생각하고 즐기게 하는 단편소설이다. 현실적이지 않은 공상 과학 소설…

윌리엄의 역할에 대해서도 말하고 싶다. 그는 영향력 있고, 인기 있는 사람이거나 모든 사람이 두려워하는 일진이다.

앤-마리는 다음과 같이 썼다.

마고에 대해 좀 더 얘기해야 할 것 같다. 마고는 이해하기 매우 어렵다. 이 이야기에서 그녀의 위치를 확인할 필요가 있다. 그리고 아이들의 행동도 살펴봐야 한다. 다 헷갈리는데…

소설의 배경도 좀 어렵다. 작가는 학교에 대한 묘사에 좀 더 주의를 기울일 필요가 있다.

선생님도 분명하지 않다. 그녀는 어디에 있나? 작품의 처음부터 끝까지 대화를 나누고 있는 사람이 그녀인가?

우리는 또한 모든 질문에 대한 답을 상상할 수 있다고 말할 필요가 있다. 이것은 공상과학소설이다. 우리는 우리가 원하는 것은 무엇이든 믿을 수 있다.

매니와 앤-마리 둘 다 마고가 중심인물이지만 미묘한 특징이 있다고 지적하고 이것에 대해 논의할 필요가 있다고 말한다. 매니는 윌리엄의 행동에 대해, 앤-마리는 아이들의 행동에 대해 토론하고 싶어

한다. 그들은 마고와 반 친구들에 대해 논의하는 것이 중요하며, 이 것이 소설의 깊이 있는 이해를 위한 핵심이라는 것을 알고 있다. 두 학생 모두 이 이야기가 사실이 아닐 가능성이 높다는 것을 알고 있으 며, 따라서 공상과학소설 장르에 대한 토론이 이 작품을 더 잘 이해 하는 데 도움이 될 것이라고 생각한다. 비록 매니와 앤－마리의 구상 이 동일하지는 않지만, 두 사람 모두 작품을 더 깊이 이해하려면 마 고와 반 친구들에 대해 논의하는 것이 중요한 사안이라는 것을 깨닫 고 있다. 그들은 또한 학급 전체 토론이 이런 질문들을 제기하고 탐 색하는 시간이라는 것을 안다.

경험을 통해 퍼스트 교사의 학생들은 질문이 중요하며, 이 질문이 이해의 결과이자 더 깊은 이해로 이어지게 될 것이라고 기대한다. 수 업은 이해를 발전시키는 시간으로 간주되며, 다양한 관점은 이해를 풍부하게 하기 위한 방법으로 모색된다. 그들은 바바라 퍼스트 교사 의 수업에서 학습이 이루어지는 방법의 일부로 '질문을 중요하게 여 기고, 토론을 통해 이해가 발전하며, 다양한 관점으로 이해가 풍부하 게 되는' 위의 원리를 직관적으로 받아들인다.

둘째 날

다음날 수업에서는 소집단을 구성하여 학생들은 자기 생각을 나누 고 학급 전체 토론에서 다룰 몇 가지 질문을 결정한다. 소집단이 만 들어지면 퍼스트 교사는 다음과 같이 목적을 분명하게 설명해 준다.

"우리는 토론을 시작하기 위해 사람들이 어떤 생각을 하는지 알아야 해요. 나는 질문이 매우 많은 이 소집단으로 가볼게요. 몇 가지 질문은 실제로 우리가 살펴봐야 할 더 큰 문제의 일부일 수도 있어요."

학생들의 상호작용은 활발하고 도발적이며 탐색적이다. 그들은 질문을 던지고, 가능성을 제기하고 탐색하며, 상대의 의견에 동의하지 않고 논쟁하기도 한다. 토론에서 학생들의 구상이 너무 빨리 진행되면 그들이 가져온 질문이 무의미해지는 경우도 있다. 왜냐하면 새로운 질문이 더 적절해지기 때문이다. 이전 질문이 계속 제기되며 탐색해야 할 중요한 문제로 남는 경우도 있다. 어떤 경우에도 출발점으로 쓸모 있는 질문은 고정적이지 않은데, 이 질문은 아이디어가 항상 변하는 상황에서 적절한 토론을 유도하기 위해 사용되는 것이기 때문이다.

소집단 토론을 마치기 전, 소집단의 학생들은 그들의 관심사에 대해 논의할 뿐만 아니라 학급 전체 토론에서 다룰 질문도 준비한다. 퍼스트 교사는 칠판에 질문을 적고, 학생들이 이미 나온 질문과 새로 제기된 질문을 연결시켜 더 큰 화제로 범주화하도록 돕는다. 이때 앞의 네 가지 원리가 동시에 작동한다. 학생은 아이디어를 가진 평생 구상 구축자로 간주되기 때문에, 퍼스트 교사와 학생들은 모든 아이디어를 수용한다. 질문은 학생들의 화제를 나타내고 가능성의 지평을 탐구하는 데 자주 사용된다. 수업은 이해를 발전시키는 시간으로 간주되기 때문에, 퍼스트 교사와 학생들은 특정 학생들이 제안한 화제를 명확히 하도록 돕는다. 즉 제기된 화제가 토론하기에 적합하다고 인정하고 그것에 대해 더 생각하고 토론할 수 있도록 한다. 그리고 해석을 풍부하게 하도록 다양한 관점을 사용하도록 한다. 토론은 문체와 형식에 관한 문제에서 시작한다.

> **브래드(Brad):** 왜 작가는 모든 짧은 단락에 짧은 문장을 그렇게 많이 넣었을까요?
>
> **퍼스트 교사:** 짧은 문장을 말하는 건가요, 아니면 서술을 말하는 건가요?
>
> **브래드:** 네, 왜 그렇게 짧은 단락들을 사용한 걸까요?
>
> **퍼스트 교사:** 좋아요, 그렇다면 왜 그렇게 많은 짧은 단락들을 쓴 걸까요? 너가 물어보고 싶은 것이 뭐지? 무엇에 대해 묻는 거지? 그러니까 네가 묻고 싶은 건, 여기서 문제는 작가가 어떻게 이 소설을 썼는가라는 것이야. 그가 선택한 문체라는 거지. 그건 중요한 문제야. 우리가 어떤 소설을 읽든 우리는 작가의 문체를 보게 돼. 즉 왜 작가가 이런 식으로 썼을까 하는 문제 말이야. 작가는 왜 이런 식으로 단락을 쓰는 방식을 선택했을까? 너는 서술과 관련해서도 질문을 하지 않았었니? 서술에 대한 질문은 무엇이니?
>
> **브래드:** 제 생각에 이 번호요(소집단 메모의 번호를 읽으면서). 왜 작가는 그런 서술을 사용했을까요?
>
> **퍼스트 교사:** 작가는 왜 이런 서술적 단어를 쓰고, 왜 단락을 이렇게 썼을까? 이것은 작가가 왜 이 소설을 이런 식으로 썼는지에 대한 또 다른 질문이지. 자, 또 어떤 질문이 있나요?

퍼스트 교사는 브래드가 자신의 소집단이 제기한 문제를 명확히 하는 것을 도와주고, 학생들로 하여금 사람들이 처음부터 금성에 있었는지, 그리고 윌리엄이 왜 그런 교활한 장난을 부추겼는지 계속해서 의문을 제기하도록 돕는다.

앤-마리(Anne-Marie): 비가 올 때, 왜 사람들은 7년 동안 금성에서 살았을까요?

퍼스트 교사: 왜 그 사람들이 그곳에 살기로 선택했냐고 묻는 건가요? 그들의 선택을 말하는 건가요? 좋아, 또 뭐가 있지?

케빈(Kevin): 왜 그 소년은 자신이 따돌리는 사람이라고 느꼈을까요?

퍼스트 교사: 윌리엄의 행동으로 넘어가도 좋을까? 그는 왜 그런 식으로 행동했을까? 그런데, 우리가 보고 있는 이 문제는 조금 달라요. 하나는 왜 사람들이 금성에 살고 있는가라는 문제이고, 다른 하나는 윌리엄의 행동에 대한 것이에요.

디어드르(Dierdr): 마고는 매우 조용한 성격이고 혼자 지내는 아이인데, 왜 아이들은 그녀를 괴롭혔을까요?

퍼스트 교사: 마고가 왜 그렇게 행동했고, 아이들은 왜 그랬는지 두 가지 질문이에요. 우리는 마고와 다른 아이들의 행동을 논의할 거예요.

토론을 진행하면서 퍼스트 교사는 학생들이 자기 생각을 명확히 하고 생각을 연관 짓는 것을 도와주지만, 그녀 자신의 해석을 추가하지는 않는다. 질문하기 활동은 토론을 시작하게 하고, 아이디어를 자극하며, 학생들이 다루지 않았던 문제를 구상 구축 재료로 고려하도록 도와주는 역할을 한다. 그런 다음 학생들은 토론 집단으로 이동하는데, 거기에서 학생들이 서로를 바라볼 수 있도록 의자가 배치되어 있다.

> **퍼스트 교사:** 여러분은 우리가 어디서 시작해야 할지 정해야 해요. 여러분은 어디에 초점을 맞추고 싶나요?(그녀는 칠판의 질문을 읽어 준다) 어디에서 시작할까요? 다른 것부터 할까요?

칠판에 적힌 질문들로 시작하지 않고, 학생들은 몇 가지 새로운 화제를 꺼낸다. 끊임없이 새로운 아이디어가 제기되고 구상이 항상 변화하기 때문에, 그리고 토론의 목적은 이해를 발전시키는 데 있기 때문에, 학생들이 제기하는 문제가 칠판에 있는 것인지 아닌지는 중요하지 않다. 만약 그 아이디어가 구상 속에 있는 것이라면, 그것은 토론하기에 적절하다. 퍼스트 교사는 문제 제기와 화제의 연결이 학생들로 하여금 아이디어를 발전시키고, 학생의 마음에 다른 생각을 떠올리게 하는 데 도움이 된다는 것을 알고 있다. 처음에 매니는 소설에서 사용되는 특정 언어에 대해 물어보고, 다른 학생들이 여기에 동참한다. 그들은 비유적인 언어가 등장인물을 이해하는 데 도움이 된다고 본다.

> **매니(Manny):** 작가는 왜 아이들이 아주 많은 나뭇잎['허리케인 앞의 잎처럼'], 많은 장미처럼 보인다고 말했을까요?
> **퍼스트 교사:** 좋아요, 나뭇잎과 장미를 묘사한 것이 어떻게 느껴지나요?

매니: 저는 나뭇잎과 장미가 지구에서 와서 금성에 정착한 것 같아요.

퍼스트 교사: 계속하세요.

매니: 잎은 나쁜 것 같고, 장미는 좋은 것 같아요.

마이크(Mike): 예.

퍼스트 교사: 여기에 반응하고 싶은 사람 있나요?

레베카(Rebecca): 좋은 아이도 있고, 나쁜 아이도 있는 것 같은데, 그 순간에는 모두 같은 사람들이었어요. 바깥으로 나가서 태양이 나오기를 기다린 그때는 같은 사람이었어요.

드어드르: 그 이유를 살펴봐야 해요. 나는 마고가 장미라고 생각하고, 그녀를 옷장에 가둔 아이들은 장미를 떨어뜨려 놓으려고 하는 나뭇잎들 같다고 생각해요. 그리고 그들은 모두 다르지만, 모두 지구에서 왔어요.

퍼스트 교사: 누구 논평하고 싶은 사람?

학생들은 떠올린 것을 브레인스토밍하였고, 그러다가 커트가 사람들이 왜 열악한 조건의 금성에 머물게 되었는지로 주제를 변경하면서 장미와 나뭇잎의 의미는 제쳐두게 되었다.

커트(Kurt): 저는 뭔가 다른 이야기를 하고 싶어요.

퍼스트 교사: 좋아요, 그렇게 하세요. 커트는 무슨 이야기를 하고 싶나요?

커트: 왜 사람들이 금성에 머무는지 궁금했어요. 7년 동안 비가 내리고, 그들은 그것을 좋아하지 않아요.

퍼스트 교사: '왜 그들은 떠나지 않았을까'라는 질문이니?

커트: 네.

퍼스트 교사: 맞아요. 그래서요? (학생들을 보면서, 그들이 말을 하도록 초대하며)

매니: 제 생각에 그들이 탐사 같은 것을 해서 그곳에 머무는 것 같아요. 그들은 그곳에 가기 위해 많은 돈을 지불하고 있어요. 마고의 가족이 돌아가면 많은 돈을 잃게 될 거예요…

퍼스트 교사: 커트가 겪고 있는 혼란을 여러분도 겪고 있나요? 여기 있는 우리 인류가 그런 환경에서 잘 살아남을 수 있을 거라는 생각은 안 들지 않나요?

앤-마리: 그들이 무엇을 먹고 사는가 의문이 들어요. 먹을 게 없어요. 식물이 자랄 수 없어요.

퍼스트 교사: 좋습니다. 여러분이 소설의 배경을 어떻게 보고 있는지 말하는군요. 니콜, 할 말 있나요?

니콜: 저도 같은 말을 하려고 했어요.

퍼스트 교사: 어떤 부분이죠?

니콜: 지구에 무슨 일이 일어났는지, 지구에 오염이나 그런 비슷한 일이 생겼는지요.

퍼스트 교사: 그래서 이 사람들은 더 나은 삶을 살고자 지구를 떠나서 금성으로 왔을 가능성이 있군요.

커트: (그 말이 맞다면) 그들은 마고가 지구로 돌아가는 것을 좋아하지 않았을까요? 마고는 지구로 돌아갈 것인데… 오염은 아닌 것 같은데…

이 토론 후, 학생들은 등장인물이 왜 그렇게 행동했는지라는 질문으로 돌아가 이번에는 왜 선생님이 마고의 부재를 알아차리지 못했는지에 초점을 맞춘다.

> **매니**: 제 질문은 선생님에 관한 거예요. 이 학급은 마고를 잊어버릴 정도로 큰 규모인가요?
>
> **퍼스트 씨**: 어떤가요? 어떤 말이 하고 싶나요?
>
> **매니**: 왜 선생님은 그녀를 찾지 않았나요?

학생들은 내용, 언어, 형식에 대한 질문을 하면서 토론을 진행한다. 대부분의 대화는 주로 등장인물이 왜 그렇게 행동했는지, 왜 금성에서 살았는지와 같은 내용이지만, 장미와 나뭇잎의 비유적 사용과 같이 의미 원천으로서 언어에 초점을 두기도 한다. 작가의 문체 외에 칠판에 적었던 모든 질문에 대한 토론이 끝났다. 칠판의 메모가 토론을 시작하는 질문으로 사용되지는 않았지만, 학생들은 토론 맥락에서 칠판에 적힌 것과 유사한 화제들을 토론으로 가져왔다. 토론은 활발하게 이루어졌고, 수업 후에도 학생들은 대화를 이어갔다.

학생들은 집에서 얼른 메모하기를 하면서, 그것을 폴더에 추가하기도 하고 다음 소집단 토론에서 사용하기도 한다. 얼른 메모하기는 학생들과 퍼스트 교사가 새로운 아이디어로 나아갈 때, 자신의 구상을 위한 하나의 창이 된다. 얼른 메모하기는 학생들이 구상과 일반적인 경험으로부터 관련 지식과 경험을 끌어내는 데 도움을 줄 뿐만 아니라, 그들의 이해를 통합하고 검토하고 재구성 및 확장하는 데 도움을 준다(Bangert-Drowns, Hurley, & Wilkinson, 2004; Graham & Perrin , 2007; Langer & Applebee, 1987). 예를 들어 록(Rock)은 다음과 같이 쓴다.

토론에서 나는 우리가 특히 등장인물과 그들의 행동에 집중해야 한다고 생각한다. 선생님, 마고 그리고 윌리엄은 소설에서 꽤 미심쩍은 역할을 하는 영향력 있는 인물들이다. 또한 나는 우리가 결말에 대해 논의해야 한다고 생각한다. 이 소설은 갑자기 끝이 나서 독자를 당황하게 만든다(작가는 계획적으로 그런 것이다). 우리는 이후에 무슨 일이 일어날지, 교실의 느낌이 어떨지 논의해 보아야 한다.

디어드르는 이렇게 썼다.

아직 선생님에 대해 좀 더 얘기해야 할 것 같다. 나는 소설에서 이 선생님의 중요성을 잘 모르겠다. 또 날씨의 조건에 대해, 과학자들이 그날 태양이 나온다는 것을 어떻게 알았는지에 이야기할 필요가 있다고 생각한다.

우리는 또한 왜 이 가족들이 금성에 갔는지, 금성에 얼마나 많은 사람들이 살고 있는지, 그들이 무엇을 먹고 사는지에 대해서도 이야기해야 한다. 아마 이야기할 게 더 많겠지만, 내가 지금 생각할 수 있는 것은 이런 것들이다.

퍼스트 교사 수업의 다른 학생들과 마찬가지로, 록과 디어드르는 평생 구상 구축가로 행동하고 있고, 좋은 질문을 제기하며 자신의 생각을 발전시키면서 소설 속 목소리의 상호 작용을 이해하고 있다.

셋째 날

다음 날, 각 소집단에서 학생들은 질문에 대해 토론하며 영화 대본에 무엇을 포함시킬지 계획을 세운다. 다른 사람과 자신의 아이디어에 대해 토론하면서, 학생들은 소설에 대한 이해에 충실해야 하며 이 시간에 과제로 작성한 얼른 메모하기 폴더를 참조해야 한다는 것을 숙지하고 있다. 자신의 구상에 집중하기 위해 각 학생은 다음의 활동지를 채워야 한다.

1. 필수적이라고 생각하는 인물과 장면
2. 변화를 준 부분
3. 영화를 끝내는 방법

이 영화 제작 토론에서 학생들은 등장인물, 인물의 동기, 행동에 대해 더 깊이 파고든다. 그들은 또한 다양한 관점에서 상황을 고려해 본다. 아래 사례는 자신이 감독이라면 엔딩 장면을 어떻게 할지를 포함하여 학생들이 어떤 해석을 하고 있는지 보여 준다.

매니는 소문으로 상처를 입은 마고를 목격하고 윌리엄이 의기소침해졌다고 상상하여 다음과 같이 썼다.

플래시백을 사용하는 대신에, 나는 학생들 사이의 작은 대화에 초점을 맞출 것이다. 예를 들어, 두 명의 학생이 마고를 가리키며 그녀가 샤워를 거부하는 것에 대해 이야기하고 있다. 이들이 험담을 하는 모습을 보여 줄 것이다.

마지막에 죄책감을 느끼면서 윌리엄이 문을 열어주게 할 것이다. 마고를 가두는 것이 그의 아이디어였기 때문이다. 그는 학급 전체를 위협했지만, 학급 친구들은 너무 우울해져서 그 위협이 제대로 먹히지 않았다. 윌리엄 역시 의기소침해졌기 때문에 문을 열기로 결심한다…

윌리엄이 천천히 문 쪽으로 손을 뻗는다. 윌리엄 주위로 학급 아이들이 몰려든다. 천둥소리가 들린다. 천둥은 문이 조금 열릴 때까지 계속된다. 천둥은 잠시 멈추고 영화는 끝난다.

그에 비해, 마고가 희생한 것에 대한 응징이 필요하다고 보는 록은 다음과 같이 쓰고 있다.

마지막에, 나는 마고가 죽은 것으로 처리하려고 한다. 왜냐하면 나는 소설에서 결말이 충분하지 않다고 생각했다. 그녀는 태양을 한번 보기 위해 산 것처럼 보였는데 태양을 못 봤기 때문이다…

나는 그녀가 바닥에 쓰러져 죽고, 아이들이 놀라는 것으로 끝냈다. 그녀가 필요로 하는 것, 즉 태양을 놓쳤기 때문에 그녀는 죽었다. 또 기다리기엔 7년이란 세월이 너무 길다.

소집단 토론에서 록은 다음과 같이 말한다. 마고가 죽게 되면, "아이들이 마고가 태양을 보지 못하도록 하고, 옷장에 가두어 죽게 했기 때문에 기분이 좋지 않아질 것이다." 그는 자신의 영화에서 마고를 죽게 한다는 개작을 계속 추구한다.

리타 매(Rita Mae)는 좀 더 공감적인 관점에서 글을 쓴다.

나는 마고를 옹호하려는 남자아이가 있었으면 한다. 이 소설에서 마고에게는 반 아이들과 싸워볼 기회가 필요한데….
아이들이 모두 함께 뭉쳐 있게 해야 한다. 그룹의 리더가 삐걱거리는 문을 천천히 연다. 마고가 웅크리고 앉아 울고 있는 것을 모두가 본다.

학생들은 자신과 반 친구들이 이 소설을 이해했다는 것을 의심하지 않는다. 하지만 그들은 다양한 구상들을 발전시키고 그것 중 몇몇은 다른 의견과 충돌한다. 그들은 또한 그들의 임무가 그들의 아이디어를 성찰하고, 그것들을 더 완전하게 발전시키고, 그들이 선택한 관점을 사용하여 옹호하는 것이라고 가정한다.
소집단 토론을 성찰하면서, 록은 다음과 같이 쓴다.

소집단 토론에서, 결말에 대한 다양한 생각이 나의 관심을 끌었다. 특히 결말에 대해 생각이 달랐지만, 우리는 결말이 뭔가 다른 것이어야 한다는 것에 동의했다. 태양이 영원히 비치는 것에서부터 윌리엄과 마고가 친구가 되는 것까지, 우리가 생각해 낸 결말은 원작 소설과 다르게 처리되어 있었다.

소집단 토론에서, 매니는 이렇게 썼다.

윌리엄에 대한 우리의 아이디어는 다양했다. 칼라는 그가 인기
있고 잘생겼다고 생각했다. 나는 그가 비열하고, 통통하고, 못생겼
다고 상상했다. 우리 둘 다 그가 대장이라는 데 동의했다. 그가 대
장이라는 사실에서 나는 그가 약자를 괴롭히는 사람이라고 보았지
만, 칼라는 그가 인기 있다고 주장했다.

선생님에 대한 우리의 견해 또한 다양했다. 우리 소집단은 선생
님을 젊은 여성으로 보았다. 하지만 나는 그녀가 늙었고 건망증이
심하다고 보았다. 나는 선생님이 마고를 깜박했다고 보고, 학급이
그리 크지는 않다고 보았다. 마고가 혼자 지내는 아이였기 때문에
자연스레 눈에 띄었을 것이다. 그래서 나는 선생님이 젊었다면 마
고의 부재를 알아챘을 것이라고 생각했다.

앤-마리는 이렇게 썼다.

우리는 어떤 것에도 합의하지 않았다. 장면들은 같았지만, 우리
가 생각하는 캐릭터는 정반대였다.

학생들이 써 온 내용은 학생들이 자기 생각을 밀어붙이고 자신의
아이디어를 확장하고 옹호하는 데 도움을 준다. 그리고 다른 사람에
게 동의를 강요하기보다 반응을 가다듬고 유지하는 데 도움을 준다.
개별 아이디어들은 일종의 일치된 의견으로 모아지지 않는다. 학생
들은 각자가 내는 아이디어에서 차이가 있기를 기대하지만, 아이디

어는 제대로 들어맞을 필요가 있다. 아이디어가 제대로 들어맞는지 보려면 아이디어들 사이에 충돌, 대립, 일치와 불일치 등이 견주어져야 한다.

넷째 날

네 번째 날, 학생들이 영화를 볼 때 그들은 자신들이 발전시킨 구상의 눈으로 영화를 본다. 학생들은 영화 해석이 자신의 해석과 같을 것이라고 기대하지는 않지만, 서로의 묘사에 대해 그랬던 것처럼 감독의 묘사에 대해서도 비판적이다. 그들은 성찰적이며 새로운 가능성에 열려 있다.

예를 들어, 록은 다음과 같이 썼다.

이 영화는 소설이 남긴 미스터리에 대한 많은 아이디어와 해결책을 담고 있다. 음악이 효과적으로 사용되긴 했지만, 나는 너무 과했다고 생각한다. 마고의 친구 역할을 하는 소녀가 추가되었는데, 이는 매우 필요한 것으로 보였다. 영화에서 윌리엄이 질투하는 것을 볼 수 있었는데, 그것이 그가 마고에게 못되게 군 이유였다. 소설의 결말이 느닷없었기 때문에 영화에는 추가적 결말을 덧붙일 필요가 있었다.

디어드르는 이렇게 썼다.

나는 결말이 좀 진부하다고 생각했다. 마고는 안으로 들어가는 대신, 윌리엄에게 폭발을 했어야 했다. 그들이 꽃 냄새를 맡고 있는 부분은 멍청해 보였다. 꽃과 풀이 어떻게 그렇게 빨리 자라지? 나는 폴라라는 소녀가 좋았다.

칼라는 이렇게 썼다.

이 영화는 내가 생각했던 것과 비슷했다. 소설에서는 모두가 마고를 싫어했는데, 영화에서는 윌리엄만 그랬다. 영화의 마지막에서 그들은 마고에게 생긴 일이 기분 좋지 않기 때문에 윌리엄을 포함한 모두가 마고에게 꽃을 주었다. 영화에서 꽃을 다룬 부분은 잘 처리되어 있었다. 그들은 모두 챙이 큰 모자와 선크림이 들어있는, 태양광을 막아줄 세트를 갖고 있었다. 그녀에게는 한 명의 친구가 있었다.

학생들은 영화의 반응에 대한 학급 전체 토론을 준비하기 위하여 메모해 놓은 것(the quickwrites)을 이용한다. 그들은 감독과의 의견 차이를 언급하는 것으로 시작하지만, 곧 그 두 가지를 대조하며 그들의 구상에 대해 토론해간다. 학생들은 새로운 아이디어에 대한 열린 마음을 유지하고, 다양한 관점을 다시 고려한다. 이는 길고도 활발한 토론이며, 퍼스트 교사가 다음과 같이 말할 때 끝난다.

내가 시계를 보고 있는데 걱정이 되네요. 잠깐 얘기해 볼까요? 우리는 윌리엄에 대해서 이야기하고 있어요. 소설과 영화에서의 윌리엄이 어떻게 다른가, 소설과 영화에서의 마고가 어떻게 다른지 이야기하고 있어요. 선생님에 대한 이야기도 하고, 그녀가 교실에서 어떻게 반응했는지… 여러분은 이 소설의 결말이 현실적이라고 보는지, 아니면 영화에서의 결말이 현실적인지 몇 가지 질문을 했어요. 주말인 거 알지만 10분 정도만 더 이야기를 해요… 여러분이 레이 브래드버리가 되어 이 영화를 봤다고 상상해 보세요. 그가 어떻게 느낄 것 같으며, 왜 그럴 것 같나요? 그리고 만약 여러분이 이 이야기에 대해 말하고 싶은 것이 있다면, 토론 마지막에 하기 바랍니다.

다섯째 날

얼른 메모하기를 하는 동안, 그리고 다음 날 학급 전체 토론을 하는 동안, 학생들은 자기만의 방식으로 영화에 반응한다. 각기 다른 정도로, 그들은 영화를 유일한 해석이 아닌 가능한 하나의 해석으로 취급하였고, 그것은 퍼스트 교사가 소망하던 바였다. 그들은 레이 브래드버리의 관점을 비슷하게 다룬다.

해석이 보편적이지 않다는 것을 깨달은 록은 다음과 같이 쓴다.

소설에는 풀리지 않는 의문이 몇 가지 있는데, 영화는 그 의문에 대한 답을 제공하고 있다. 레이 브래드버리가 되어서 자신의 작품에 대한 다른 사람의 해석을 보는 것은 브래드버리를 매우 비판적으로 만들 수 있다. 작가로서 그는 이미 소설에 대한 자신만의 세계를 가지고 있고, 그래서 다른 누군가의 관점(아마도 작가의 것과는 매우 다른)으로 인해 화가 날 수도 있다. 영화를 볼 때는 스토리뿐만 아니라 영화감독이 만든 영상을 보기 때문에, 작가는 화가 날 수도 있다.

리타 매는 이렇게 썼다.

나는 레이 브래드버리가 이 영화에 대해 매우 복잡한 생각을 했을 거라고 본다. 브래드버리는 영화의 어떤 점은 좋아하고, 어떤 점은 좋아하지 않았을 것 같다.

가령, 열 램프는 매우 미래적이고 아마 작가의 생각과 일치했을 것이다. 마고와 선생님은 잘 재현되어 있다.

영화에서의 대화도 레이 브래드버리 스타일이었다. 그것은 소설과 일치하거나 거의 비슷했다.

의상에 대해서는 동의하지 않을 것 같다. 그 의상은 진부하고 지저분해 보인다. 지금 우리 시대 옷 스타일보다 더 오래돼 보인다.

풍경에 대해서도 그는 아마 동의하지 않았을 것 같다. 그 배경은 상상력이 풍부하게 그려졌지만, 나는 배경에 전혀 주의를 기울이지 않았다.

매니는 이렇게 썼다.

만약 내가 「온 여름을 이 하루에」의 작가이고 이 영화를 봤다면, 복잡한 마음이 들었을 것 같다.

처음에는 충격을 받았을 것이다. 영화는 지하도시에 대한 작가의 아이디어를 따르지 않고 있었다. 왜냐하면 영화에서 콘크리트 단지인 도시의 대부분이 지상에 있었기 때문이다. 마고가 샤워를 거부한 장면을 비롯해 원작 소설의 많은 부분이 영화에서 잘려나갔다.

하지만 영화 작가들이 어떤 것들은 바꿔야 하고 원작의 아이디어를 모두 포함하는 것은 불가능하다는 것을 알기 때문에, 작가는 그들이 할 수 있는 한 잘했다고 생각할 것이다.

소설의 인물이 영화에서 어떻게 묘사되었는지 자세히 보자.

영화의 열 램프 장면에서 윌리엄은 다른 사람에게 책임감 있게 행동한다. 원작에서 윌리엄은 책임감이 없는 인물이다. 책임감 있는 사람이 누군가를 옷장에 가두겠는가? 영화에서 마고에 대한 윌리엄의 질투심을 잘 보여 주었다.

구상-구축 교실

이런 식으로 중학교 학생들은 자신의 해석을 발전시키고 해석을 정교화하는 방법을 배워가면서, 한 가지 관점을 다른 관점과 구별하고 차이점을 의식하는 사려 깊은 비평가가 되어 간다. 모든 수업에서 사회적 상호작용과 참여의 규칙은, 학생들이 무엇을 생각하고 있는지, 무엇을 알고 있는지, 그들이 발전시키고 있는 아이디어와 학습자로서의 자리매김에 초점을 맞추고 있다. 일주일간, 우리는 이 장의 시작 부분에서 설명한 것과 같은 수업 문화의 전형적인 예를 보았다.

이 수업 문화에서는 모든 참여자(학생이나 교사)가 문학이 생각을 자극하며 학생들은 유능한 사유자라는 사실을 확신한다. 바바라 퍼스트 교사의 수업에서는 이러한 교실 문화가 일상적으로 작동한다.

우리는 또한 이 수업의 상호작용과 경험을 통해 수업과 관련한 원리들이 상호작용하는 방식을 인식할 수 있다. 첫 순간부터 마지막 순간까지, 퍼스트 교사 학급에 있는 학생들은 선생님과 다른 학생들 모두에게 자연스럽게 평생 학습자로 대접받는다. 각 학생은 이해할 수 있고, 이해하며, 앞으로도 그럴 수 있는 존재이다. 또한 아이디어를 사용하여 사유를 자극함으로써, 오독, 잘못된 해석, 근거가 약한 관심을 알아차리고 재고할 수 있다고 가정한다.

두 번째 원리는 질문이 모든 수업 경험의 중심에 있다는 것이다. 질문은 학생의 현재 구상을 성찰하며, 가능성을 탐구하고, 앞으로 나아가도록 촉발한다. 질문은 문학적인 경험의 한 부분으로서, 흥미로운 토론을 유발하며 새로운 가능성을 고려하도록 한다.

학급 토론이 이해를 발전시키는 시간이라는 세 번째 원리는 모든 수업에서 확인된다. 개별적인 글쓰기와 생각하기뿐만 아니라, 소집단 토론, 학급 전체 토론에서 학생들의 관심은 그들의 기존 이해로 돌아가게 하는 것이 아니라 발전적인 이해로 나아가게 하는 데 있다.

마지막으로 수업 내에서도 여러 관점이 검토되고, 소설과 영화 버전에 반영된 여러 관점이 고려된다. 그러한 관점들은 다른 목표, 가치, 경험, 그리고 이해로부터 자라나는 자연스럽고 정상적인 것으로 취급된다.

바바라 퍼스트 교사 수업 토론에서 우리는 원리들이 순차적으로 작동하지 않는다는 것을 확인할 수 있다. 대신 원리들은 수업에서 매 순간 기조를 만들어 내어 상호작용의 구조를 만든다. 학생들의 문학적인 구상 구축을 지원할 때, 이러한 상호작용은 학생들이 가능성의 지평을 탐색하기 위한 새로운 전략과 아이디어를 제공하고, 다른 사람의 견해를 더 잘 인식하도록 도우며, 다른 사람과 상호작용을 배울 수 있는 사회적 맥락을 제공하고, 아이디어 학습에 대한 주인의식을 조성한다. 교사의 행동이 이것을 어떻게 촉진할 수 있는가는 다음 장의 주제이다.

제 7 장

교수 전략

사람들은 대화가 어떤 식으로 이루어지는지 관찰하고 서로 도와가면서 대화하는 법을 배우게 된다. 그들은 돌아가면서 서로 돕고 아이디어를 내며 대화를 계속해 나간다. 나는 이탈리아 벨라지오에 위치한 별장에서 록펠러 재단 게스트로 있으면서 7장을 썼다. 영국, 독일, 헝가리, 인도, 이스라엘, 멕시코, 남아프리카에서 온 약 12명의 학자, 예술가가 함께 머물게 되었다. 우리는 세계 각지에서 왔을 뿐만 아니라, 우리의 전공 분야도 달랐다. 삶의 경험과 관심사도 달랐고, 각자가 별장에서 하려는 것뿐만 아니라 하고 싶은 것도 달랐다. 우리가 다른 사무실에서 각자의 프로젝트를 진행하며 시간을 보내기는 했지만, 우리는 식사 시간과 휴식 시간을 공유하며 대화를 나누었다.

우리는 한 달 정도 그곳에 머무르며, 의사소통하는 법을 배워가며 하나의 공동체를 이루었다. 초기에는 우리의 언어, 문화, 의사소통 관습이 달라서 어려움이 있었다. 처음에는 저녁 식사 자리에서 상대에게 우호적으로 다가가고 질문을 하기는 했지만, 토론을 하지는 않았다. 서로의 관심사가 다를 뿐만 아니라 대화 스타일과 모국어도 달랐다. 어떤 사람은 쉽게, 자주, 빠르게 말했고, 어떤 사람은 상대가 말하는 것을 듣고 생각하고 무엇을 말할지 계획하며 천천히 말했다. 다른 사람과 아이디어를 공유할 때, 어떤 사람은 다른 사람이 말하는데 자기도 말을 하는가 하면, 어떤 사람은 자기 말을 멈추었다. 개인적인 문제에 대해 말하는 사람이 있는가 하면, 처음 만난 사람들에게 개인적인 이야기를 하는 것을 주저하는 사람도 있었다. 누군가는 다른 사람의 삶이나 행동에 대해 떠들었지만, 어떤 사람은 그것이 무례

하다고 생각했다.

처음에는 말하는 사람이 대화를 끌어가고 다른 사람은 침묵했기 때문에, 우리는 서로 어떻게 잘 지내야 할지 몰랐다. 잘못된 의사소통과 오판이 많았다. 하지만 우리에게는 대화를 필요로 하는 일정한 미팅 시간이 주어졌으며 서로에게 근본적인 존경심을 가지고 있을 뿐만 아니라 상대가 무엇을 생각하고, 경험하고, 알고 있는지에 대해 호기심을 갖고 있었다. 따라서 두 번째 식사 시간까지 우리는 서로가 관계 맺을 방법을 찾기 시작했다. 샌디는 여전히 대화를 이끌어 갔지만, 엘리자베스에게 어떻게 생각하는지 물었다. 엘리자베스는 조용히 대답하면서도 샌디와 다른 사람들이 고려하지 않았던 새롭고 멋진 관점을 추가하였다. 거슨은 자주 웃으며 때때로 고개를 끄덕였다. 그는 사람이 많을 때는 거의 말하지 않았지만, 두세 명이 있으면 더 쉽게 말했다. 거슨은 대부분 가족과 종교에 관해 말했는데, 다른 사람들은 가족과 종교 이야기는 간단히 말하고 얼른 다른 이야기로 넘어갔으면 했다. 그러나 거슨이 그의 연구에 대해 이야기하면, 많은 사람들은 거기에 매혹되었다(그는 그리스어, 아람어[18] 및 히브리어 기록에 대한 면밀한 해석과 최근의 고고학적 발견을 결합하여 예루살렘 두 번째 성전 화재와 고국에서 유대인이 추방된 것에 대한 일부 확고한 믿음을 재검토한다). 그의 이야기는 그와 우리의 상호작용의 전환점이 되었다.

시간이 지남에 따라, 우리는 집단의 일원으로서 서로 소통할 수 있

---

18 역자주: 서셈족에 속하는 아람인의 언어로, 기독교 성경 중 일부는 아람어로 기록되어 있다.

는 방법을 조금씩 만들어 갔다. 우리는 모두가 대화를 시작하도록 할 뿐만 아니라 대화가 계속 되도록 하는 방법을 찾았다. 시간이 흘러 우리는 긴밀한 관계와 새로운 상호작용 방법을 형성하면서 하나의 공동체를 이루었다. 2주 후 별장에서 3일간 열린 아프리카 여성 교육에 대한 흥미로운 회의를 경험하면서, 우리는 새로운 주제와 다양한 대화 스타일에 다시 한번 반응하면서 새로 대화에 참여하는 사람들에게 적응해야 한다는 것을 알게 되었다.

진정한 의미에서 우리 그룹은 개인 간의 공동 협상을 통해 형성되었다. 하지만 상호작용에 대한 우리의 불문율은 우리 그룹 구성원이 생각하고, 행동하고, 말하는 것에 기초하기 때문에, 새로운 구성원이 들어오면서 우리 상호작용의 몇 가지 측면은 필연적으로 바뀌어야 했다. 상호작용은 포괄적이었다. 사람들은 손을 내밀어 서로가 참여할 수 있도록 도왔다. 이렇게 하며 우리는 무엇을 기대하는지, 어떻게 다른 사람에게 말을 거는지, 어떻게 경청하고 토론하는지와 같은 의사소통 방법을 배우게 되었다. 우리는 교실 공동체에 대해서 배우고, 교실 공동체에서 배우며, 교실 공동체와 함께 배운다(가령, Santa Barbara Classroom Discourse Group, 1993를 보라).

나는 6장 구상 구축 수업에서 학생들이 사고하고 상호작용하는 방법에 대해 다루었다. 이 장에서는 교사에게 초점을 맞추고자 한다. 가령 질문은 다음과 같다. 생각을 자극하고 협력적인 상호작용이 일상적으로 일어나도록 하기 위해 교사는 무엇을 하는가? 그러한 교사의 결정을 유도하는 것은 무엇인가? 나는 교사와 학생이 의미 있는 활동에 참여하면서 생기는 사회적 상호작용에 대해서, 그리고 사회적, 의사소통적 필요에서 생기는 서로에 대한 지원을 제공해야 할 지점에 대해서 다룰 것이다. 다음으로, 나는 교사들이 수업 계획을 세울 때, 그리고 학생과 시시각각으로 소통하면서 어떻게 결정을 내리는지 논의할 것이다. 마지막으로는 구상 구축 교실에서의 평가 목표를 다룰 것이다.

이 장에서 벨라지오 대화 공동체에 대한 나의 묘사는 부수적인 것이 아니라 중요한 것이다. 문학 수업은 사회적 활동이기 때문에, 누가 참여하는가, 어떻게 상호작용하는가, 무엇을 생각하고 아는가라는 문제가 중요하다. 도움을 어떻게 주어야 할지, 무엇을 해야 할지에 대한 교사의 결정 역시 근본적으로 사회적인 것이다. 교사의 결정은 교실에서의 사회적 활동으로부터 생겨나고 서로 영향을 주고받는다. 무엇을 해야 할지 아는 것은 우리가 대화에 끼어들어 대화의 일부가 될 것을 요구한다. 참여자의 관점에 서면 어떤 수업이 필요한지 잘 알게 된다.

학교에서의 협력적 지원

구상 구축 교실에서 학생들과 교사는 읽고 생각하는 것에 대해 토론한다. 모든 사람은 타인을 이해하고, 타인에게 이해받고, 스스로 충분히 생각하려고 노력한다. 사람들이 서로를 제대로 이해할 수 없을 때, 참여자들이 개념화를 시도하거나 또는 확실히 뭐라고 말하기 어려운 것을 말하려 할 때, 그들은 서로서로 돕는다.[19] 교사가 제공하는 도움은 특정 시점의 의미 있는 상호작용에 대한 인간의 반응이기 때문에, 수업 전에 미리 계획될 수가 없다. 이것은 우리 일상생활에 스며들어 있는 도움과 같이, 실제 맥락 속에서 생산적인 역할을 한다. 벨라지오의 동료들과 마찬가지로, 구상 구축 수업에서 우리는 우리가 말하고 생각하는 것에 초점을 맞추며, 상호작용할 뿐만 아니라 그에 대한 반응을 통해 서로를 지원한다.

학생들은 토론의 사회적 기원을 이해할 필요가 있다. 즉 자신의 생각을 다른 사람에게 전달하는 방법, 자신의 구상을 더욱 발전시키기 위해 토론을 생산적으로 사용하는 방법을 이해해야 한다. 교사의 지원은 학생들이 그러한 활동에 참여하는 것을 돕는 데 매우 중요할 수 있다. 하지만 교사의 지식은 종종 암묵적인데, 왜냐하면 교사가 자신이 주는 도움을 명백히 인식하지 못하기 때문이다. 이러한 도움은 실제 관계에서 자연스럽게 발생한다. 즉 교사가 학생들이 말하는 것을 이해하려고 노력하고, 학생들이 교사의 말을 이해했는지 확인하며, 학생들이 자기 아이디어를 생각해낼 수 있는 방법을 제안할 때, 이러한 도움이 발생한다. 교사의 도움은 의사소통과 협업에 얽혀 있으며

---

19 아서 애플비와 협력 하에, 나는 이러한 협력적 지원을 교육용 비계(instructional scaffolding 예: Applebee & Langer, 1983; Langer & Applebee, 1986)로 개념화했다. 하지만 나는 이 책에서 비계라는 용어를 사용하지 않았다. 왜냐하면 이 용어는 때때로 다른 사람들이 내가 의미하는 것보다 더 맥락이 없고 더 강제적인 것을 지칭하기 위해서 사용했기 때문이다. 여기서 나는 비계에 내재되어 있는 사회적 추진력을 강조하고 싶다. 교사의 결정은 특정 의사소통 활동에 따라 이루어진다. 또한 교사의 결정은 학생들이 말하거나 하기로 작정한 것을 할 수 있도록 도울 목적에 따라 이루어진다. Cazden(1988), Rogoff(1990) 및 Wertsch(1991)는 그러한 지원의 예를 제시한다.

(나의 동료들과 함께 했던 것처럼), 문학을 통한 학생의 발전을 위한 토대가 된다.

문학 토론에서 학생들은 대화를 나눈다. 질문을 하고, 동의하기도 하고, 동의하지 않기도 하며, 서로의 생각을 발전시켜 나가도록 돕는다(Nystrand, 2006; Roberts & Langer, 1991). 학생들은 이렇게 하는 방법을 배울 필요가 있다. 우리가 벨라지오에서 그랬던 것처럼, 토론 과정에서 학생들은 서로서로 돕는다. 교사 또한 의사소통의 사회적 네트워크에 속한 참여자이기 때문에, 교사가 특정 학생을 지원하더라도 그것은 해당 소집단의 경험과 인식의 일부가 된다.

예를 들어, 퍼스트 교사의 「온 여름을 이 하루에」에 대한 토론은 학기 초에 이루어졌다. 퍼스트 교사는 일부 학생들이 '강한 개인들'이라고 느꼈다. 그들은 '토론을 하는 동안, 상호작용하고, 경청하고, 기다리는 법, 그리고 자신의 아이디어를 좀 더 성찰하고, 다른 사람의 아이디어를 공유하고, 토론하고, 받아들이는 법'을 배울 필요가 있었다. 따라서 학생들이 전체 학급 토론으로 만났을 때, 퍼스트 교사는 각 학생이 말하고자 하는 것을 듣고, 도움이 될 수 있다고 생각될 때 지원했다. 교사의 지원을 받으면서, 학생들은 다른 아이들이 내놓는 피드백과 아이디어를 가지고 새로운 아이디어를 만드는 방법을 점차 이해하게 되었다.

일반적으로 교사의 지도는 학생의 참여를 격려하고 학생의 아이디어를 풍부하게 한다고 생각한다. 이 관계는 협력적인 관계로, 교사가 학생들이 스스로 그리고 서로 이해하면서 작업할 수 있도록 지원하지만, 필요할 때는 학생에게 도움을 주기도 한다. 분위기는 공감대가 이루어지는 의사소통의 한 요소이다. 교사는 지식을 가진 유일한 사람이나 평가자의 역할을 하지 않고, 자신의 반응을 나타내는 지도를 많이 한다.

구상 구축 교실에서의 협력적 상호작용은 참여자들에게 두 가지 유형의 지원을 제공한다. 사람들이 토론에 참여할 수 있도록 돕는 지원이 한 가지이고, 사람들이 충분히 생각할 수 있도록 돕는 지원이 다른 하나이다. 교사의 선택지를 강조하기 위해, 나는 두 가지 지원을 따로 논의할 것이다. 그러고 나서 나는 이 둘이 수업에서 어떻게 상호작용하는지를 설명할 것이다.(교사는 '수업'을 계획하기 위해 이런 선택지를 사용하지 않는다. 대신, 교사들은 선택지를 진행 중인 대화의 사회적 차원에서 반응할 때 사용한다.)

토론하는 방법 지원하기

벨라지오 경험에서 보듯이, 새로운 집단에 들어가게 되면 사람들은 생각하는 방식뿐만 아니라 토론하는 방식도 바꾸어야 한다. 상당한 지식이 있는 성인인 우리는 그 일을 스스로 해냈지만—비록 우리가 어렵게 해냈고, 우리 중 몇몇은 남들보다 잘했다—, 학생들은 종종 교사의 지도를 필요로 한다. 토론 방법에 대한 협력적인 지원을 제공하면, 학생들은 구상 구축 교실에서 논의하기에 적절한 것이 무엇인지, 그들이 이해하고 있는 바를 어떻게 확인해야 하는지, 교대로 토론하는 방법은 무엇인지 등과 같은 토론의 사회적 규칙을 배우게 된다. 교사가 학생들의 토론 방법에 대해 지원할 때, 사고를 촉진하는 문학 토론에서 학생들이 참여자가 되도록 돕기 위해서 그들의 사회적 행동에 초점을 맞춘다(퍼스트 교사가 학기 초에 그랬던 것처럼). 이를 수행하는 한 가지 방법은 학생들이 대화하기에 적합한 것이 무엇인지를 인식하도록 돕는 것이다.

예를 들어, 학생들이 이런 토론에서 교사가 '옳다'고 생각하는 것이 무엇인지 추측하는 것은 적절하지 않으며, 어젯밤의 사교 모임과 같이 전혀 관련이 없는 주제에 대해 말하는 것도 적절하지 않다는 것을 배울 필요가 있다. 하지만 작품에 대한 반응으로 마음에 떠오르는 모든 질문과 아이디어에 대해 이야기하는 것은 적절하다. 교사는 학생들의 이해를 촉진하면서 학생들이 토론하는 방법을 알아가도록 돕는다. 예컨대, 학생들로 하여금 그들의 아이디어가 이해되지 않고 있으며 해명이 필요하다는 것을 인식하게 하고, 학생들을 토론에 참여하도록 초대하고 어떻게 참여하는지 보여주며, 의견을 주고받는 것을 강조하기 위해 토론의 흐름을 조율하고 아이디어를 다른 사람의 아이디어와 연결시키며 토론 중인 아이디어를 확장한다. 이런 식으로 교사는 학생들이 구상 구축 공동체에 참여하는 방법을 배우도록 지원한다.

생각하는 방법 지원하기

이에 반해서, 생각하는 방법에 대한 협력적 지원은 학생들이 당면 주제에 대해 추론하고, 예리하게 개념화하도록 하며, 관심사를 탐색하는 방법에 대한 그들의 레퍼토리를 확장하는 데 도움을 준다. 교사의 질문이나 논평은 주로 학생들이 발전시키고 있는 아이디어에 초점이 맞추어진다. 교사가 생각하는 방법에 대한 지원을 하면, 학생들은 다양한 추론 방식에 초점을 맞추고 마음에 떠오르는 아이디어를 정련하게 된다. 교사는 학생들이 자신의 아이디어를 다시 생각해볼 필요가 있다는 것을 알게 하고, 그렇게 할 수 있는 방법을 제안한다. 교사가 제공하는 지원은 아이디어에 초점을 맞추고 주제를 좁히는 데 필요한 도움을 포함한다. 다시 말해, 아이디어를 더 정교화하고 충분히 생각하게 하고 의미를 더 탄탄하게 하는 것, 텍스트와 토론 또는 개인적인 경험과 아이디어를 연결시키는 것, 관심 사안에 대해 생각할 새로운 방법을 제공하는 것. 두 가지 유형의 지원 모두에서, 교사는 단순히 조력자가 아니라 교과와 학생을 잘 아는 전문가이다.

전 학년에 걸친 협력적 지원 사례

삶 전반에 걸쳐서 사람은 토론하고 생각하는 부가적인 방법을 배워야 한다. 우리가 새로운 상황에 직면하게 되거나 직장, 가정, 학교, 사회에서 사람들과 만나게 되면, 우리에게는 토론하고 생각하는 부가적인 방법이 필요해진다. 우리는 이러한 것을 배우기에 너무 나이가 많다거나 너무 어리지도 않다. 학교에서의 협력적 지원은 교수와 학습이 이루어지는 데에 있어서 핵심이며, 협력적 지원은 학교육의 결을 형성한다. 이것이 어떻게 작동하는지 좀 더 자세히 살펴보자. 나는 8학년의 사례를 꽤 광범위하게 보여 주고, 1학년과 12학년의 예를 병렬로 보여 줄 것이다.

8학년 사례

도시 지역의 8학년 수업을 보자. 샌디 바노(Sandy Bano) 교사의 학생들은 '옳은 답'을 말하는 대신 자기 자신의 반응에 도달하는 방법을 배우는 데 몇 달을 보내고 있다. 그들은 네르보(Amado Nervo) 시인의 「나는 오늘 태어났다(I Was Born Today)」에 대해 토론하고 있다. 이 시는 최선을 다해서 사는 인생에 대한 사색을 담고 있다. 이 토론은 교사의 도움이 학생의 더 나은 이해에 어떻게 초점이 맞추어지고 어떤 도움을 줄 수 있는지 보여 준다. 나는 바노 교사가 지원하는 방법을 괄호 속에 넣어서 설명했다. 바노 교사는 학생들의 이해를 촉진하고 설명을 구하고 참여를 유도하고 토론을 조율함으로써 학생들이 토론하는 방법을 배우도록 지원했다. 그리고 그는 '초점 맞추기'(focusing), '다듬기'(shaping), '연결하기'(linking), '촉진시키기'(upping the ante) 등을 통해 학생이 생각하는 방법을 배우도록 지원했다. 바노 교사는 학생들이 토론에 참여하도록 초대하고, 학생들이 차례로 자신의 생각과 아이디어를 말하도록 안내하며 토론을 시작한다. 학생이 반응을 하면, 바노 교사는 더 많은 아이디어를 제안하고 학생들이 의미하는 바에 초점을 맞추어 아이디어를 좁혀 나가 도록 돕는다. 바노 교사가 토론을 어떻게 시작하는지, 티쉬(Tish), 로 빈(Robin), 레니(Lenny)에 대한 교사의 지원이 어떤 역할을 하는지 살 펴보자.

> **바노 교사:** (초대) 무엇을 생각하니? 우리에게 말하는 게 뭘까?
> **티쉬:** 사람들이 어떻게 생각하는가?
> **바노 교사:** (초대) 또 누구 없나요?
> **바노 교사:** (초점) 그가 어떤 목적을 갖고 있나요?
> **로빈:** 매일이 새로운 날이에요. 어제는 잊혀야 해요.
> **레니:** 그는 전 세계에 평화를 전파하고 싶어 해요.
> **바노 교사:** (초점) 그 행이 어디인가요?
> **레니:** 행이 아닌데요. (셋째 연을 읽는다)
>
> 　오늘, 매 순간이 행복과 환호의 느낌을 줄 것이다.
> 　그리고 내가 존재한 이유는,
> 　나의 가장 긴급한 결심은,
> 　전 세계에 행복을 전파하는 것이다.
> 　내 주위에 갈등하는 입에 선의의 포도주를 붓는다…
> **티쉬:** 그건 사실이 아니야. 편견이 있을 수도 있어요.

좀 더 넓은 의미로 초점을 맞추어 보라고 바노 교사가 요청하자, 레니는 이 시가 전 세계에 평화를 전파하고자 하는 것이라는 자신의 생각을 내놓는다. 티쉬는 이에 동의하지 않는다. 그러자 바노 교사는 레니에게 대답할 기회를 준다. 이런 식으로, 바노 교사는 토론을 조율하고 학생이 서로 대화하는 방법, 아이디어를 연결하는 방법, 다른 의견에 동의하거나 동의하지 않는 방법, 그리고 아이디어를 사용하여 생각을 확장하는 방법을 알아가도록 한다. 그런 다음, 바노 교사는 챗이 더 초점을 맞추도록 돕고 티쉬가 혼란스러운 의견을 명확히 하도록 하여 다른 친구들에게 티쉬의 의견이 이해되도록 하면서 다른 아이들을 대화에 초대한다.

> **바노 교사:** (조율) 레니, 티쉬에게 대답하고 싶니?
>
> **레니:** 그들은 친구가 될 수 있고, 행복은 평화를 의미해요.
>
> **바노 교사:** (초대) 누가 도와주겠니?
>
> **챗:** 모르겠어요.
>
> **바노 교사:** (초점) 누구?
>
> **챗:** 티쉬.
>
> **티쉬:** 레니는 편견을 가지고 시를 봤을 수 있어요. 시에는 평화가 아니라 행복이라고 되어 있어요. 이건 평화를 의미하지 않아요.
>
> **바노 교사:** (명료화) 다른 방식으로 말할 수 있니?

티쉬와 레니는 계속해서 그들의 요점을 명확히 한다. 그리고 나서 바노 교사는 지금까지의 이야기를 요약하고, 더 많이 생각하게 하고, 아이디어를 요청하고, 말하는 사람이 초점을 찾을 수 있는 몇 가지 방법을 제안한다.

> **바노 교사:** (초대) 지금까지, 아이리스는 오늘을 위해 사는 거라고 했어요. 레니는 처음에는 평화 전파를 이야기했지만, 지금은 행복을

말했어요. 다른 의견 있나요?

밥: "나의 유일한 평화는 다른 사람의 꿈이다. 그들의 꿈, 나의 꿈"….

바노 교사: (초대) 이 사람은 어떻게 해서 행복해졌지?

티쉬: 다른 사람에게 행복을 줌으로써, 그는 행복해졌어요.

바노 교사: (초점) 기분이 좋지 않은데 행복한 사람 옆에 있으면서 여러분의 기분이 바뀐 적이 있나요?

학생: 그 반대도요, 장례식처럼요.

바노 교사: (초점) 1연과 2연을 보세요. 나쁜 것을 잊은 걸까요, 또는 좋은 것도 잊은 걸까요?

티쉬: 둘 다요.

토의할 많은 아이디어들이 있다. 바노 교사는 학생들이 그들의 당면 문제에 대해 때로는 새로운 방식으로, 그리고 때로는 다소 분명치 않은 방식으로, 처음에 생각했던 방식을 뛰어넘도록 돕는다. 바노 교사가 학생들의 의견에 대해 반응할 때, 반 학생들에게 자기 아이디어를 출발점으로 하여 토론을 이어갈 때의 이점과 문제점을 물을 때, 이런 일들이 생겨난다. 그리고 티쉬의 반응을 들으면서 바노 교사는 왜 사람들이 과거를 기억함으로써 이득을 얻을 수 있는지 물어본다.

바노 교사: (촉진시키기) 누가 잊고 다시 시작하는 것이 좋은 아이디어라고 생각하나요?

캐롤: 만약 정말 나쁜 거라면, 정말 하기 힘들죠.

티시: 맞아요. 하지만 그건 얼마나 나쁜지에 달렸어요.

바노 교사: (촉진시키기) : 과거를 기억하는 것이 좋을 때가 있나요? 과거에서 배울 때가 있나요?

티쉬: 실수로부터 배우고 다시는 그러지 말아야 한다는 것을 기억하게 돼요.

비록 바노 교사가 협력적 지원을 제공하지만, 학생들 또한 사려 깊은 방식으로 구상 구축과 아이디어 탐색에 참여하고 있다. 상호작용의 사회적 구조는 문학적 구상 구축을 지원하고, 이 과정에서 학생들은 문학 토론에 효과적인 참여자가 되는 방법을 배운다.

이러한 대화 상황에서 학생들은 다른 사람과 함께 또는 혼자서 자신의 아이디어를 다룰 공간을 얻게 된다. 그래서 학생들은 토론에서 아이디어를 발전시키면서 개인적인 자아와 사회적 자아 사이에서 성장하게 된다. 전체 토론, 소집단 토론, 일대일 상호작용에서 이러한 도움이 제공된다. 협력적 지원에 포함된 전략은 예술, 춤 및 기타 미디어와 같은 다른 의사소통 수단뿐만 아니라, 읽기, 쓰기, 말하기와 관련된 활동을 하는 동안 단독으로, 쌍으로, 집단으로 연습될 수 있다. 이러한 각각의 상황에서 학생들은 서로 협력적으로 상호작용하고 자신을 위해 무언가를 시도해 볼 기회를 얻는다. 이런 식으로 그들은 실험하고, 이해하고, 결국 교사가 모델로 삼은 문학에 대해 생각하고 말하는 방식을 내면화한다.

1학년 수업 사례

탄냐 웨버 교사의 수업에서 발췌한 내용을 검토하며 수업 중에 도움이 어떤 식으로 제공되는지 살펴보자. 웨버 교사가 1학년 수업에서 제인 욜렌(Jane Yolen)이 쓴 「하늘 개(Sky Dogs)」(1990)을 읽을 때, 몇몇 학생들은 이야기에 나오는 말과 개 사이에 대한 혼동을 해결하려고 한다.

> **제임스:** 아마 엄마는 [불분명]을 좋아하지만 아빠가 개를 싫어했을 거야.
>
> **웨버 교사:** (조율) 음. 좋은 질문이구나. 이야기를 듣는 동안 그 질문에 대해 생각해 볼까?
>
> **제프:** 그건 작가의 방식 같아요. 아마도 작가는 말처럼 보이는 큰 개라고 생각했나 봐요.
>
> **제임스:** 아니야, 말은 개보다 더 길고 더 커. 개의 얼굴은 말처럼 생기지 않았어.
>
> **웨버 교사:** (이해 제고하기) 지금 이 문제에 대해 무언가 생각나는 학생 있니? 제프가 왜 얘들이 개가 아니라 말처럼 보이는지 아주 궁금해 하는구나.
>
> **제프:** 하지만 개처럼 생겼어요. 이건 말이지만 개처럼 보여요.
>
> **웨버 교사:** (조율) 벤자민?
>
> **벤자민(Benjamin):** 개처럼 생겼다는 것이 약간 소와 닮았다는 말이에요. 소를 보면 등이 그렇게 생겼어요. 꼬리는 없나요?

아이들은 분명히 말과 개 사이의 혼동에 대해 의문이 있다. 웨버 교사의 두 가지 의견은 토론하는 방법을 지원하기 위한 시도이다. 그녀의 첫 번째 논평에서, 웨버 교사는 학생들에게 이야기 초반의 논의를 보류하고 그들의 구상을 좀 더 구축해야 한다는 단서를 줌으로써 토론을 조율하고 있다. 하지만 그들이 토론에 흥미를 보이면, 웨버 교사는 학생들의 참여를 돕고 이해를 높임으로써 학생들의 탐색을 지원한다. 또한 웨버 교사는 학생들이 말이나 개 문제로 초점을 맞추도록 도우며 관심 주제를 언급함으로써, 그들의 생각하는 방식을 지원하기 시작한다. 제프가 토론을 독점하려고 하자 웨버 교사는 손을 들고 있던 벤자민에게 발언기회를 주어 이 상황을 조율하는데, 이러한 행동은 제프에게 다른 친구들을 참여시킬 필요가 있음을 암시적으로 상기시킨다.

12학년 수업 사례

이번에는 앨리스 워커(Alice Walker)의 「낙태(The Abortion)」(1990)에 대한 모라 스미스(Maura Smythe) 교사의 교실 토론의 일부를 자세히 살펴보자.

스미스 교사: 좋아요. 누가 시작할까요?

시카(Sikka): 저는 아내가 전혀 마음에 들지 않아요. 아내는 낙태할 권리를 가졌고, 저는 낙태가 필요하다고 생각해요. 그리고 아내는 말했지요, 아이 대신 자기를 선택했다고. 아내는 말은 그렇게 했지만, 자신이 뭘 하고 있는지 생각조차 안 했어요.

스미스 교사: 아내가 전에 그 문제에 대해 정말 생각해 보지 않았을까요? 아니면….

시카: 제 말은 , 아내가 생각은 해 봤지만 완전히 이기적이었다는 거지요. 제가 생각하기에 아내는 실제로 어떤 일이 일어나고 있는지 직시하지 않았어요.

레이나(Raina): 저는 완전히 반대해요. 저는 그게 좋았어요. 제 말은, 저를 불편하게 만드는 부분들이 많다는 거예요. 저는 낙태를 옹호하지는 않지만, 그녀가 두 번 낙태했다고 해서 그것에 대해 평가하고 싶진 않아요. 대체로 저는 아내가 모든 것을 자기 개인 문제로 취급하는 방식이 좋았어요. 아내는 독자에게 상황을 알려주고 독자를 끌고 가지요.

스미스 교사: 아내가 이기적이라고 생각했어요?

레이나: 제 생각엔, 그녀는 이기적이었어요. 그녀는 선택해야 했어요. 자신과 다른 사람 중에서 선택해야 할 상황에서는 누구나 자기 자신을 선택하지요. 그녀는 그렇게 한 거예요.

캐럴(Carol): 저도 시카의 의견에 동의해요. 왜냐하면 그녀는 남편에게조차 다른 아이를 상상할 수 없다고 편지를 썼기 때문이에요. 남편은 아내에게 차를 가져다주었는데, 그녀는 "마시지 못하겠어요. 치워버려요."라고 말했어요. 아내는 매사에 못되게 굴었어요.

클로디아(Claudia): [불분명] 아마 그녀의 말은 그녀가 느끼는 것을 정확히 표현한 것 같지 않아요. 그녀는 정말로 자기 마음을 정확하게 설명할 수 없어요. 때로 사람들이 어떤 상황에 처했을 때, 그들이 하는 말은 자신의 진짜 마음을 오롯이 표현하지 못해요. 누군가에게 화날 때처럼, 말로 나오는 것이 내심은 아니지요.

스미스 교사는 학생들의 이해를 촉발하는 것으로 토론을 시작한다. 모든 구상 구축 수업에서, 이 초기 질문은 학생들이 현재의 구상들에서 시작해서 그 이상으로 나아가도록 초대한다. 시카의 긴 발언 후에, 스미스 교사는 시카가 그녀의 관심사를 형성해 가는 데 도움이 될 만한 질문을 한다. 레이나가 시카의 의견에 동의하지 않자, 스미스 교사는 레이나가 시카에게 동의하지 않더라도 시카의 말에 집중할 필요가 있음을 상기시킨다. 그리고 소설 속 여성을 이기적이라고 느꼈는지 아닌지에 대해 생각해 보도록 한다. 그러고 나서 다른 학생들이 이를 이어받아 동의하고 있는지 아닌지, 그 이유가 무엇인지를 설명해 보게 한다. 이 모든 과정에서 스미스 교사는 토론을 관찰하고, 그녀의 의견이 도움이 되는 때에만 토론에 참여한다.

모든 학년의 교사는 학생들에게 보다 효과적으로 토론하고 생각하게 하는 전략을 배우도록 돕는다. 교사는 학생들이 자신의 아이디어와 다른 사람의 아이디어를 고려하면서 그들이 무엇을 하고 있는지에 대해 반응하는 데에 관심을 둔다. 결과적으로 학생들은 그들이 경험한 사회적 상호작용, 교사가 그들을 돕는 방법, 교사가 다른 사람을 돕는 방법을 성찰함으로써, 자기 자신과 서로를 돕는 것을 배운다. 학생들은 서로 대화하고, 질문을 하고, 다른 사람의 생각과 의견을 지원하는 제안을 한다. 그러한 상호작용에는 그들이 학교뿐만 아니라 일상생활에서 배운 것도 반영된다. 구상 구축 수업에서는 교사와 학생들의 의견이 문학에 초점을 맞추고 있다는 것이 차이점일 뿐이다. 이런 구상 구축 수업에서는 모든 사람이 정당한 아이디어를 가지고 있으며, 아이디어는 발전하고, 질문은 이해하는 데 필수적인 부분이 된다. 그리고 수업은 이해를 발전시키는 시간이며, 다양한 관점이 발전적인 구상들을 풍부하게 한다.

지도 방식: 활동으로서의 수업

내가 설명한 지도 방식은 우리에게 전혀 익숙하지 않다. 교사들은 학생들과 매일 이런 방식으로 소통할 수 있을지 우려를 표한다. 구상 구축 수업에 내재된 수업 원리에 익숙한 교사들조차 "다음에는 어떻게 해야 할지 어떻게 알 수 있을까?"라고 질문한다. 학생들의 아이디어를 경청하고 학생들의 반응에 기반하여 가르치는 것을 배우려면 쉽지 않은 변신을 해야 한다. 우리는 오랜 교직 경험에서 형성된 일상에 의존하고 있는 자신을 발견할 때가 많다. 예를 들어, 미리 작성된 수업 계획은 대부분의 교육에서 핵심적이지만(그리고 감독관의 성과 검토의 기초가 될 수 있다), 이러한 계획은 종종 학생 기반의 목표에 역행한다. 학생들이 예상치 못한 방식으로 반응하면, 교사는 좋은 수업을 했다고 생각하는 것이 아니라 마치 대본에서 벗어난 것처럼 괴로워할 수 있다.

이러한 수업 계획은 우리의 오래된 습관, 즉 우리 모두가 학교 및 대학원 과정에서 배우고 모델로 삼아 내면화한 일상이다. 이 오래된 습관에는 수업이 어떻게 보여야 하고, 수업이 어떻게 진행되어야 하는지에 대한 이상적인 개념이 박혀있다. 텍스트가 '말하는 것'(플롯 요약과 쪽지 퀴즈 사용)을 검토하는 것에서 시작하여 '의미하는 것'(학생들을 미리 정해진 해석으로 인도하는 선행 질문 사용)으로 이동해야 한다는 것이 오래된 습관인데, 이는 대개 축자적인 것부터 추상적인 것까지를 포함하는 질문 체계에 의존하는 교육학에서 영감을 받은 것이다(Langer, 1992; Marshall, 1989).

하지만 이 오래된 습관은 학생들이 자신의 반응에 도달하고, 가능성의 지평을 탐색하며 최초의 이해를 넘어 좀 더 사려 깊은 해석으로 나아가도록 도와야 한다는 교육학과는 상충된다. 전문적인 자신감을 가지려면, 새로운 시도가 필요하다. 우리는 학생들이 행하고 말하는 것에 반응하여, 매일 그리고 순간적으로 교실에서 사용할 수 있는 선택지에 대한 감각을 가져야 한다.

우리는 문학 수업을 비고츠키적 의미의 활동으로 볼 수 있다(Lee & Smagorinsky, 2001; Leont'ev, 1981를 보라). 이는 중요한 목표를 향해 나아가는 도중에 학생들이 읽기, 토론 및 기타 과제에 참여한다는 것을 의미한다. 이 목표는 항상 읽기에 대한 이해를 제고하고 그런 이해 제고를 위해 무언가를 행한다는 것을 포함한다. 예를 들어, 퍼스트 교사의 수업에서 학생들은 자신이 읽은 소설을 그들의 영화로 계획하고, 그리고 나서 그들의 계획을 영화에서 본 것과 비교했다. 웨버 교사의 학생들은 여러 책에 묘사된 다양한 아메리카 원주민의 삶에 대해 그들이 이해한 바를 토론했다. 그리고 스미스 교사의 학생들은 문학에서 묘사되고 삶에서 경험되는 젠더 문제에 대해 숙고했다. 각각의 경우에, 학생들은 읽은 작품에 대한 그들 자신의 이해를 발전시키고 그들의 아이디어에 대해 생각하는 것을 돕기 위한 다양한 과제에 참여했다. 도움이 필요할 때에는 협력적 지원이 제공되었다. 각각의 경우, 교사들은 다양한 과제를 개별적인 사전 및 사후 읽기 연습이 아닌 전체 활동의 필수적인 부분으로 다루었다.

하루 또는 며칠에 걸쳐 진행할 수 있는 이러한 수업은 다음과 같은 다섯 가지 주요 부분을 포함하여 진행될 수 있다(모든 활동에서 각 부분이 필수적으로 들어갈 필요는 없다).

- 읽기 전 쉽게 접근할 수 있게 하기
- 최초의 이해하기 단계로 초대하기
- 해석 발전시키기
- 비평적 입장 취하기
- 배움 상황 점검하기

이것들이 모두 문학 경험을 구성하기 때문에, 읽기(연극, 영화 포함)에 선행하는 읽기, 쓰기, 말하기, 생각하기 과제는 '문학적 경험의 시작'으로, 이후 모든 것은 '문학적 경험을 이어가는 것'으로 간주될 수 있다.

이 틀의 특정 국면을 논의하기 전에(Langer, 1994), 내가 언급한 전략이 진정으로 선택사항이 되어야 한다는 것을 강조하고 싶다. 이것은 선형적 교수 모델의 일부가 아니며, 교사들이 사고를 유발하는 수업에서 사용할 수 있는 유일한 전략도 아니다. 나는 교사들이 학생과 상호작용할 때, 오래된 습관을 대신해서 새로운 시도를 할 수 있는 방법들을 제안하고 있다.

쉽게 접근할 수 있게 하기

처음부터 학생들을 문학적 경험으로 초대하는 것이 중요하며, 일차적인 경험은 참조점 유지와 관련된 객관적인 경험이 아니라, 가능성의 지평을 탐색하는 주관적인 경험이 될 것이라는 신호를 제공하는 것이 중요하다. 어떤 교사는 다소 정교한 방식으로 이를 수행한다. 퍼스트 교사가 「온 여름을 이 하루에」로 수업을 시작할 때, 그녀는 학생들에게 책을 읽어 주고 그들의 최종적인 영화뿐만 아니라 그들의 구상에 초점을 맞추도록 초대하면서 그러한 일을 수행했다. 다른 교사들은 음악을 연주하거나, 시를 읽거나, 이야기를 들려주면서 그렇게 한다. 그러나 많은 효과적인 신호는 매우 간단하다. 예를 들어, 웨버 교사는 종종 조명을 껐다 켜면서 이야기를 시작하여 학생들이 교사와 함께 하도록 유도한다. 또 다른 교사는 고등학교 상급생에게 "이건 정말 빠져드는 연극"이라고 말하면서 시작한다. 한두 주가 지나면 스미스 교사가 진행하는 '남성, 여성, 그리고 문학'과 같은 과목 수업에서는 한두 주 후에 학생들이 쉽게 접근하도록 돕기 위한 장치가 필요 없다. 왜냐하면 이 수업에서는 한두 주가 지나면 학생들이 읽기 방식에 이미 익숙해지기 때문이다. 각각의 경우에 학생들은 지평 탐색과 관련된 경험이 곧 시작된다는 것을 안다(또는 알도록 도움을 받는다).

접근을 쉽게 하려면, 학생들이 자신의 해석을 표현하도록 하는 것보다는 어떤 특정한 해석으로 유도되지 않도록 하는 것이 더 중요하다. 만약 이것이 충분히 개방적인 방식으로 수행된다면, 개인적, 역사적, 문화적 또는 개념적 연결을 환기하는 것이 앞으로 있을 탐색을 준비하는 데 도움을 줄 수 있다.

최초의 이해하기 단계로 초대하기

학생들에게 그들의 아이디어가 문학 수업의 중심에 있다는 신호를 주기 위해서는 첫 질문/과제/상호작용이 학생들이 작품을 다 읽고 가지게 되는 이해에 다가가야 한다. 텍스트에 대한 최초의 이해하기로 유도하기 위해, 일부 교사들은 학생들이 읽으며, 또는 다 읽은 직후에 그들의 아이디어와 질문을 적어 보게 한다. 다른 교사들은 학생들에게 다음과 같은 질문에 대해 얼른 메모하게 하고, 그려 보게 하고, 생각하고 토론해 보도록 요구한다. "지금 여러분의 생각은 어떤가요? 작품을 다 읽었을 때, 어떤 생각이 들었나요? 무언가 거슬리는 부분이 있나요?" 퍼스트 교사는 학생들에게 소집단에서 토론할 수 있는 몇 가지 좋은 질문을 생각해 내 보라고 한다. 웨버 교사는 종종 학생들에게 무엇을 이야기하고 싶은지 물어본다. 그리고 스미스 교사는 자주 "좋아, 누가 시작하고 싶니?"로 토론을 시작한다(그들은 그녀가 무엇을 원하는지 알면 바로 그 일에 착수한다).

물론 구상들은 아이디어가 쓰이거나 말하는 순간 바뀐다. 그래서 최초의 이해를 임시적이고 변화하는 것으로 유지하고, 아이디어가 발전함에 따라 학생들이 최초의 이해에서 벗어나도록 하는 것이 중요하다. 예를 들어, 읽기를 마친 후 그들이 가졌던 아이디어를 말할 기회를 모든 학생에게 준다면, 이것은 구상 구축을 촉진하기보다 오히려 구상 구축을 억제할 수 있다. 첫인상은 순간적이며 쉽게 사라져 버린다. 그만큼 불완전하고 부정확하며 개방적이다.

해석 발전시키기

일단 학생들이 그들의 첫인상을 말하기 시작하면, 교사는 학생의 현재 이해를 확립하고 이에 대해 질문함으로써 학생들이 구상들을 탐색하고 확장하도록 도울 수 있다. 학생들이 제기한 문제에 집중적으로 토론함으로써, 교사는 학생들이 그들의 구상들 속에서 가능성을 탐색하고 확장할 수 있도록 안내할 수 있다. 그리고 학생들을 동기, 감정, 관계 갈등 및 행동에 대해, 그리고 이러한 것들이 당면 과제와 어떻게 연관되는지에 대해 탐색하도록 초대할 수 있다. 예를 들어, 웨버 교사의 학생들은 소설에서 '하늘 개'가 누구 또는 무엇인지를 알아내려고 할 때, 교사는 학생들이 고려하고 있는 것을 확장하도록 도와준다.

사라: 음, 어쩌면 이것은 그들이 전에 본 적이 없는 것일 수도 있고, 그들은 그것이 무엇인지 모르고 있는 것일 수도 있어요

벤자민: 저는 케이티 말에 동의해요

다른 학생들: 동감이에요.

웨버 교사: 흠… 그래서 너희는 그들이 진짜 무언가를 보고 있다고 생각하니?

사라: 그래요, 하지만…

교사는 또한 학생들을 이야기 안에서 일어난 변화나, 시간에 따른 생각의 변화를 성찰하도록 안내할 수 있다. 예를 들어, 「낙태」에 대해 토론할 때, 스미스 교사는 학생들이 이 여성의 결정에 영향을 미쳤을지도 모르는 등장인물의 성격과 시대의 변화 둘 다에 대해 생각할 수 있도록 질문을 한다. 여기서 교사는 학생들이 등장인물의 성격과 작품을 더 잘 탐색하고 이해하도록 돕기 위해 시간의 경과에 따른 변화를 이용한다.

스미스 교사: 내 말은, 첫 번째 것이 지금 것과 어떻게 다른가 하는 거야.

스테이시: 그녀는 이제 더 나이가 들고 그것에 대해 경험이 더 많아졌어요. 아마도 합법적인 약물, 고통을 줄여 주는 약물도 지금은 더 많고요.

학생들이 해석을 발전시키도록 돕는 또 다른 강력한 방법은 그들이 제기하는 주제를 탐색하면서 다양한 관점을 취하도록 하는 것이

다. 학습자는 텍스트 내에서, 자신의 경험에서, 학급 토론에서 도출한 관점들을 자신의 생각을 축소하는 데 사용하기보다는 확장하는 계기로 사용할 것이다.

비평적 입장 취하기

2장에서 논의한 바와 같이, 문학 활동에 참여하는 사람들은 작품 바깥에서 작품과 그 경험을 객관화한다. 교사의 도움을 받아 학생들은 텍스트, 역사, 문학, 그리고 삶과 관련된 문제들을 검토함으로써 그렇게 할 수 있다. 교사들은 또한 학생들이 텍스트 안에서, 수업 내에서, 수업 바깥에서 다양한 참여자들의 관점을 고려하여 대안을 검토하고, 다른 사람들의 관점과 관련 가능성을 활용하여 그들의 이해에 도전하고 이해를 더 풍부하게 하도록 독려할 수 있다. 여기서 만약 적절하기만 하면, 텍스트에서 삶으로의 일반화, 인간의 조건에 대한 이론화, 윤리와 인간 문제에 대한 심사숙고가 토론의 일부가 될수 있다.

예를 들어, 「낙태」에 대한 토론 초기에 스미스 교사는 아내를 옹호하는 레이나와 남편에게 더 공감을 표한 다른 학생들에게 다음과 같이 묻는다.

> **스미스 교사:** 누구?… (레이나에게 고개를 끄덕이며) 여러분은 이 소설을 전반적으로 좋아했어요. 그녀를 좋아하는 사람이 있었나요?

이 소설에서 여러분이 알아차린 무언가가 있나요? 낙태는 사람들이 저마다 강한 의견을 가진 화제이기 때문에, 아마도 그것 때문에 여러분의 독서가 불분명해지거나 거기에 영향을 받았을 거예요.

스미스 교사의 질문은 학생들이 자신의 편견을 인식하고, 잠시 뒤로 물러나 다른 관점에서 등장인물을 보도록 해 준다. 얼마간 낙태에 대해 토론한 후, 스미스 교사는 학생들이 다른 중대한 문제들을 고려하도록 돕고자 한다.

이 소설은 낙태에 대한 많은 정치적인 화제를 담아내고 있어요. 여성의 문제가 정치적이지 않다는 것이 아니라, 낙태를 넘어서 다른 많은 문제들도 있다는 거예요. 읽을 때 물음표를 붙이거나 의견을 달아놓은 부분이 있나요?

여기서 교사는 학생들이 처음에 떠올렸던 것 이상의 사회적, 정치적 문제들을 바라보면서 그들의 이해를 확장하도록 초대한다. 그리고 나중에 학생들이 읽은 단편소설의 전체 단원을 고려하여, 그녀는 학생들이 오늘날 삶과 시대, 소설 속 삶과 시대를 연결하도록 돕고자 노력한다.

만약 여러분이 이 이야기에서 미국 문화를 추정한다면, 여러분은 미국 문화에 대해 뭐라고 말할 건가요?

마찬가지로 퍼스트 교사는 학생들이 「온 여름을 이 하루에」의 영화 버전에 대한 반응에 대해 분석하고, 이후 레이 브래드버리의 입장이 되어 작가의 관점에서 영화에 대해 비평하도록 돕는다. 웨버 교사는 또한 그녀의 1학년 학생들이 이해에서 한 발짝 물러서 텍스트를 객관화하도록 돕는다. 「하늘 개」에 대한 읽기와 토론이 끝난 후, 그녀는 학생들이 제목을 생각해 보도록 다음과 같이 초대한다.

왜 이 이야기가 쓰였는지, 그리고 왜 그녀가 그것을 '하늘 개'라고 불렀는지 생각해 보기 바라요. 여러분은 여러분의 아이디어를 제기할 수 있고, 모든 사람들은 자신의 아이디어를 가질 수 있어요.

비평적 입장을 취하는 것은 또한 문학적 요소와 수용된 해석에 초점을 맞추는 것이기도 하다. 예를 들어, 12학년 수업에서 며칠에 걸쳐 소포클레스의 「안티고네」를 상연하고 그 해석을 숙고하고 발전시킨 후에, 켄달 메이슨 교사는 학생들에게 평론을 한 번은 그냥 읽고, 또 한 번은 비판적으로 읽어 보도록 했다. 이런 환경에서 저자의 기교뿐만 아니라 문학적, 사회적 평론에 대해 토론하는 것은 아이디어 발전에 대한 성찰을 풍성하게 한다.

배움 상황 점검하기

문학적인 경험은 지평이 바뀌는 것에 대한 기대를 존중해야 하기 때문에, 우리는 종결이나 합의를 추구하지 말아야 한다. 수업이 끝나면 교사는 탐색과 검토 과정에서 살아남은 서로 다른 해석과 의견을 검증해야 한다. 이는 제기된 주요 화제를 요약하고, 아이디어의 변화를 언급하고, 합의와 이견을 인정하고, 적절하게 다루지 못한 관심사를 지적함으로써 이루어질 수 있다. 수업이 끝날 때까지 생각을 중단하지 않고 더 많은 구상 구축을 할 수 있는 여지를 남겨 두는 것이 중요하다.

위에서 설명한 다섯 가지 틀은 교사들이 가용한 선택지에 대해 생각할 때 쓸 수 있는 새로운 시도들이다. 시간이 지남에 따라, 구상 구축 교실을 실천하는 교사들은 제각기 다른 방식으로 이 틀에 의존한다. 처음에 교사들은 그들이 암묵적으로 사용하고 있는 선택지를 의식하기 위해 이것을 사용한다. 그리고 다음에 무엇을 해야 할지 결정할 때 이 틀을 더 분명히 사용한다. 마지막으로 교사들은 선택지를 내면화하기 시작하여, 이 틀을 사려 깊은 교실 대화와 상호작용이 보다 통합적인 패턴이 되게 하는 데 활용한다.

웨버 교사는 사실 찾기 질문에서 학생들의 생각을 이끌어내는 질문으로 넘어가는 것이 얼마나 어려웠는지를 성찰했다.

문학적 경험에 대해, 그리고 작년에 문학적 경험을 하는 데 얼마가 걸렸는지 생각해 봤어요. 생각해 보니 몇 주… 어쩌면 몇 달이 걸렸던 것 같아요……. 지금은 작년에 있었던 일들을 당시에 충분히 내면화하고 있었어야 했다는 걸 깨달아요. 왜냐하면 내면화가 되어 있지 않으면 수업 전체가 조화롭게 작동하지 않기 때문이에요.

지금은 아이들이 구상을 발전시키고 생각을 자극하는 방식으로 상호 작용하는 것에 더 익숙해졌다고 느껴요. 저도 그런 방식으로 작품을 대하는 걸 자연스럽게 생각하게 되었고, 그게 문학적 경험의 자연스러운 일부라고 느끼게 되었어요. 학생들도 제가 질문하기 전에 구상을 발전시키고 서로 생각을 자극하는 방식으로 상호작용하는 일을 합니다. 이제 심지어 제가 학생들에게 질문할 필요도 없겠다 싶을 정도예요.

웨버 교사는 자신의 지도 방식이 내재화된 결과로 교육 실천에 변화가 생겼다는 것을 알고 있다. 또한 그녀는 자신이 학생들에게 제공하는 일련의 지원이 학생들이 스스로 배우는 것에 따라 바뀌어야 한다는 것을 깨닫는다. 그녀는 학생들에게 문학 경험에 참여할 새롭고 더 세련된 방법을 제공하는 것이 자신의 역할이라는 것을 인식하고 있다.

무엇이든 되는 건가요?

내가 제안하는 것과 같은 구상 구축 수업의 경우, 사람들은 흔히 학생들의 마음에 떠오르는 아이디어들이 적절한 것으로 간주될 수 있는지 우려한다. 그러나 이것은 사실과 거리가 멀다. 내가 방금 설명한 지도 방식과 관련한 틀은, 교사가 학생들이 발전하는 아이디어를 점검, 재점검하도록 돕기 위해 사용한 다양한 전략을 요약한 것이다. 이러한 상호작용 속에서 사고가 자극되고 협력적 지원이 이루어지며 학습이 진행된다. 경계('경계' 안 또는 바깥에 있는 것)에 대해 생각하는 한 가지 방법은 학생들이 바깥쪽으로 시선을 움직이면서, 항상 가능성의 새로운 지평을 탐구할 수 있는 여지를 남겨 두면서 상호작용 속에서 원심력이 작용하는 것이다. 그러나 동시에 구심력도 작용하여 목적 없는 바깥의 움직임에 대응하며 아이디어를 가운데로 다시 끌어당긴다.

훌륭하고 성찰적인 사고는 교실 내 사회적 힘 속에 내재되어 있다. 모든 사람들은 의미가 통하고 의사소통이 되기를 기대한다. 학생들이 이해를 구성하고 재구성할 때, 생각할 수 있는 것의 경계는 가능한 것에 대한 그들 자신의 인식에 의해 정해진다. 협력적인 교실 환경에서 학생들은 새로운 아이디어를 듣고 성찰하는 법을 배우고, 쓸모가 없는 아이디어는 무시하거나 거부하게 된다.

따라서 학생들은 새로운 아이디어를 그들의 구상들에 포함시키거나 무관하고 너무 동떨어진 아이디어를 버리게 된다. 개방성을 제공하고 상상력을 불러일으키지만, 구상을 구축하는 교실에서 발전되는 아이디어의 지적인 통합을 유지시키는 것은 밀고 당기는 변증법적 과정이다(Close, Hull, & Langer, 2005).

과정 중의 평가: 그 속에서 계속 진화하는 목표

나는 "하지만 이것이 평가에 어떤 의미가 있을까요?"라는 질문을 자주 받는다. "제 학생들이 제대로 배우고 있는지 어떻게 알 수 있을까요? 점수는 어떻게 매겨요? 제가 일을 잘하고 있는지 어떻게 알 수 있을까요?" 이 질문들은 중요하다. 왜냐하면 암송, 줄거리 요약, 유일한 '최고의' 해석으로부터, 읽은 작품에 대한 이해를 성찰하고 제고하는 방식으로 초점이 이동하면서, 효과적인 학습을 판단하는 데 사용되는 기준도 바뀌게 될 것이기 때문이다. 나는 이것이 구상 구축 수업과 관련되기 때문에 이를 다루고자 한다.

학생, 교사, 그리고 문학 작품이 중심이 되는 사회적 맥락 속에서 무엇을 가르칠지에 대한 결정이 이루어질 필요가 있는 것처럼, 무엇을 평가할지에 대한 결정도 특정한 사회적 맥락에 토대를 두어야 한다. 맥락은 구상 기반의 관점에서 매우 중요하다. 왜냐하면 이해에 대한 이 관점은 학생들에게 탐구심이 있음을 가정하고 학생들이 사고하기를 기대하며 앎을 고정된 것이 아니라 변화하는 아이디어 속에서 성찰하는 것임을 가정하기 때문이다. 따라서 오랜 시간에 걸쳐 평가가 이루어질 필요가 있다. 또한 개인의 독서 활동과 과제는 구상 구축 면에서 독특한 개별성을 띠기 때문에, 평가를 할 때 다양한 문학 작품에 대한 여러 독서 활동을 고려할 필요가 있다. 초점이 사고가 이루어지는 특정 시점에 있는 특정 학생에 놓이기 때문에 평가는 즉각적인 것이 되고 잠재적으로 교수 의사 결정과 관련된다.

평가에 대한 접근방식을 생각할 때, 다음 두 가지 필수 질문이 있어야 한다.

무엇을 위한 평가인가?
평가가 어떻게 사용될 것인가?

교사들이 사용하는 가장 유용한 종류의 평가는 내가 '과정 중의 평가'라고 부르는 것이다(피터 존스턴(Peter Johnston, 1994)은 이를 건설적 평가(constructive assessment)라고 부른다). 이것은 학생들과 교사가 사고 촉진적인 문학 수업 전, 중, 후에 참여하는 성찰적 평가 유형이다. 사고 촉진적인 수업은 학생들이 하거나 했던 생각, 할 수 있었던 일 또는 미래에 시도할 수 있는 일에 초점을 맞춘다. 또한 이런 수업은 사회적 환경 내의 무언가가 학생들의 생각에 영향을 미치는지 알아보기 위해 특정한 상황에서 발생하는 학생들과 텍스트 사이의 상호작용에 초점을 맞춘다. 과정 중의 평가는 매우 쉽고 힘이 들지 않을 수 있다. 왜냐하면 평가가 수업 중에 이루어지고, 평가가 수업에 정보를 제공하기 때문이다. 또한 이 평가는 학습에 반응하여 성찰과 변화를 불러일으키는 유용한 피드백 메커니즘이 될 수 있다.

가장 유용한 과정 중의 평가는 교사가 내가 이미 논의한 지침과 원리에 따라 새로운 시도를 했을 때 이루어진다. 나는 수업을 위한 새로운 시도가 충분하고, 구상 구축 수업이 새로운 형태의 평가를 만들어 낼 것이라고 믿었다. 어떤 의미에서는 이것이 사실이지만, 전적으로 그렇지는 않다. 학생들이 새로운 방식으로 생각하고 배우는 것을 아는 교사들은 그들 자신을 위한 것이면서 다른 사람들과 공유할 수 있는 더 실질적인 무언가를 원한다. 수업과 마찬가지로, 지식을 평가하는 전통적인 평가 방법도 너무 확고해서 대체가 필요하다는 것을 나는 깨달았다. 단지 한 가지 평가를 포기하는 것만으로는 충분하지 않다. 교실의 일상적이고 순간적인 상호작용을 기본으로 하는 대체물이 필요하다.

평가의 목표

효과적인 구상 구축자들이 문학 작품을 읽고 토론할 때, 그들이 의존하는 몇 가지 전략을 살펴보는 것에서 평가 목표의 도출을 해보는 것이 좋다. 교사는 각 목표를 특정 시간에 자신의 초점에 따라 항목을 추가하고 삭제하는 대화의 출발점으로 생각해야 한다. 학생의 학습을 위한 다음 목표는 모든 학년 수준에서 유용하며, 5장에서 논의된 학생 지도 관련 화제에서 직접적으로 도출된다. 각 학생은 다음을 할 수 있어야 한다.

- 읽은 후 첫인상 공유하기
- 읽은 작품에 대한 관련 질문하기
- 이해한 바를 재고하고 발전시키며 풍부하게 하기 위해 첫인상을 넘어서기
- 텍스트 내에서 그리고 텍스트를 넘어서 연결하기
- 텍스트 내에서 그리고 소집단 독자 사이에서 다양한 관점을 고

려하기

- 대안적 해석을 검토하고 이를 비평하기 또는 지지하기
- 자기 자신과 삶에 대한 이해를 도모하기 위해 문학을 이용하기
- 다른 문화와 맥락에 대한 민감성을 나타내는 독서에 참여하기
- 문학적 이해를 성찰 및 소통하는 방법으로서 글쓰기를 이용하기
- 문학에 관한 담화의 특징에 맞게 말하고 글쓰기

이와 같은 목록을 출발점으로 삼아, 교사들은 이러한 전략이 교실에 자연스럽게 나타날 수 있는 맥락을 성찰하기 시작할 수 있다. 학생들과 함께, 또는 동료와의 협력으로, 교사들은 보다 구체적인 지침, 체크리스트 또는 루브릭을 개발할 수 있다(Langer, 2010 참조). 과정 중의 평가는 수업, 평가, 교실 상호작용이 원활한 통합을 이루는 경우에 한하여 구상 구축 수업에서 도움이 될 것이다. 특히 새로운 시도가 처음일 때에는 목표를 나열해 보는 것이 도움이 된다. 그러면 중요한 것이 무엇인지를 명백히 알 수 있게 되기 때문이다.

아주 새로운 교사

나는 이 장을, 교직 4년 차에 구상 구축을 강조하기 시작한 고등학교 국어 교사의 의견으로 마무리하고자 한다. 에드워드 그리어(Edward Greer) 교사는 그의 교육적 접근뿐만 아니라 그가 출제하는 시험의 유형을 재고했다. 구상 구축을 강조하는 대부분의 교사들

은 기말시험을 다양한 종류의 사려 깊은 프로젝트 활동으로 대체하지만, 상대적으로 신참 교사일 뿐만 아니라 이러한 교수 접근에 낯선 그리어 교사는 그가 출제하는 시험을 바꾸려고 노력했다. 그는 다음과 같이 말했다.

문학을 가르친 지난 몇 년 동안 문학 시험에 대한 나의 일반적인 접근에 대해 생각했다. 내가 항상 테스트를 한 건 아니지만, 시험에서 레니와 조지가 어디서 왔고, 어떤 마을에 왔는지 알아보는 것이 나의 방식이었다. 기본적으로 나는 학생들이 무엇을 배웠는지 테스트하고 있었다. 기본적으로 나는 학생들이 무엇을 배웠는지 또는 무엇을 외웠는지 테스트했고, 그들의 머릿속에 박혀 있는 사소한 것들에 대해 테스트했고, 그다음 짧은 답을 주었고, 보통 우리가 깊이 있게 이야기한 것들을 한데 묶는 논술 문항에 고착되었었다. 그리고 내가 문제를 입력하고 있을 때, 내가 그들의 암기력을 시험하고 있다는 것을 깨달았다.

이번 테스트에서 내가 시도하고자 한 것은, 시험을 치르는 동안에도 학습 경험을 하게 하는 것이었다. 두 가지를 테스트했는데, 그것은 학생들이 문학 작품과 자신의 배움에 대해서 얼마나 잘 알고 있는지였다. 새로운 시험문제들은 학생이 어떻게 생각하는지를 보여 준다. 그래서 내가 1막의 등장인물을 평가할 때, "티발트는 누구인가?"라고 묻지 않고, … 나는 그들이 정말로 생각해야 하는 방식으로 물었다. 가령, "이 연극에서 왜 티발트가 있는가?" 또는 "티발트의 존재는 독자인 나에게 무엇을 의미했으며, 그가 거기에 있었던 이유는 무엇인가?" 여전히 그들이 줄거리와 「로미오와 줄리엣」

에서 일어난 일에 대해 알고 있다는 것을 보여 주고 있지만, 연극에 대해 어떻게 생각하고 이 다섯 등장인물에 대해 어떻게 생각하는지도 보여 주고 있다.

내 스스로 문제에 대한 답을 했을 때, 나 역시 이렇게 말했다. "음, 교사인 내가 듣고 싶어 하는 것을 확인하는 테스트를 하지 말고, 학생들이 의견을 말할 수 있는 질문을 하자."

…이것이 내가 전달하고자 하는 것이다. 나는 학생들의 의견이 중요하다고 보았고, 학생들을 희곡에 연루시키는 것이 티발트가 어떤 행동을 하는지, 그가 죽는지를 아는 것보다 중요하다고 보았다…그것은 아주 간단한 변화이다.

시험이 끝난 후, 그리어 교사의 반 학생인 재니(Jeannie)는 다음과 같은 반응을 보였다.

글쎄, 그것은 객관식 시험이 아니었다. 정말로 등장인물과 그들의 행동을 알고 있어야만 했고, 작품을 이해하고 있어야만 했다. 객관식보다 새로운 시험이었는데, 이것으로 선생님은 우리 학생들이 이 소설에 대해 더 많이 알고 있다는 것을 이해할 수 있을 것이다. 왜냐하면 많은 아이들이 많은 내용을 추측하고 짐작할 것이기 때문이다. 이런 시험은 우리가 좋아하고, 생각하고, 이야기에 대한 더 나은 아이디어를 얻도록 만든다. 나는 그게 더 좋았다.

같은 반 학생인 벤(Ben)은 다음과 같이 말했다.

자, 우리는 등장인물들과 그들의 개인적인 방식, 왜 그들이 중요한지, 그들이 무엇을 했는지에 대해 설명해야만 했다. 한 번에 전체 스토리를 평가하는 것이 아니라 등장인물을 평가할 수 있어서 좋았다. 누가, 왜, 누구에게 무엇을 했는지에 대한 질문이나 단지 기억에 의한 암송과 같은 것 대신에, 이것은 실제로 우리가 생각해 볼 수 있게 했다. 두 번째 부분, 단답형 부분은 재미있었다. 네 문제 중 세 문제를 해결해야 했는데, 질문들은 단순 암송보다 조금 더 지적이었다. 서로 다른 등장인물의 관계에 대해 생각해야 했다… 그것은 내가 무의식적으로 알고 있는 것을 의식적으로 말하도록 해 주었다… 나는 등장인물에 대한 나의 의견 몇 가지를 바꾸었다.

인터뷰 후, 우리는 재니와 벤에게 인터뷰 내용을 그리어 교사에게 들려 주어도 되는지 물었고, 허락을 받았다. 학생들의 인터뷰 내용을 들은 그리어 교사는 다음과 같이 반응했다.

정말 재미있었습니다. 글쎄요, 제가 전에 했던 말들이 많이 바뀌지는 않았어요. 그렇지만 학생들이 새로운 시험에 잘 적응하고 있는 것에 놀랐어요. 학생들이 의식적으로 새로운 시험이라는 걸 알거나 암묵적으로 눈치챘거나 말이죠…. 학생들은 이것과 저것을 일치시키는 것과 같은 사소한 것들은 중요하게 여기지 않아요. 실제로 학생들은 사고를 요하는 시험을 높이 평가하네요. 학생들의 말을 들으면서, 저는 이것이 가야 할 길이라고 점점 더 확신하게 됩니다.

…하지만, 이러한 반응은 제 머리를 때리며 이렇게 말하는 것 같

아요. "왜 내가 4년 전에 이런 일을 하지 않았지?"라고 말이지요. 이것은 제 철학을 간단히 수정하면 되는 일처럼 보이기 때문이죠. 하지만 자기 철학을 바꾸는 것이 결코 간단하다고 생각하지는 않아요.

나는 가르침의 방식을 다시 생각하기 시작한 모든 교사들이 위의 마지막 말에 동의할 것이라고 생각한다.

제8장

시스템에서
뒤처진 학생을 위한
문학

학교생활에 어려움을 겪거나 때로는 학교에서 환영받지 못하는 등 위험에 처한 학생들은 어떠한가? 문학은 어떤 지점에서 그들의 경험과 어울릴까? 구상을 구축(envisionment-building)하는 수업은 그들의 삶을 어떻게 수업에 끌어들일 수 있을까?

나는 문학교육이 이러한 학생들이 직면한 문제를 다루는 데 중심적인 역할을 할 수 있다고 믿는다. 모든 학생은 교문을 들어서기 전부터 문학적 경험의 폭넓은 집합체(array)를 가지고 있고, 인간적 경험을 다루는 과목에 익숙하며, 그것을 조직하여 말하는 방법을 알고 있다. 모든 연령의 인간은 집이나 공동체, 그리고 예배당(places of worship)에서 듣거나 스스로 말한 개인적인 이야기를 통해 그러한 경험을 얻는다(가령 Scollon & Scollon, 1981; Witherell & Noddings, 1991; Wolf & Heath, 1993). 이러한 경험을 통해 학생들은 구상의 구축과 문학적 사고에 내재된 구조와 전략에 관한 풍부한 지식을 얻는다.

어린 시절부터 문학은 우리의 존재, 선택, 그리고 우리가 처한 인간적 조건을 반영하면서 타인과의 의사소통이나 학습을 위한 필수적인 매개체가 되어 왔다. 학교와 가정에서 사용하는 언어에 영향을 미치는 관습에는 차이가 있지만, 이러한 차이는 다른 교과목에 비해 문학에서 적게 나타난다. 학생들은 과학과 역사에서 우세하게 나타나는 설명 형식에 대해 잘 알고 있고 그것에 익숙하다. 그러나 학교에서 나타나는 이러한 형식은 집에서 사용되는 언어와 다른데, 집에서 사용되는 언어는 이야기 형식과 유사하다(Langer, 2010). 그래서 문학은 학교 교육에 대한 중요한 진입로 역할을 할 수 있다. 문학은 학생의 사고, 자존감, 사유 개발과 문식성 발달에 기여할 수 있다. 나는 앞 장에서 다룬 개념들이 도움을 필요로 하는 학생들을 지도하는 데 어떻게 도움이 될지에 대한 생각을 유발하기 위해 교실 활동 사례를 제시하고자 한다. 물론 이러한 사례가 어려움에 처한 학생의 전부를 포괄하는 것도, 구상을 구축하는 교실이 어려움에 처한 학생을 위한 만병통치약이 되는 것도 아니다. 그러나 구상 구축 교실은 논의를 시작하기 좋은 지점이다.

열람실

　열람실은 전형적인 교실이 아니라, 도서관 옆에 자리하며 넓고 빛이 잘 들고 둥근 공간을 말한다. 거기에는 책상 대신 큰 테이블이 있다. 파스텔톤의 벽지, 녹색 식물, 테이블 조명, 소파 등은 안락함을 더한다. 거대한 선반에 넘쳐나는 문고판 책은 방문객이 훑어보거나 제목을 고르기 위해 웅크려 앉도록 만든다. 열람실은 한 중학교에서 독서 보충 수업을 위해 만든 것이다. 여기서 학생들은 독서에서 겪는 어려움을 해결하기 위한 도움을 개별적으로 매일 받는다. 해당 프로그램에 참여시킬지 여부는 시험 성적(표준 성취 검사에서 독해 점수가 하위 35% 이하)과 교사의 추천에 따라 정해진다. 독서 교사 네 명이 한 팀을 꾸려 활동한다. 교사, 학교, 지역은 모두 학생들이 의미 있고 풍부한 학습 경험을 할 수 있게 하는 더 나은 방법을 지속적으로 탐색할 만큼 고도로 전문적이다. 가장 최근에 팀에 합류한 로렌 버플랭크(Loren Verplank)는 보조 교사로 일하면서 독서 전공 석사 학위 과정을 마쳤다. 그녀는 교정 읽기 단계의 학생을 위한 수업에 구상 구축 수업의 원리를 적용하고 싶어 했다. 텍스트 내용 이해에 초점을 맞춘 교사와 학생 간의 일대일 상호 작용 대신, 그녀는 학생들의 이해 성장에 초점을 맞춘 학생 간의 상호 작용 기회를 열람실에서 제공했다.

레오 톨스토이(Leo Tolstoy, c. 1866/1984)의 「왕과 그 셔츠(The King and the Shirt)」에 관한 토론을 살펴보자. 이야기는, 병에 걸렸지만 오로지 행복한 사람의 셔츠로만 치료되는 왕에 관한 것이다. 왕은 백방으로 행복한 사람을 찾아냈지만, 행복한 사람은 셔츠를 입지 않고 있었다.

이번 토론에 앞서 학생들은 질문과 이해한 것에 대해 함께 이야기를 나누고 읽은 것에 대한 생각과 질문을 담은 일지를 꾸준히 작성하면서 이야기와 시를 읽고 토론했다. 버플랭크 교사는 소집단원인 4명의 학생에게 집에서 이야기를 읽고 소집단 활동 다음날 질문을 써 오도록 했다(이것은 우리가 퍼스트 교사의 수업에서 본 절차와 유사하다). 버플랭크 교사가 큰 테이블 주변에 둘러앉은 학생들을 잠시 떠나자, 그들은 자발적으로 이야기에 관해 토론을 시작했다. 그녀가 돌아왔을 때, 학생들은 그녀에게 열람실에 있되 자신들이 스스로 토론할 수 있게 해 달라고 부탁했다.

안나가 토론의 장을 열었다. 그녀는 토론 초반에 교사 역할을 맡아 다른 학생들의 관심사를 활용한 개방형 질문(open-ended question)을 제시하였다. 안나의 이러한 방식에 주목해 보자. 호스는 즉각 반응했고, 다른 학생들도 거기에 참여했다.

> **안나:** "왕과 셔츠", 음, 나는 우리 모두가 질문을 적어야 한다고 생각해. 호스부터 시작할 거야. 질문이나 느낀 점이 뭐야?
>
> **호스:** 행복한 사람의 셔츠가 어떻게 왕을 치료할 수 있지?
>
> **안나:** 뭐라고?
>
> **제시카:** 셔츠가 어떻게······.
>
> **호스:** 행복한 사람의 셔츠가 어떻게 왕을 치료할 수 있지?
>
> **제시카:** 행복한 사람의 셔츠가 어떻게 왕을 치료할 수 있지?
>
> **안나:** 이런, 너 이야기는 읽은 거야?
>
> **호스:** 응.
>
> **안나:** 그 부분이 어디에 있는 거지?
>
> **신디:** [불분명] 현명한 사람이, 만약 네가 행복한 사람을 찾는다면 그에게 셔츠를 받아서 왕에게 가져다주어라, 그러면 왕이 나을 거라고 했어.

약간의 토론이 진행된 다음 신디는 안나에게 그녀의 질문이 무엇인지 물었다. 자신들의 관심사와 안나의 관심사를 연결하면서 가능성 탐색을 돕는 학생들의 상호 작용에 주목해 보자.

> **신디:** 넌 무얼 알게 됐어?
>
> **안나:** 왜 "왕과 그 셔츠"지? 셔츠와 병이 나은 왕에 대해 알고 있지만, 그래도 나는 이해하지 못하겠어, 음, 왜 그들은 좀 더 현실적인 걸 고르지 않았는지, 너희도 알다시피, 음, [불분명]

제시카: 알아. 나는, 저, 셔츠가 왕을 어떻게 치료할 수 있는지 모르겠어.

안나: 그건 단지 나의—말해봐, 신디.

신디: 나는 결말이 정말 바보 같다고 생각해, 왜냐하면 (텍스트를 읽는다) "사신들은 남자의 셔츠를 얻으려고 했지만, 행복한 사람은 너무 가난해서 그에게는 셔츠가 없었다." 이게 결말이야.

안나: 그는 [불분명] 행복한 사람이 셔츠를 왕에게 주자 왕은 행복해졌지.

신디: 그렇지만 행복한 사람에게는 셔츠가 없었어.

안나: 내 말은, 그가 왕에게 셔츠를 주었고, 그가 가지지 못한 것처럼, 행복한 사람은 왕에게 셔츠를 주었기 때문에 셔츠를 가지지 못했어, 그러니까 그건 셔츠와 관계있는 거고, 아마 셔츠는 마법 같은 걸 거야.

제시카: 그래 맞아, 그래서 나는 의문이 생기는데, 그러니까, 왜 그걸 "왕과 그 셔츠"라고 한 걸까? 발상이 같거나 관련된 우화가 있는 것 같은데, 나는 이 이야기가 지루했어. 왕이 치료되는 부분 같은 데 말이야.

안나: 나는 누군가가 왜 왕과 누군가의 행복한 셔츠에 관한 이야기를 쓰는 데 시간을 들였는지 모르겠어. [불분명]

학생들이 처음에 행복한 사람과 셔츠와 관련된 흔한 혼란에 관해 토론하고, 안나가 마법의 가능성에 대해 탐색한 점에 주목하라. 그러나 그녀의 말 때문에 토론은 멈추어졌다. 신디는 도움을 주기 위해 노력했다.

신디: 더 말할 사람 있어?

제시카: 나는 이 이야기를 좋아하지 않았어… 음, 그들은 진짜로 이야기하지 않는 것처럼 보여서 의미가 없는 것 같아. 그건 전적으로 치료받은 왕에 관한 거야, 그거에 의해…

몇몇 학생: 셔츠.

호스는 소집단이 탐구할 다른 관점을 끌어내어 토론을 촉진시켰다.

호스: 그럼, 치료받지 못했다면 왕에게 무슨 일이 일어났을까?

몇몇 학생: 그래.

제시카: 좋은 질문이야! 만약, 그러니까, 이야기를 쓴 작가, 만약 우리가 작가에게 써서 물을 수 있다면.

신디: 그는 여전히 살아있을까?

몇몇 학생: 아니, 그는 살아있지 않을 거야.

안나: 있잖아, 그러니까, 만약 우리가 작가에게 편지를 쓴다면, 우리는 그가 '예, 아니오'로 답할 수 있는 질문을 하면 안 돼, 왜냐하면 이러한 문제에 '예, 아니오'로 답할 수는 없으니까.

제시카: 나는 질문에 진짜로 답하지 않는다는 걸 알아. 다른 생각은?

안나: 내 의견은, 더 많은 의견이 있다고 생각하지 않아.

교착상태에 빠진 것처럼 보였기 때문에, 제시카는 아이디어를 얻기 위해 이야기를 소리 내어 읽을 것을 제안하였다. 학생들은 소리

내어 읽기를 그들의 구상을 진전시킬 계기로 보는 것 같았다. 제시카가 자신의 생각을 말하기 위해 읽기를 중단하는 부분에 주목해 보자.

하루는 왕이 병에 걸렸습니다. "나를 낫게 해 주는 사람에게 내 왕국의 절반을 주겠노라." 그가 말했습니다. 그러나 아무도 그 방법을 알지 못했습니다. 오로지 현명한 사람만이 왕의 병을 낫게 할 방법이 무엇이라고 생각하는지 말했습니다. "만약 행복한 사람을 찾게 된다면, 그의 셔츠를 얻어다 왕에게 주시오. 그러면 왕은 나을 것이오." [나는, 있잖아, 왕이 곤란에 처했고, 음, 그가 행복한 사람의 셔츠를 얻게 되면 더 행복해질 거라고 생각해.]**20** 왕은 행복한 사람을 찾기 위해 사신을 보냈습니다. 그들은 온 왕국에 걸쳐 멀리까지 찾아 나섰지만, 행복한 사람을 찾을 수 없었습니다. 완전히 충족되는 사람이 없었던 것입니다. 부자는 병들었고, 건강한 사람은 가난했으며, 부유하고 건강한 사람은 악처(bad wife)를 두었거나…

안나가 이어 읽어 나갔다.

나쁜 아이들을 두었습니다. 모든 사람에게 불평할 거리가 있었습니다. 마침내, 어느 늦은 밤, 왕의 아들은 작고 가난해 보이는 오두막 옆을 지나가다가 이런 소리를 들었습니다. "이제 신을 찬양합시다. 나는 일을 끝마쳤고, 배불리 먹었으며, 누워서 잠을 청할 수 있습니다. 무얼 더 바라겠습니까?" 왕의 아들은 크게 기뻐하며, 그 사

---

20 역자주: 해당 부분에서 대괄호([ ])로 처리된 부분은 제시카가 작품을 읽는 과정에서 떠오른 자신의 생각을 구술로 덧붙인 것이다.

람의 셔츠를 얻어 왕에게 가져오고, 그 사람에게는 그가 원하는 만큼의 돈을 주라고 명령했습니다. 그의 사신은 그 사람의 셔츠를 벗기러 갔지만, 행복한 사람은 너무 가난해서…

몇몇 아이는 킥킥 웃으며 끼어들어 문장을 완성했고, 대화가 이어졌다.

몇몇 아이들: 셔츠가 없었습니다.

호스: 그는 정말로 그가 원하는 만큼의 큰돈을 [불분명] … 그는 단지 신에게 기도를 했고, 모든 갑작스러운 [불분명] 그의 행복이야.

신디: 그렇지만 그 사람에게는 벗어 줄 셔츠가 없었어.

안나: 그게 나의 다른 질문이야. 왜 그 사람에게 셔츠가 없는 것으로 설정했을까?

신디: 그가 가난하기 때문이지.

안나: 하지만, 내가 말하는 건, 그들이 다른 셔츠를 찾지 못하고 그 사람에게 갔을 때, 그에게도 셔츠가 없었는데 왜 그에게 갔던 거냐고?

제시카: 왜냐하면 (한숨을 쉬며)…

안나: 내 말 알아들었어? 음, 그들은 찾기 위해 노력했어야 해.

제시카: 그 사람이 바로 그들이 찾을 수 있었던 유일한 사람이야.

신디: 그가 바로 행복한 사람이지.

학생들은 주인 의식을 가지고 토론을 시작하여 이해를 발전시키기 위해 서로 도움을 주고 구상을 구축해 가며 모임을 마무리하였다. 보충 수업을 받는 독자 소집단은 고도의 문식 활동에 참여하였다. 문장 속으로 들어가 가능성의 지평을 탐색하였고, 이해를 진척시키기 위한 아이디어 탐색을 위해 텍스트뿐만 아니라 사회적 상호작용 맥락을 사용한 것이다. 바로 '그(the)' 의미를 텍스트에서 찾으라고 지도 받는 독서 부진(poor) 학생들과 달리, 이들은 목적 달성을 위해 텍스트를 사용할 줄 안다. 아이디어를 촉발시켜, 질문에 답하고, 그들의 상상을 발전시키는 것이다.

학생들은 토론을 통해 구상을 구축하는 수업(envisionment-building classroom)(6장에서 설명한)에 내재된 원리에 충실하였고, 서로를 생각하는 사람으로 대했다. 또 모임을 아이디어를 탐색하고 이해를 발전시키는 시간으로 여겼다. 그들은 문학적 의사소통에서 공동의 의미 탐구에 참여하면서 아이디어를 잘 듣고 공유할 필요가 있음을 알고 있다. 후에, 토론을 하는 동안 무엇을 해야 하는지 어떻게 알았냐고 질문을 받자 안나는 "우리는 버플랭크 선생님과 이걸 해 왔어요."라고 말하여, 그들이 열람실에서 취해야 할 사회적 역할을 내면화했음을 보여 주었다.

버플랭크 교사와 함께한 작업에서 학생들은 분명 '옳은 답(right answer)'에 수렴되는 이해를 갖추지는 않았지만, 교사는 아이디어를 가지고 그들을 이해시키고자 노력했다. 학년이 끝났을 때 학생들은 사고를 다루는 것과 관련된 좋은 경험을 했지만, 그것은 그들의 필수적인 과제를 통해 이루어진 작업은 아니었다. 그들도 이를 잘 알고 있었다. 숙제로 부과된 일지 쓰기에서 제시카는 "나는 그 이야기가 약간 좋다고 생각한다, 왜냐하면 우리는 그것에 관해 토론했고 나는 어느 정도 그것에 관해 더 이해하기 시작했는데, 그것은 뭐랄까 …
나는 다른 사람의 생각 듣기를 좋아하기 때문에 우리 모두는 이야기
에 관해 토론을 했고, 나는 그러한 작업이 좋았다."

토론은 5월에 진행되었다. 교정적 독자를 가르치기 위한 아이디어
에서처럼 구상의 구축을 강조하기 시작하면서 수업을 진행하는 전형
적인 방식(teaching routines)뿐만 아니라 '앎'에 관한 버플랭크 교사
의 신념은 상당히 바뀌었다. 우리는 학생들의 상호작용에 그녀가 창
안한 협력적인 사회적 맥락이 반영되었음을 볼 수 있는데, 이 사회적
맥락은 학생들의 사고를 안내하고 호기심을 자극하여 학생들의 이해
를 돕기 위한 단서를 활용하게 만드는 것이다. 1년이 지난 시점에서
버플랭크 교사는 자신의 경험을 이렇게 묘사했다.

> 놀라운 한 해였어요. … 저는 이제 가르치는 것에 대해 다른 방
> 식으로 생각하고 있어요. … 저는 늘 찾으려 했지만 옳은 답(right
> answer)이란 없었어요. … 저는 아이들이 생각하고 … 계속해서 질
> 문하기를 바랍니다. … 우리는 교정적 독자에 대해서는 기대를 낮
> 추는 경향이 있어요 … 학생들이 의미를 확장시키는 것은 부가적인
> 성과로 보이지요. 저는 그들이 의견을 더 많이 제시하게 만들려고
> 노력했어요.

9학년 국어 교실: 특수 교육 대상 학생들

이제 9학년 국어 교실로 눈을 돌려 보자. 그곳은 작은 학급(9월에 9명의 학생이 있었지만 5월경에는 겨우 6명으로 줄어듦)이고, 모든 학생은 특수 교육 대상자로 확인되었다. 일부 학생은 특수 학급에 속해 있고, 나머지 학생은 전문가의 추가적인 도움을 받으며 일반 학급에 통합되어 있다. 한 학생은 근육위축증으로 인해 휠체어에 의존하고 있다. 두 명은 잠정적으로 주의력 결핍 장애 진단을 받았다. 또 다른 학생은 행동과잉 판정을 받고 리탈린(Ritalin)을 복용한다. 모두가 이번 국어 수업에 더하여 독서 보충 수업을 받기로 계획되어 있다. 작은 집단이지만, 그들은 비는 시간을 활용해 20~30명을 수용할 수 있는 정규 교실에서 만났다. 그들의 책상은 보통 원형으로 정리되어 있다. 제인 로빈스 교사는 수업 시간 동안 학생용 책상 하나를 사용한다.

로빈스 교사는 국어 교과 부장이며 경험 많은 교사이다. 부장으로서 그녀는 그녀가 가르칠 학급을 고를 수 있었지만, 로빈스 교사는 문학적 경험이 장려되는 환경에서 "만약 교사가 반복 숙달 접근(skill and drill approach)을 넘어선다면 학생들에게 어떤 일이 벌어질지 보고 싶은 욕구"가 있다고 말한다. 그녀는 풍부한 문학적 경험에 빠져들 능력이 학생들에게 있다고 믿는다.

로빈스 교사는 이 수업에서 "신뢰, 타인이 아니라 우리 자신, 그리고 우리의 생각으로 이루어진 공동체를 만들기"위해 노력했다. 그녀는 또한 그녀의 새로운 시도—학생들이 더 적극적으로 사고할 수 있도록 돕는 데 필요한 것을 지원하고 독려하기 위한 그녀 고유의 방식을 만드는 것—를 발전시키고자 노력했다. 그녀의 학생들은 베버리 나이두(Beverley Naidoo, 1986)가 지은 『요하네스버그 여행(Journey to Jo'burg)』을 읽는다. 작품은 9살과 13살 난 여동생과 오빠에 관한 이야기다. 이들은 여전히 인종차별이 행해지는 시절, 남아프리카공화국의 시골에서 자랐다. 유모가 병에 걸리자 그들은 입주 가사도우미로 일하는 엄마를 찾아 요하네스버그까지 290마일을 걸어가기 시작했다. 이야기는 길을 찾아가는 중에 아이들이 맞닥뜨리는 위험과 수모, 그리고 엄마의 걱정하는 마음에 관한 것이다.

로빈스 교사는 학생들이 이야기 속으로 빠져들게 하기 위해 마련한 일련의 개방형 질문을 던지는 것으로 수업을 시작하였다. 예를 들어, 그녀는 학생들에게 "만약 너희들이 날레디(Naledi)나 티로(Tiro)인데, 버스 기사가 너희에게 그렇게 소리친다면 어떤 기분이 들 것 같아?"라고 묻는다. 일지에 쓴 학생들의 대답은 다음과 같다.

아니다, 나는 멍청하지 않다. 누가 내게 멍청하다고 말할까? 등. (로저)

나는 저 사람에게 그들은 멍청하지 않다고 말하고 싶다. 아무도 나에게 소리치지 못한다. 왜냐하면 나는 인종 분리에 관해 아무것도 모르고, 이곳에 살지 않기 때문이다. 그러니까 나에게 그렇게 말하는 당신이야말로 틀림없이 멍청한 사람일 것이다. (케이트)

만약 내가 어린이라면, 나는 아마도 버스 기사에게 뭐라고 말했

을 것이다. 하지만 어린이들은 아마 기분이 나빴을 것이다. (보니)

나는 백인이 흑인을 못살게 굴었다고 생각한다. 나는 그들이 사는 곳이 좋은 곳이라고 생각하지 않는다. 왜냐하면 백인들이 흑인을 괴롭히기 때문이다. 슬프고 화가 난다. 버스 기사에게 입을 다물라고 말하고 싶다. 나는 백인과 다르지 않다고도 말하고 싶다. (폴)

로빈스 교사는 이러한 반응을 수업에서 진행할 토론의 기초 자료로 사용한다. 폴은 먼저 그가 쓴 것을 수정하지 않은 채 공유했고, 케이트가 그것을 집어 들었다.

케이트: 저건 정확하게 진실이야. 단지 네가 유색인이라는 것, 너의 피부가 다른 색깔이라는 것이, 너의 내면도 다르다는 걸 의미하지는 않아. 백인이 그들을 검둥이(niggers), 스픽(spic)[21]이라고 부른다면 나는 몹시 화가 날 거야.

로빈스 교사: 에반?

에반: 저는 매우 화가 나요. 그건 공정하지 않아요.

로빈스 교사: 브랜디, 어떻게 생각하니?

브랜디: 아이들은 기분이 나빴을 거예요. 걔들은 그게 자기 잘못이라고 생각할 것 같아요.

케이트: 맞아. 아이들은 아마도 그게 자기들 실수라고 생각했을 거야.

로저: 나는 "나는 울었을 거라고 생각합니다. 나는 혼란스러울 거라

---

21 역자주: (美) 금기어, 속어. 스페인어를 쓰는 놈. 남미 스페인어권 출신 미국인을 가리키는 대단히 모욕적인 말.

고 생각하고, 왜 이렇게 차별을 하는지 이해할 수 없습니다. 저도 다른 사람들만큼 착하지 않나요? 이건 험악한 세상입니다. 나는 도망치기만을 바랍니다."라고 썼어.

이것은 늘 단어나 문자 그대로의 뜻에 관해서만 질문받았던 학생들로부터 나온 풍성하고 도전적인 반응이다. 학생들은 교실 토론에서 중요한 것에 대해 학습했고, 그것은 로빈스 교사가 지원하고자 노력했던 내용이다. 그들은 중요한 문제에 관해 생각하기 시작했고, 이러한 중요한 문제에 대해 의사소통하는 방법을 배웠다.

다음의 발췌문은 이후의 수업에서 뽑은 것인데, 당시 학생들은 두 아이와 엄마가 결국 오랜 이별 끝에 어떻게 만나게 되었는가에 관해 토론했다. 학생들은 가능성을 탐색하기 위해 협력하면서 구상을 구축하였다.

브랜디: 그녀는 하녀야?

에반: 응, 맞아.

케이트: 그녀는 하녀 같은 옷을 입었어, 정말로 노예 같은.

폴: 아이들은 왜 그들의 엄마랑 같이 지낼 수 없지?

케이트: 아마도 그들[고용인]은 편견을 가진 것 같아.

폴: 하지만 왜 그녀도 아이들을 거기 머물게 하지 않는 거지? 그녀가 아이들을 돌보는 동안 그들을 지켜볼 수 있잖아.

로저: 그녀를 산만하게 하기 때문이야.

폴: 그렇지만 아이들은 그녀의 일을 도울 수 있어.

해당 학년 수업 내내 로빈스 교사는 학생들이 제기한 비판적 문제에 관해 학생 스스로 더 깊이 생각하도록 돕고자 노력했다. 그녀는 의사 결정을 위한 선택지(decision-making option)—읽기 전 쉽게 접근할 수 있게 하기, 최초의 이해하기 단계로 초대하기, 해석 발전시키기, 비평적 입장 취하기, 배움 상황 점검하기—가 도움이 되는 수업의 틀(framework)(7장 참고)을 발견한다. 그녀는 다음과 같이 말한다.

내 생각보다 학생들이 제기한 논점을 따른다면 나는 현재 일어나는 일을 훨씬 더 잘 이해하면서 학생들이 생각할 수 있게 만들 수 있다고 생각합니다. 학생들이 생각할 수 있게 허락하는 게 아니라, 학생들이 생각할 수 있게 만들 수 있다는 말입니다.

노벨 중학교: 도시의 가난한 지역

샌디 바노 교사는 주(州) 단위 시험을 통과하지 못해 학년을 이수하지 못하는 상급 학년 학생이 20%에 이르는 도시 지역 학교에서 근무한다. 대략 40%의 학생이 결국은 졸업하지 못한다. 약 3분의 1가량의 학생은 연방 정부가 정한 빈곤 기준선 이하의 가정 출신이다. 54%가량의 학생이 백인이고, 42%가량은 아프리카계 미국인이다. 학교에는 소수의 아시아 및 히스패닉계 학생이 있는데, 인도·아프가니스탄·파키스탄 출신 학생들의 수가 점차 늘고 있다. (바노 교사의 8

학년 학급에는 20%가 백인이고 80%가 아프리카계 미국인인데, 이들은 모두 '평균 이하'의 독자이다.) 이 지역은 학생들의 학업 수행 능력을 향상시키기 위해 마그넷 스쿨(magnet school)[22]과 학교 단위 책임 경영제(School Based Management)를 도입하는 과정에 있지만, 교사의 혁신을 위한 지역 사회의 지원은 거의 없다.

바노 교사 학급의 책상은 교실 앞으로 향해 줄을 맞추어 배열되어 있다. 닥치는 대로 쌓인 책과 종이가 주는 즐거운 어수선함이 있지만, 벽과 선반은 비교적 황량하다. 바노 교사는 학생들이 구상 구축의 관점에서 문학을 읽고 문학에 관해 생각하기를 바란다. "나는 나의 문학 수업을 당연하게 생각하고, '오래된 길'이 '유일한 길'이라고 생각한다." 그녀는 학생들이 토론에 활발하게 참여할 수 있도록 노력한다. "모든 사람들의 의견이 중요합니다." 학생들은 반응 일지를 계속 쓰면서 소집단은 물론 전체 학습 토론을 한다.

바노 교사의 반에 속한 평균 이하 독자들이 조안 에이킨(Joan Aiken)의 「흔들리는 당나귀(The Rocking Donkey)」(1959/1988)를 읽고 토론하는 모습을 보자. 작품은 부자와 사악한 계모, 매우 외로운 소녀, 그리고 마법에 관한 이야기이다. 수업 첫날, 학생들은 작품을 소리 내어 읽고 나서 소집단으로 모여 나중에 토론할 질문을 만들었다.

---

[22] 역자주: 다양한 사회·경제적 배경, 인종, 학업 성취도를 가진 아이들을 위한 학교 단위의 맞춤형 교육과정을 운영하는 미국의 학교 제도. 국가 수준의 요구를 준수하되 다양성, 혁신 커리큘럼 및 전문성 개발, 학업 우수성, 리더십, 가족 및 지역사회 협력을 기본 원칙으로 학교별로 혁신적인 교육과정을 운영한다. '자석'이라는 명칭은 1970년대 텍사스 주의 한 고등학교가 진로 교육에 집중한 교육과정을 운영하여 도시 전역의 다양한 학생들을 '자석처럼' 끌어들인 데에서 유래하였다(미국 마그넷 스쿨 공식 홈페이지(https://magnet.edu/about/what-are-magnet-schools#1499668004783-31842681-3d5d)(2022년 3월 1일 검색)).

그리고 질문에 관해 토론하고 작품에 제기된 가능성을 탐색하였다. 바노 교사는 '읽기 전 쉽게 접근할 수 있게 하기'의 방법으로 이야기를 소개하였다.

> **바노 교사:** 우리는 「흔들리는 당나귀」라는 제목의 이야기를 읽을 거예요. 음, 저는 … 만약에 『밤비(Bambi)』를 보고 울었던 학생이라면 이 이야기를 좋아할 거예요. 이건 매우 매우 슬픈 이야기예요. (학생들이 낄낄 웃음) 저는 이 이야기를 읽을 때면 언제나 울고 싶어요. 아마 여러분은 저보다 더 강하겠지만, 저는 울고 싶더라고요.
> **론:** 읽을래요.
> **바노 교사:** 좋아요. 원한다면 누구든 읽을 수 있어요.

학생들이 학급 전체로 질문에 대해 토론할 때, 바노 교사는 내일 사용할 질문을 칠판에 적어 두었다. 두 번째 날 만났을 때, 그녀는 학생들이 이전에 토론한 내용을 즉각적으로 상기시키며 그들의 생각을 계속 발전시키도록 했다.

> **바노 교사:** 어제 교실에서 무슨 이야기를 했는지 떠올리기 위해 선생님이 질문들을 오늘 아침에 몽땅 칠판에 적었어요, 그리고 몇몇 대답들까지도 적었어요[학생들이 토론했던 내용들]. 네샤는 아빠가 살아있는 동안 계모가 에스메랄다를 어떻게 대했는지 알고 싶어 해요. … 우리는 어제 많은 것들에 초점을 맞추지는 않았어요. 조금 더 이야기할 사람 있어요?
> **많은 학생들:** (한꺼번에 대답) 네.

코코: 아빠는 계모가 의붓딸을 나쁘게 대했을 때 아마도 화가 났을 거예요. 아마 이혼하고 싶었을 걸요.

네샤: 아마 계모와 이혼하고 싶었을 거예요.

바노 교사: 좋아요. 그럼 왜 변했지요?

네샤: 아마도 에스메랄다가 계모를 그리워했기 때문이겠지요. 계모는 에스메랄다를 더 잘 대해 주었어야 해요. 왜냐하면, 그러니까, 에스메랄다는 아빠의 일부이기 때문이에요. 그리고 계모는 아빠와 결혼을 했고, 그러니까 에스메랄다에게 더 잘해 주었어야 해요.

바노 교사: 좋아요. 다른 사람은?

학생들이 다른 주제에 대해 말하지 못할 때 바노 교사는 다른 질문으로 넘어갔지만 언제나 이전 주제로 돌아가 주제끼리 연결할 여지를 남겨 두었다.

바노 교사: 좋아요, 그다음에, 아이리스는 미칭 부인이 자신은 부자인 척하면서 에스메랄다를 가난한 사람처럼 대한 이유가 무엇인지 궁금하다고 말했어요.

네샤: 계모는 아마도 부끄러움이 없었을 거예요, 그러니까 에스메랄다가 갈색 드레스를 입고 거기 갔을 때 그녀는, 음, 조금 더러웠어요. "내 이미지를 망치려고." 계모는 어린 소녀보다 자기를 더 생각했어요.

바노 교사: 좋은 지적이에요. 좋습니다, 그래서 우리는 (칠판에 쓴다) …

코코: 그리고 나서, 바로 거기에서 모든 것이 드레스로 돌아갑니다, 왜냐하면 계모가 에스메랄다에게 부끄러움을 느꼈기 때문이지요,

그쵸? 에스메랄다에게는 외출할 때 입을 옷이 겨우 한 벌 밖에 없었으니까요. 그래서 그녀는 늘 갈색 드레스를 입어요.

학생들은 이 주제에 대해 조금 길게 토론하였고, 바노 교사는 토론하고 생각하는 방법을 지도하면서 다른 학생들을 대화에 끌어들이기 시작했다.

> **바노 교사:** 좋아요. 자, (칠판을 보면서) 라니타는 계모가 아마 의붓딸을 원치 않고 단지 아빠만을 원했을 거라고 말했습니다. 동의나 반대 의견을 낼 사람 있나요?
>
> **콘래드:** 저는 그렇게 생각하지 않아요.
>
> **바노 교사:** 그렇군요, 왜 그렇지요?
>
> **콘래드:** 왜냐하면 계모는 에스메랄다를 올바르게 대하지 않았기 때문입니다. 그녀는 [불분명].
>
> **코노:** 계모는 에스메랄다를 부끄러워했어요.
>
> **바노 교사:** 그래요, 론은?
>
> **론:** 뭐가요?
>
> **바노 교사:** 어떻게 생각하냐고. … 관점을 골라보세요.
>
> **론:** 생각 중이에요.
>
> **바노 교사:** 알겠습니다. 뭔가 생각나면 알려 주세요. 그러면 아이리스.

학생들이 이미 토론한 아이디어를 다시 활용할 때, 바노 교사는 이야기의 한 부분을 다시 읽어 주면서 이야기의 결말과 학생들이 이제까지 나눈 이야기 간의 차이를 생각해 보라고 제안했다. 이는 학생들에게 고려할 만한 새로운 가능성을 제공해 주었다. "기억하세요, 그 건 단지 우리가 생각할 수 있는 가능성입니다." (바노 교사는 학생들의 말을 계속해서 칠판에 쓰고 있다.) 그녀는 학생들이 이미 제기한 주제를 바탕으로, 그들이 고려할 만한 개방형 질문으로 생각하는 방법을 제 시했다.

바노 교사: (학생들이 이제까지 말한 것을 읽으며) "에스메랄다는 몰래 집을 빠져나갈 수 있었어. 그녀는 당나귀를 탈 수 있었어." 그렇 다면, 당나귀를 타고 사라져 다시는 나타나지 않는 것은 어때요?

코노: 음, 그녀는 다시는 나타나지 않을 수 있어요.

바노 교사: (적으며) 그녀는 다시는 나타나지 않을 수 있다.

네샤: 그녀는 달아날 수 있어요.

바노 교사: 그래요.

코노: 음, 둘 다 그럴 수 있는데, 그녀는 말을 타고, 아 당나귀요.

바노 교사: 알겠어요. 그러면, 실제로 무슨 일이 일어났다고 생각하 나요? "다시는 나타나지 않았다."라고 말할 때.

레니: 그녀는 떠났죠. 달아났어요.

바노 교사: 그녀는 떠났다, 달아났다. 당나귀와 함께 달아났다. 좋습 니다. (몇몇 학생이 웅얼거림)

바노 교사: (적으며) 달아났다. 그녀가 달아났다는 사실을 보여 주는 증거가 이야기에 있나요?

코노: 네, 계모가 에스메랄다를 다루는 방식이요. 에스메랄다에게 는 옷도 없고 친구도 없어요.

레니: 장난감도 없어요.

학생들은 에스메랄다가 도망치고 싶어 하는 많은 이유를 제시하였다. 대안을 탐색하고 증거를 찾으면서 토론은 이런 식으로 길게 이어졌다. 바노 교사는 나중에 이를 다시 다루기 위해 학생들의 제안을 칠판에 적었다. 모든 학생이 에스메랄다에게 집을 떠날 좋은 이유가 있다는 데 동의했다(친구를 찾기 위해, 계모의 나쁜 양육에서 벗어나기 위해, 행복을 찾기 위해). 그리고 나서 바노 교사는 에스메랄다가 도망치는 것 대신 무엇을 할 수 있을지 물었다(학생들의 지식을 활용한 질문). 이 질문에 대한 답이 진행되는 동안 얼마나 많은 학생이 토론에 참여하는지 보라.

라니타: 그녀는 자살할 수 있어요, 그녀는…

네샤: 있잖아, 누군가가 옆집으로 이사를 올 수도 있어.

바노 교사: 자살과 동시에 일어날 수 있다는 말인가요?

코노: 아니요, 그녀는 달아나지 않고 거기 머물면서 행복을 찾기 위해 노력할 수 있어요.

피에르: 그녀는 창문을 뛰어넘을 수 있어요.

바노 교사: 좋습니다. 여러분, 피에르, 여러분의 생각을 계속 붙잡고 있어야 해요, 왜냐하면 다른 주제로 넘어가기 전에 이것에 대해 조금 더 이야기하고 싶어서요. 여러분. 자살은 어때요? 똑같은 방식으로 토론해 봅시다. 우리는 대우 때문에 그녀가 달아날 가능성이 있다고 말했어요. 그녀가 자살할 가능성이나 자살할 것이라고 말하는 증거가 이야기 속에 있나요?

라니타: 아니요, 없어요.

피에르: 저는 그녀가 창문으로 나가떨어졌거나 했을 수 있다고 말했

어요.

레리: 만약 그녀가 떨어진다면 당나귀가 그녀를 구해줄 거라고 생각
하지는 않아?

피에르: 그렇지만 그건 죽은 거야, 살아있는 게 아니라.

미미: 왜냐하면 그녀는 이걸 상상했거든.

바노 교사: 그녀가 상상해서 정말로 그렇게 된 건가요, 아니면 그녀
가 그렇게 될 거라고 상상한 건가요?

미미: 아마도 꿈을 꾼 걸 거예요. 맞아요. 그녀는 말에 올라 창문을
빠져나가서 창가 선반에 앉았다가 뛰어내렸어요. (많은 학생이 한
꺼번에 말한다)

바노 교사: 여러분, 잠시만요. 피에르는 이 모든 게 한 가지 결론으
로 이끌었다고 생각한다 말했어요. 그게 뭐였어요?

미미: 그건 우리가 이미 말했어요.

남학생들: 그녀는 죽었어요.

이러한 가능성에 대해 이야기를 나누고 텍스트에서뿐만 아니라 그
들이 발휘할 수 있고 다른 사람과 나눈 논쟁에서 증거를 찾으며 토론
이 계속되었다. 선다형 표준화 읽기 검사에서 6~46분위 점수를 기록
한 학생들이 이런 토론을 하는 것을 보면, 이들은 고등한 문식성을 갖
추었다고 말할 수 있다. 연말 결산 노트에 바노 교사는 이렇게 썼다.

말하기 전에 문학에 대해 생각할 시간을 준다는 점에서 반응일지
는 교실 토론을 풍성하게 만들었다. … 학생들은 "제자리에 머물지"
않았다.

학생들의 짝 또는 소집단 활동에 관해 그녀는 이렇게 썼다.

> 그러고 나서 그때까지 우리는 전체 학급 토론을 하였고, 학생들은 자신의 삶에 가까운 주제를 편안하게 생각하며 자유롭게 토론에 임하였다. … 나는 학생들이 교사와 동료를 무척 신뢰하게 된 점에 놀랐다. … 학생들은 또한 내가 제공하지 않은 것도 배웠고, 필수적으로 알아야 할 "옳은" 대답도 학습했다. 교직을 시작할 당시 나는 수업에서 정적이 흐르면 불편해졌기 때문에 나의 질문에 학생들이 답을 하지 않는 상황이 힘들었다. 그러나 학생들이 스스로 역할을 해야 함을 알게 되면서 나는 정적이 흐르는 상황에 더 잘 적응하게 되었고, 그러한 상황도 더 적게 발생했다.

주니어 하이 306: 이중언어와 ESL 학급

주니어 하이 스쿨 306은 대도시 중심부의 극빈층 거주 구역에 있다. 그 지역 사람들은 늘 빈곤하다. 전 세계로부터 최근에 모여든 가난한 이민자들의 근거지이다. 안정적인 기반을 갖추게 된 사람들은 곧 다른 지역으로 옮겨가고 새로운 이민자가 빈자리를 채웠기 때문에 그 지역은 늘 과도기이다. 그곳에는 두 부류의 사람들이 있다. 가족과 조국을 사랑하면서 열심히 일하는 사람들, 반대로 마약과 폭력에 찌든 사람들. 칼로 싸우는 일이 흔해서 경비 요원이 학교 건물 문앞에 배치되어 있는데, 이들은 워키토키로 서로 연락을 취하면서 허가받지 않은 방문객을 내쫓고 학교 안에 있는 학생들을 보호한다. 경비 요원들이 늘 성공하는 것은 아니다. 최근 한 학생이 교실로 가는 복도에서 칼에 찔려 사망하였다.

통계가 고무적이지 않다. 이 학교에서 83%의 학생이 저소득층으로 분류된다. 약 50%가 시간제 근로자이다. 이 도시에서 학업 성취수준이 가장 낮은 학교이다.

제2 언어로서의 영어(ESL) 교사인 카를로타 드 비토(Carlotta De Vito), 이중언어 교사 허린다 수아레즈(Herlinda Suarez), 그리고 학생들과 함께 하기 위해 학교로 돌아와 정기적으로 일하는 전직 교사인 로사 라미레즈(Rosa Ramirez)는 학생들이 세련된 사고에 이르게 하거나, 영어가 제1 언어가 아니거나 미국에서 산 지 몇 달 또는 몇 년밖에 안 되는 학생들이 학문적 성공에 이르게 하는 통로로서 문학을 제공하는 방법에 관해 탐구해 왔다. 해당 학급의 모든 학생은 영어 구사 능력이 떨어지는 수준으로 분류되어서 언어와 문식성 특별 지원을 위한 이중언어 또는 ESL 과정을 선택해야 했다. 주류를 이루는 학생은 최근에 도미니카 공화국에서 온 이민자이다.

모든 문화에는 학생들이 인지하고 끌어올 수 있는 문학적 전통이 있다. 그것은 자기 자신이나 다른 사람의 경험 및 의사소통 방법을 이해하고 문식성을 형성하게 하는 힘이다. 이러한 지식을 쌓기 위해 학생들은 자신의 삶과 관련된 이야기를 만드는 데 참여했다. 그들은 이야기를 들은 대로 말하거나 좋아하는 대로 바꿀 수 있었다. 심지어 스스로 창작할 수도 있었다. 이러한 활동의 목표는 이중언어와 ESL 학생이 읽을 수 있는 영어 및 스페인어 이야기책을 출판하는 것이었다. 이것은 쉬운 일이 아니었기 때문에 학생들은 멈춤과 재개를 반복하면서 한 학년 내내 이 활동에 참여했다.

먼저, 학생들은 자신이 말하고자 하는 이야기에 포함시키기 위하여 가족, 친구, 이웃을 인터뷰했다. 그들은 소리 내어 이야기하기를 연습했는데, 이야기의 내용이 인터뷰 원본에 최대한 가깝도록 내용 구성에 주의했다. 학교에서 학생들은 다른 사람의 이야기를 듣고 비평하기 위해 소집단 활동을 하였다. 그들은 교사의 도움을 받아 내용(예를 들어, 알고 싶어 하는 모든 정보가 이야기에 포함되어 있는가? 더 명확하게 만들어야 할 무언가가 있는가?), 장르(예를 들어, 이것이 당신의 할머니[원래 버전 이야기를 들려준 분]가 이야기한 방식인가? 좀 더 이야기에 가깝게 만들려면 무엇을 바꾸어야 하는가?) 구조(예를 들어, 처음·중간·끝에서 바꾸어야 할 것이 있는가? 독자가 일련의 사고를 따라올 수 있겠는가?)의 다양한 측면에 초점을 맞추는 방법을 배웠다. 이야기를 녹음한 후에, 학생들은 선호하는 언어로 이야기를 썼고, 이것을 다시 "다듬어서(polished)" 각각을 스페인어와 영어 버전으로 번역했다.

학생들은 두 언어로 말하기, 쓰기, 그리고 읽기를 포함한 컬렉션을 만들면서 문장을 다듬었다. 교사는 이 과정에서 필요한 도움을 주었다. 학생들은 일 년 동안 가능성의 지평을 탐색하고 그들 고유의 이야기와 연결하면서 많은 이야기를 읽고 말했다. 드 비토 교사 학급 중 한 소집단에서 이루어진 협의를 간략하게 살펴보자. 르네는 이야기를 썼고 나머지는 피드백했다. 대부분의 학생처럼 그는 이야기를 스페인어로 썼고 대부분의 소집단 토론은 거의 스페인어로 진행되었지만, 예외적으로 영어로 전환되는 경우도 종종 있었다. 다음은 실제 토론을 번역한 것이다.

르네: 옛날에 나는 베네수엘라의 카라카스에서 4년 동안 살았어.
1989년이었어. 하루는 아버지가 엘 준키토(El Junquito)[아버지
가 일하시는 도시]에서, 거기서 일을 마치고 돌아오셨어. 아버
지가 도착하셔서는 내게 커피 한 잔을 달라고 부탁하셨어. 하지
만 어머니는 이상한 점을 발견하셨지. 왜냐하면 아버지는 늘 어
머니에게 인사를 했지만, 그때는 그렇지 않았거든. 아버지는 곧
장 침실로 가서 TV를 켜셨어. 그러고는 "놀라운 토요일(Sabado
Sensacional)[23]"을 보기 시작하셨지. (소니아와 클라라가 피식 웃음)

르네: 내가 커피를 가지고 갔을 때, 아버지는 화장실에 쓰러져 있었
고, 얼굴이 노랬어. 우리는 아버지가 돌아가셨다고 생각했어. 그
러나 우리는 아버지를 적십자(Red Cross)로 데려갔고, 그들은 아
버지의 폐 중 하나를 교체해야만 했지. 그들이 아버지를, 그들이
아버지를 롱가니자(Longaniza) 박사에게 보냈을 때 … 그는 아버
지가 우리에게 [불분명] 문제가 생길지도 모르는데, 만약 문제가
생긴다면 우리는 아버지를 병원으로 옮겨야 한다고 말했어. 계속,
거듭해서, 그들이 아버지를 보내려고 해서, 우리는, 우리는 아버
지를 집으로 모셔왔어. 그리고 그날 집에 도둑이 들었어. 아버지
는, 아버지는 주무시고 계셨고. 그렇지만 내가 도둑을 봤기 때문
에, 어머니는 아버지를 깨웠고 … 아버지는 매그넘(Magnum) 22
구경과 38구경을 가지고 계셨어. 하지만 아버지는 경찰이 사용하
는 지휘봉과 22구경을 집어 들었어. 아버지가 도둑을 잡았을 때,

---

23 역자주: 스페인어 인기 TV 쇼

아버지는 도둑에게 말했고, 도둑의 이마를 지휘봉으로 때렸어 …
그리고 나서 아버지는 도둑을 총으로 4발 쐈는데, 2발은 팔에 2발
은 다리에 맞았어. 그리고 아버지는 멈추지 않으면 쏘겠다고 말했
지. … 그리고 아버지가 도둑과 싸울 때, 나는 경찰, 소방관, 군인
에게 전화를 했어. 모든 일이 끝나고, 그들은 도둑을 병원으로 데
리고 갔어. 그러고는 감옥으로 보냈지. 그들이 아버지를 집으로
모셔왔고, 아침에 우리는 아버지와 병원에 갔었어. 왜냐하면 롱
가니자 박사가 2주 동안 아버지를 입원시키라고 했기 때문이야.
아버지가 퇴원하던 날, 그들은 아버지에게 당신의 폐는 중국 폐
(Chinese lung)라고 말했어. 아버지가 내게 가라테(karate)를 가르
쳐주신 날, 도둑이 들었는데, 우리가 한밤중에 잠자리에 들려던
때 도둑이 들었고, 아버지는 가라테로 도둑과 맞섰는데, 아버지가
싸우는 것을 보고 나는 경찰에 전화를 걸었어. 오직 아버지만 가
라테를 할 줄 알았기 때문에, 나는 걱정하지 않았지. 그리고 모두
가 정신을 차렸을 때 나는 그들에게 더 내기를 걸겠냐고 물었고,
모두 아버지가 지는 쪽에 베팅을 해서 아버지와 나는 많은 돈을
땄어. 아버지가 이겼기 때문이야. 아버지는 팔 하나, 다리 하나,
그리고 척추를 부러트렸어. (클라라와 소니아가 웃음을 터뜨림)

르네: 모든 일이 벌어진 후에, 경찰이 와서 둘을 감옥에 가두었지
만, 아버지는 2주 후에 풀려났어. 풀려났을 때 아버지는 성직자의
폐를 갖게 되었고, 일요일에 거리에 나가 노는 것 대신, 아버지는
교회에 나갔고, 적어도 폭력은 쓰지 않게 되었어. 그리고 이제 아
버지는 싸우지 않아. 바로 그거야.

라미레즈 교사: (피식 웃음) 좋아. (학생들을 보며) 어떻게 생각해? 르

네는 어떻게 생각해? 자, 여러분 모두 그걸 읽었는데요, 스토리에 대해서는 곰곰이 생각하지 않은 것 같아요. 어떻게 생각해, 르네?

르네: [불분명] 왜냐하면 저는 거기서 무슨 일이 일어났는지 모르겠어요.

라미레즈 교사: 르네가 말한 것에 대해 어떻게 생각하지? … 조금 뒤죽박죽인 것 같니?

클라라: 조금요.

르네: 시작 부분에서.

라미레즈 교사: 바로잡으려면 무엇이 필요할까?

르네: 아뇨, 무슨 일이 일어났는지에 대해 설명하지 않은 것 같아요. 까먹었어요. [지난 시간 학생들은 시작 부분에 더 많은 정보를 넣어야 한다고 조언하였다.] … 도둑이 들어왔다는 이야기를 넣어야 해요.

라미레즈 교사: 맞아.

르네: 오늘 밤에 들어오는 것으로 해야겠어요.

라미레즈 교사: 그렇지.

르네: 저는 그걸 안 했어요. 그걸 넣는 걸 깜빡했어요.

클라라: 조금씩 고칠 부분이 남아 있어.

라미레즈 교사: 자, 클라라의 이야기[그들이 조금 전까지 토론했던 이야기]에 관해 이야기했던 거야. 이야기를 개인적인 기록보다는 이야기답게 만들기 위해 필요하다고 그녀가 말한 거 기억하지?

클라라: 맞아, 르네 네가 아껴둔 표현을 쓸 필요가 있어.

르네: 싫어, 싫어, 나는 '꼼짝 마'를 넣을 거야.

클라라: 재밌네.

르네: 꼼짝 마, 안 그러면 쏠 거야.

클라라: 귀엽지? 약간…

소니아: 양념이 되지.

학생들은 르네에게 이야기가 뒤죽박죽인 것처럼 보인다고 제언했다. 이 토론에서 그들은 우선적으로 내용에 집중했다. 클라라는 르네가 무엇보다 "문제에" 그리고 일어난 일에 초점을 맞추어야 한다고 제안했다. 그들은 두 쪽의 폐에 관한 부분이 더 명확하게 만들어져야 하고 도둑에 관한 부분을 따라가기 어렵다고 지적했다. 또 르네가 이야기를 너무 길고 복잡하게 남겨 두었기 때문에, 도둑에 관한 부분을 잘라낼 것을 제안했다. 그들은 그가 넣은 유머가 마음에 든다고 말했다. 남은 시간 동안, 르네는 자신의 이야기를 몇 차례 새로 고쳐 썼고, 위와 같은 다른 모임에 참여하여 반 친구들의 도움을 받아 이야기를 직접 번역하고 다듬었다. 학년이 끝날 때쯤, 르네의 이야기는 다음과 같아졌다.

허파 씨(Mister Lung · Señor Pulmon)

4년 전인 1989년, 내가 베네수엘라 카라카스에 살았을 때, 우리 아버지는 준키토라는 곳에서 일을 했다. 어느 날, 아버지는 일을 마치고 돌아와 침실로 가서 내게 커피를 가져오라고 하셨다. 하지만 어머니는 뭔가 심상치 않은 일이 일어나고 있음을 직감했는데, 왜냐하면 아버지가 평소처럼 어머니를 안아주지 않았기 때문이다. 우리는 커피를 가져다드렸는데, 우리가 침실에 들어갔을 때 아버지는 화장실 바닥에 쓰러져 있었다. 우리는 적십자를 불렀다.

그들은 병원에서 아버지를 검사한 다음, 아버지에게 새 폐가 필요하다고 말했다. 롱가니자 박사는 수술실을 나와서, 상한 폐를 경찰(cop)의 폐로 바꾸었기 때문에 우리에게 문제가 생길 것이라고 말했다. 그러고 나서 우리는 아빠를 집으로 데려왔고, 밤이 늦었기 때문에 잠자리에 들었다. 그러나 그날 밤에 도둑이 집으로 침입했다. 나는 잠에서 깨어 도둑을 보았고, 아버지를 불러 이야기 했다. 아버지는 22구경과 38구경 매그넘, 야경봉(nightstick)으로 손을 뻗었다. 그리고서 야경봉을 집어서 도둑의 머리 가운데를 때렸다. 아버지는 도둑에게 "꼼짝 마, 안 그러면 쏠 거야."라고 말했다. 그런 다음 도둑에게 팔에 2발, 다리에 2발, 총 4발을 쏘았다. 아버지가 싸우고 있을 때 나는 경찰, 소방관, 군인에게 전화를 걸었고, 그들은 구급차를 불렀다. 경찰은 병원에 잠깐 들렀다가 도둑을 감옥에 보냈다. 그리

고 아침에 우리는 아버지를 병원으로 데려갔다. 왜냐하면 롱가
니자 박사가 만약 문제가 생길 경우 아버지를 병원에 다시 데
려오라고 했기 때문이다.

2주 후에 아버지를 퇴원시키면서 의사는 아버지가 중국 폐
를 가졌다고 말했다. 아버지가 내게 가라테를 가르쳐주던 날,
다른 도둑이 집에 들었다. 한밤중에 도둑은 창문을 넘었고, 아
버지가 그를 발견했다. 아버지는 도둑에게 가라테로 맞섰다.
고약한 냄새가 나는 도둑도 가라테를 알고 있었다! 그러나 나
는 걱정하지 않았다. 이웃들이 잠에서 깼고, 모두가 아버지가
지는 쪽에 내기를 걸었다. 그래서 나는 많은 돈을 따게 되었는
데, 아버지가 도둑을 물리쳤기 때문이었다. 아버지는 도둑의
팔, 다리, 그리고 목을 부러트렸다.

모든 일이 끝나고 나서 경찰이 도착해 아버지와 도둑을 체포
해 갔다. 그러나 아버지는 2주 뒤에 풀려났다. 아버지가 풀려
났을 때, 롱가니자 박사는 아버지의 폐를 한 번 더 바꾸어 주었
다. 이번에는 성직자의 폐로 바꾸어, 아버지는 길거리를 쏘다
니는 대신 일요일에 교회에 나갔다. 아버지는 더 이상 폭력을
쓰거나 싸우지 않았다.

한 해가 끝나갈 때쯤, 허린다 교사는 학생들과 존 스타인벡(John
Steinbeck)의 「비행(Flight)」을 읽었다. 「비행」은 토레스 가족 이야기인
데, 어머니와 12, 14, 19살 난 아이들은 캘리포니아 몬테레이의 바다
가 보이는 절벽에서 작은 농장을 가꾸며 살았다. 아버지는 몇 년 전

에 세상을 떠났고, 막내아들 페페(Pepe)는 가족을 책임지기 시작했다. 그러나 그가 마을로 심부름을 갔을 때, 싸움에 휘말렸고 살인을 저지르게 된다. 이야기는 싸움과 우발적인 죽음에 관한 것이다.

학교생활을 돌아보면서 수아레즈 교사는 8개월 전이라면 학생들이 작품을 거부하며 불평을 늘어놓았을 것이라고 말했다. "이야기가 너무 길어요." 그들은 아마도 징징거렸을 것이다. "진심이세요? 우리는 전혀 읽을 수 없어요." 수아레즈 교사는 이렇게 설명했다.

학생들은 자신에게 한 페이지 이상을 읽을 능력이 있다고 생각하지 않았다. 이제 그들은 "읽고 끝냅시다."라고 말한다. 그리고 학생들은 생각을 발전시켜 문학 작품에 대해 이전과 다른 방식으로 생각하여 말하는 방법을 안다.

일 년 동안 계속된 문학(그들과 다른 사람이 창작한) 탐구는 학생들이 스타인벡 소설에 진입해 작품을 그들의 것으로 만드는 길이 되었다.

구상 구축하기

이번 장에서 기술한 학교 교육의 경험에 구상을 구축하는 교실의 기저를 이루는 원리가 들어있다. 학생들은 그들이 읽고 쓴 작품을 이해할 수 있고 이해해야 할 것으로 여겼다. 질문하기는 이러한 교육 경험 중 일상적인 부분으로 간주되었다. 교실 협의는 아이디어가 발전되고, 협력적 지원이 제공되며, 다양한 관점이 제시될 것으로 기대되는 시간이다. 학생들은 문학적 사고에 참여하고 그들의 아이디어를 고유한 목적에 따라 추구한다.

이번 장에서 만난 학생들은 서로 다른 이유로 위기에 처해 있었고, 그들의 특수 학급에는 다양한 꼬리표가 붙어 있다. (아마도 특수 학급 배정 자체에 대해서는 다시 생각할 필요가 있지만, 그것은 많은 지역에서 벌어지는 현실이고, 내가 여기에서 강조하고 싶은 것은 모든 종류의 교실에서 기초가 되는 교육학 이론이다.) 그러나 구상을 구축하는 교실에서, 모든 학생은 학교 밖 맥락에서 능숙한 언어와 문식성 학습자처럼 행동하고, 또 "학교 문식성(schooled literacy)"으로 구성된 전략 사용법을 배운다. 그들은 종종 학업 성취를 통해 형성되는 문식적 사고 전략을 배운다.

로렌 버플랭크 교사의 읽기 교실 학생들은 바바라 퍼스트 교사의 국어 수업에 참여하였다(6장을 볼 것). 이 국어 수업에서 어느 학생이 열람실을 예약했는지를 확인하기는 거의 불가능했다. 학생들은 서로 도왔고, 도움을 받았다. 그들은 질문을 던졌고 때때로 어떤 것은 이해하지 못했다. 또 아이디어를 모으고 그들의 구상을 발전시키기 위해 교실의 사회적 맥락을 활용했다.

몇몇 학생은 특히 학년이 시작될 때나 특정 작품에 대해 토론할 때 조용했다. 이때 학생들은 내용과 표현을 듣고 문학 토론에서 나타나는 사고방식에 주의를 기울이면서 아이디어를 생성했다. 그리고 준비가 되었을 때, 학생들은 자신이 생각한 방식대로 토론에 참여했다. 그들의 기여는 진행되는 생각의 흐름을 형성하며 소집단의 탐구와 개인적 해석 발전으로 구체화되었다.

내 생각에, 이는 얼마 동안 구상 구축 교실에 참여한 뒤에 '교정적' 독자를 가려내기 힘든 이유다. 이러한 교실에서 학생들은 그들의 앎이 인정받는 맥락에서 언어와 문식성 전략 그리고 자신만의 사고방식을 사용하도록 요청받는다.

ENVISIONING LITERATURE

제 **9** 장

문학적 개념과
어휘 학습

이제까지 논의한 것을 보면, 마치 내가 문학적 이해를 뚜렷한 초점 없이 생각하는 방식으로 다루는 것처럼 보인다. 나는 지적 사고를 위한 문학적 경험의 역할을 강조하고자 하지만, 사고는 고립된 채 나타나는 것이 아니다. 무엇을 왜 읽는지의 문제는 문학교육에서 중요한 관심사가 되어 왔다. 이번 장에서 나는 학생이 중심이 되는 교육의 관점을 받아들이는 과정에서 교사가 제기하는 주된 우려를 다루어 보려고 한다. 학생들은 문학적 텍스트에 포함된 전문적 개념과 어휘(문학적 요소나 구조 같은 것)를 어떻게 배우게 될까?

구상 구축이 일어나는 교실에서의 문학적 지식

국어 수업에 구상 구축의 관점으로 접근하는 것에 관해 교사와 이야기를 나눌 때마다, 그들은 늘 전통적 지식의 자리에 관해 물었다. 학생의 사고로 초점을 돌렸을 때 제기되는 염려는 바로 '지식'(문학적 개념과 어휘)이라 불리는 것이 없어진다는 것이다. 그러나 나는 이러한 일이 벌어지지 않는다고 본다. 앞 장에서 소개한 교실 상황에서, 학생들이 문학에 관해 생각하고 이야기를 나눌 때 문학적 지식은 활용되고 학습된다. 이러한 점은 학생들이 읽은 것에 관해 이야기를 나누기 위해 사용하는 언어와 개념에 명백하게 나타난다. 차이가 있다면, 전통적 교육과정에서 그러한 지식은 고립되어 있고 미리 결정되어 있지만, 구상 구축 교실에서 그것은 유기적이고, 문학 작품에 대한 학생들 간의 상호작용과 탐색을 통해 성장한다는 점이다.

문학적 지식은 구상 구축 교실에서 학생들이 생각하는 것과 자신의 아이디어를 표현하는 것에서 명백하게 나타난다. 학생들이 표현하고자 하는 것과 그 방법을 모색하는 것을 바라보는 교사는 학생들의 지식 성장에 민감해지고, 그것을 유의미한 방식으로 지원하거나 안내할 수 있다. 지식과 전략은 분리될 수 없다. 오히려 문학적 지식은 교실 공동체 안에서 지속되는 사고와 언어가 직조하는 직물의 일부가 된다.

문학적 지식은 학생들이 구상을 구축하고 발전시키는 방법의 일부분이다. 문학적 언어와 개념은 개인이 문학적 경험에 대한 반응에서 자기 고유의 이해를 창조하고 탐색하는 거의 모든 토론에 포함되어 있다. 그것들은 학생이 자신의 이해를 형성, 반성, 변호할 때 마음에 떠오르는 아이디어를 구성한다. 그러므로 구상 구축 교실은 반응이 발전하고 해석이 구축되는 환경일 뿐만 아니라 전문적 개념과 어휘가 학습되고 교수되는 공간이다. 이러한 교수와 학습은 학습자가 참여하는 지속적인 활동과 상호작용의 결과물이다. 전문적 개념과 어휘에 대한 나의 생각은 비고츠키(1962)의 과학적 개념과 관련되는데, 비고츠키는 이를 저절로(spontaneous) 생기는 개념과 대조적이라고 설명한 바 있다. 이러한 개념들은 학교 교육을 받은 경험의 결과로서, 어떤 것을 시범적으로 다루어 보고, 어떤 개념이 무엇을 의미하는지, 언제 쓰이는지, 어떻게 작동하는지를 알아가는 활동을 하면서 학습된다. 또 구상 구축 수업에 등장하는 유형의 지식은 다양한 읽기와 최신의 문화적, 이론적 관심사를 반영하여 해석할 여지를 남겨 두면서, 대부분 국어와 세계의 변화하는 관심사에 부응한다. 그러한 관심사는 인도주의를 고양하는 문학적 경험의 자연스러운 일부로 나타나게 되는데, 이는 개인과 집단이 가능성의 지평을 탐색하고 자신과 타인의 해석 집합체를 발전시키고 재고(再考)하면서 가능해 진다.

이번 장에서 나는 구상 구축 수업에서 문학적 지식이 사용되고 학습되는 특정한 방식을 살펴볼 것이다. 다른 예는 랑거(Langer, 2010)을 참고할 수 있다. 비록 이러한 교실에서 문학적 언어와 개념의 형식적인 측면은 결코 명시적으로 초점화되지는 않지만(전통적인 문학 수업에서 종종 그런 것처럼), 참가자들이 자신의 이해를 탐색하고 설명하고 변호하면서 일어나는 토론에서 지속적으로 산출된다.

이러한 점은 아래 제시할 마티 비클(Marty Bickle) 교사의 7학년 수업 사례에서 명백하게 나타난다. 수업은 개인의 감정과 관계에 관해 다룬 일련의 시를 읽는 것이다. 아버지와 아이의 관계를 다룬 로버트 코핀(Robert P. T. Coffin)(1939)의 시 「비밀의 심장(The Secret Heart)」[24]을 읽고, 학생들은 작품에 관한 질문을 생성하기 위해 소집단으로 모였다. 한 소집단은 학급 전체 토론에서 핵심 토론자 역할을 맡아 소집단원들이 시에 관해 전적으로 토론할 책임을 부여받았다. 그들의 토론에서 사라(Sarah)는 다른 학생들의 의견에 동의하지 않았고, 비유에 관한 자신의 지식을 활용해서 작품 전체에 대해 다

---

24 역자주: 로버트 코핀의 시 「비밀의 심장」은 아버지의 사랑을 회상하는 내용으로 된 11연 22행의 작품이다. 작품에서 시적 화자는 늦은 밤 촛불을 들고 자신의 방에 들어와 자신이 잘 자는지 들여다보고 나가던 아버지의 모습을 회상한다. 시적 화자의 기억 속에서 아버지는 양손으로 두 개의 촛불을 양손으로 받쳐 들고 있었다. 시적 화자는 촛불을 든 아버지의 양손이 심장(heart)을 닮은 모양으로 굽어 있다는 점에 착안하여, 그것이 아버지의 심장이자 자신에 대한 마음(사랑)이라고 말한다.

시 토론했다. 학생들이 시에 관한 이해를 토론하는 과정에서, 은유·축어적 의미·상징주의 같은 전문적 개념과 어휘가 제시되었다. 스투(Stu) 같은 학생은 보다 표면적인 읽기를 했고, 다른 학생들보다 개념과 관련된 용어를 더 낯설어 했다. 그러나 그들은 대화를 듣고, 다른 학생에게 질문을 하고, 토론에 참여하는 것과 같은 맥락 속 경험(in-context experience)을 통해 용어를 학습했다.

> **헬로이즈(Heloise):** 비유가 없다고 했지만, 나는 모든 것이 비유라고 생각해.
>
> **비클 교사:** 설명을 부탁할게.
>
> **바비(Bobby):** 설명해 봐.
>
> **헬로이즈:** 음, 나는 그가 정말 문자 그대로 말하고 있다고 생각하지 않아. 나는 거기에 의미가 있다고 생각해.
>
> **바비:** 나는 아무것도 못 찾겠던데.
>
> **사라:** 글쎄, 나는 사랑의 상징이라고 생각해.
>
> **헬로이즈:** 내 생각에 그는 아버지가 밤에 자기가 자고 있는지 확인하거나 그 비슷한 이유로 들어온 거라고 말하고 있어. 하지만 아버지는 그가 깨어 있을 때 충분한 사랑을 보여 주지 않았고, 그래서 그가 평화롭게 자고 있을 때 아버지가 들어온 것은 사랑을 상징하는 거야. 아들에 대한 아버지의 사랑을 보여 주는.

비록 헬로이즈가 작품에서 본 심층적 의미를 설명했지만, 앞서 상징주의를 언급했던 사라는 보다 축어적 수준의 탐색을 시작했고, 다른 학생들도 여기에 참여했다. 다른 학생들은 그들의 생각을 듣다가 동의하지 않는다고 말하며 그 이유를 들었다.

> **사라:** 그의 아빠는 아마도 마음의 병을 앓고 있는 것 같아.
>
> **바비:** 뭐?
>
> **제리(Jerry):** 그리고 아빠는 마음의 병이 낫기를 바라고 있어.
>
> **사라:** 그는 좋은 쪽을 생각하면서 낫길 바라고 있어.
>
> **바비:** 우리의 질문은 이런 거야. 아버지가 아이를 걱정하고 사랑한다고 생각해? 그리고 아이는 아버지를 걱정하고 사랑해? 이게 우리 질문이지.
>
> **미쉘(Michelle):** 나는 그의 아버지가 마음에 대해 [불분명] 말한다고 생각하지 않아. 그건 누군가 그를 염려한다는 걸 보여 주는 거야.
>
> **허니(Honey):** 그건 애정 넘치는 집에서 볼 수 있는 것이 아니기 때문에 미쉘의 말에 동의해.
>
> **헬로이즈:** 글쎄, 나는 그게 모두가 하는 방식이 아니라 그가 좋아하는 방식이라고 생각해.
>
> **펨(Fem):** 아버지는 아들을 정말로 사랑했어.

미쉘은 단어(heart)를 통해 전달되는 심층적 의미로 초점을 되돌렸고, 토론은 시에 내재된 비유와 상징으로 돌아갔다. 비록 이러한 전문적 어휘가 사용된 것은 아니지만 말이다.

> **미쉘:** 만약 누군가가 좋은 마음을 가졌다면, 그것은 그가 건강하다는 뜻이야. 앞에서 너는 그들이 마음의 병을 앓고 있다고 말했지만, 나는 그렇게 생각하지 않아.

사라: 문자 그대로의 의미에서 비밀의 심장은 아들에게 비밀스럽게 드러내는 사랑이야.

미쉘: 그들이 비밀의 심장을 말할 때 나는 그 비밀을 생각해. 마음에 대해 말할 때, 그들은 그 안에 들어 있는 사랑에 대해 말하는 거야. 그건 살아있고 달콤한 거지.

토론이 진행됨에 따라 사라는 작품에 덜 축자적으로 접근하는 것처럼 보인다. 사라는 이 시의 이해와 관련된 비유적 언어를 다루는 방식으로 스투의 질문에 답했다.

스투: 내 질문은, 왜 그가 빛나는 마음에 대해 생각했는가야.

사라: 음, 내 생각에 빛나는 심장은, 그리고 시인이 그걸 밤에 그런 걸로 표현했잖아, 심장이 빛난다고, 그건 비밀을 상징할 수 있다고 생각해. 그러니까 나는 심장이 진짜 빛난다고 생각하진 않아. 내 생각에 작가는 마음을 묘사하기 위해 그 말을 썼어.

가르칠 수 있는 순간

비록 이전 토론에서 학생들이 서로 가르치는 역할을 충분히 했지만, 교사는 종종 학생들의 문학 지식 발달에 명시적인 역할을 한다. 문학 토론에서 학생들의 말과 질문에 반응하는 도중 종종 '가르칠 수 있는' 순간이 나타난다. 이러한 순간은 지적 호기심과 보다 효과적으로 의사소통을 하고자 하는 욕망의 결과로 나타난다. 개념에 대해 이야기하는 방식은 의사소통의 욕구와 즉각적 상호 지원이 동시에 일어나는 사회적 환경에서 성장한다(Rogoff, 1990; Wertsch, 1991). 따라서 '가르치는 것'은 상황 특정적(situation-specific)인데, 그것은 학생들이 '배워야만 하는' 전문적 언어와 개념이 아니라, 학생이 이해하고 소통하려는 시도와 학생이 무엇을 다룰 수 있는지에 대한 교사의 지각에 의해 성장하게 된다.

이러한 상황에서 교사들은 학생들이 문학적 용어와 거기에 내재된 개념에 얼마나 친숙한지에 기반하여 즉각적인 결정을 내려야 한다. 특히 능동적 사고와 학습을 위한 환경을 제공하는 교실에서는 다음과 같은 네 가지 상황이 발생한다.

- 학생들에게는 개념도, 그것에 대해 말할 언어도 없다.
- 학생들은 개념을 알고 있지만, 표현할 언어를 모른다.
- 학생들은 그들의 언어가 암시하는 것보다 덜 복잡한 이해를 하고 있다.
- 학생들은 언어와 개념을 가지고 있고, 더욱 정교한 방식으로 그것에 대해 생각할 준비가 되어 있다.

이어지는 절에서는 교사의 대처를 포함한 각각의 상황에 대해 논의할 것이다.

개념과 언어 모두 없는 경우

　수업에서 학생들이 겨우 시작에 불과한 아이디어를 끌어들이는 경우가 있는데, 이 꽃봉오리는 내일의 이해로 이어져 마침내 자랄 것이다. 학생들은 아이디어를 제시하기 시작하지만, 그들에게는 표현하거나 성찰하거나 다른 사람과 공유할 수 있는 방식으로 개념을 형성할 단어가 없다. 이러한 경우 교사는 때때로 학생의 아이디어에서 개념이 사용되거나 표시되는 상황을 만듦으로써 학습 심화를 위한 지원을 할 수 있다. 개념은 비교적 새롭기 때문에 교사는 학생들이 개념을 학습하거나 용어를 기억하리라 기대하지 않는다. 교사는 그저 아이디어를 소개하거나 맥락화하는 방식으로 상황을 만들 뿐이다. 교사는 개념에 '표시'를 하는데, 종종 여기에 진행 중이거나 차후에 진행될 수업에서 다시 뽑아 쓰기 위한 라벨을 붙여 놓는다.

　이러한 상황은 비클 교사의 수업에서 「비밀의 마음」에 관한 토론 전에 나타났다. 학생들은 시를 몇 차례 읽으며 어떤 단어나 구절이 통상적인 의미로 사용되지 않을 가능성을 제기했다. 몇몇 학생이 이러한 점에 대해 언급했다. 비클 교사는 "그것을 비유라고 부릅니다."라고 말했다. 이와 같이 비클 교사는 학생들이 비유적 언어의 한 측면—비유가 해석의 새로운 가능성을 여는 방법—을 고려하도록 이끌었다. 그리고 이를 통해 학생들은 개념에 대한 이해를 쌓기 시작했다.

　우리는 개념과 언어를 모두 가지지 못한 상황의 다른 예를 퍼스트 교사에게서 볼 수 있다. 퍼스트 교사는 셜리 잭슨(2장 참고)의 『찰스』를 읽는 동안 역할극 활동을 통해 학생들이 인물에 집중하도록 도왔다. 학생들은 학기 초에 역할극 활동을 해본 적이 있지만, 이를 인물에 대한 깊은 이해로 발전시키는 데 활용하지는 않았다. "이 활동은 학생들이 이야기를 어떻게 해석할지에 영향을 미쳤어요. 왜냐하면 학생들이 인물 해석에 대해 계속 이야기를 했으니까요. 하지만 학생들은 자신이 무엇을 하는지 알지 못했지요." 학생들이 인물 구성 (characterization) 개념을 경험하도록 돕기 위해 퍼스트 교사는 학생들에게 앞으로 수업에서 진행할 소집단 협의회 동안 특정 상황 속 인물 역할을 맡을 준비를 하라고 요청했다. 요청한 역할은 학부모회를 마친 부모, 다음날 아침 식사 후 아버지와 로리(Laurie), 이야기가 끝나는 날 밤 학부모회에서의 어머니와 교사, 다음날 학교에서의 교사와 로리, 이야기의 결말에서 학교를 떠날 때의 어머니와 로리 등이었다. 학생들은 그들이 상상하는 인물들의 생각과 행동 방식에 대해 토론하기로 했다.

퍼스트 교사는 활동에 대해 다음과 같이 설명하였다. "너희가 하려는 것은 인물이 어떤 사람이고 그들이 어떻게 행동할지에 대해 이야기를 나누는 거야. 일어나서 역할극을 할 때, 너희는 자신을 그 상황에 두고, 그 인물이 되어 인물이 취할 것 같은 방식으로 행동을 하는 거지." 퍼스트 교사는 학생들이 인물의 관점에서 대화를 작성하게 했고, 역할극과 전체 토론을 결합한 활동으로 마무리하도록 계획했다. 이때 학생들은 인물에게 '말을 걸고' 질문하며, 역할을 맡은 학생은 이에 반응을 보일 것이다. 퍼스트 교사는 소집단을 돌아다니며 요청할 경우 도움을 주었다.

퍼스트 교사: 좋아요. 이제, 작업이 어떻게 되고 있는지 이야기해 주세요. 아들을 발견했을 때 어머니는 어떻게 행동할지….

메리(Mary): 놀라워요… 이 어머니는 아들을 천사와 같이 완벽하게 보는 것 같아서.

퍼스트 교사: 그다음에는?

제임스(James): 무책임하고 멍청해….

퍼스트 교사: (다른 소집단으로 이동하기 전에 학생들을 지원하면서) 이러한 인물이 어떤 종류의 인간인지 말하고 그들이 어떻게 행동할지 결정하는 것은 중요해. 선생님은 로리를 어떻게 대할 것 같니? 선생님은 어떤 종류의 인간이야?

비록 '인물 구성'이라는 용어를 사용하지는 않았지만, 이 수업은 학생들이 개념에 내재된 것을 이해하는 데 도움을 줄 것이다.

개념과 언어를 모두 가지지 못한 상황에서 토론이 진행되는 것에 대해 1학년 담당 웨버(Ms. Weber) 교사는 다음과 같이 말한다.

음, 저는 읽은 것과 관련된 자신의 마음을 확인하고 분류하는 능력을 갖추기 시작하는 것이 아이들에게 무척 도움이 된다고 생각합니다. 저는 동화를 다룬 이전 활동을 기억해요. 그때 다른 재미있는 이야기를 많이 소개했고, 동화가 아닌 이야기를 알게 되었으며, 또 이야기의 요소에 대해 의논하면서 어떤 요소가 어떤 범주에 속하는지 논쟁했어요. …… 우리는 분명히 픽션과 논픽션에 대해 이야기했어요 …… 저는 아이들이 어휘에 관해 얼마나 많이 배웠는지는 잘 모르겠는데요. 왜냐하면 제 접근법에서는 맥락 속 활동을 통해 개념을 구성하는 방법을 사용하지 않았기 때문입니다. 저는 오늘 우리가 새 단어를 배울 것이라고 말하는 대신 그냥 그것을 사용하는 맥락 속에서 그 단어의 쓰임을 보여 줄 뿐입니다.

개념은 있지만 언어가 없는 경우

학생들이 읽은 문학 작품에 대한 분명한 아이디어를 소통하고 싶어 하고 개념에 관한 지식도 조금 가지고 있지만, 개념에 관해 이야기할 문학 특유의 방식을 갖추지 못할 때가 있다. 그들은 일상의 일반적 주제에 관한 이야기에는 참여할 수 있지만, 이야기를 나누기 위한 문학적 언어를 가지지 못했기 때문에 학생들은 특정한 개념에 대해 소통할 수 없다. 이러한 상황에서 교사는 학생들이 사용할 적절한 언어를 제공하는 데 초점을 맞춘다. 이때 교사는 학생들이 개념을 보다 복잡하게 생각하도록 돕는 것은 아니다.

예를 들어, 로이스 로젠(Lois Rosen) 교사의 1학년 교실에서 학생들은 읽어 주는 이야기에 "절 키득키득 웃게 만들었어요."라는 반응을 하였다. 로젠 교사는 학생들이 이전에 '재미있는 이야기'에 관해 이야기했고 그래서 하위 장르에 대한 기초적인 아이디어를 가지고 있음을 알고 있었다. 학생들의 말에 대한 반응에서 그녀는 "그래서 너는 유머러스한 이야기라고 생각하는구나."라고 말했다.

탄냐 웨버(Tanya Weber)의 교실에서 제프(Jeff)는 그의 아이디어를 표현할 언어를 찾으려고 애썼다.

제프: 아마도, 음, 그러니까, 선생님이 그걸 다시 말하지 못하는, 음, 선생님은 그걸 책이나 무언가 없이 사용할 수 없는 것처럼.

웨버 교사: 오케이. 마치 저작권이 있을 때처럼.

제프: 예!

이어지는 예는 소포클레스의 『안티고네』 텍스트의 진본성(authenticity)에 관한 토론이 이루어졌던 켄달 메이슨(Kendall Mason) 교사의 12학년 교실 이야기이다. 학생들은 자신이 읽은 한 가지 버전에서 논란이 되는 한 구절을 받아들일지 말지의 문제를 탐색 중이다. 메이슨 교사는 학생들의 언어로 확인한 두 가지의 비평적 입장을 재진술한 다음, 학생들의 분석에 내재한 경쟁적인 개념에 학문과 심리라는 구체적인 용어를 사용하였다. 학생들은 비록 수업 중에 이러한 개념을 사용하지는 않지만, 메이슨 교사가 그들이 말하는 것을 재진술하여 제공한다는 것을 알았다.

레바(Reba): (학문 주제를 소개하며) 제 생각에 그것이 명백히 원전의 일부라면, 소포클레스가 원래 그것을 거기 두고자 했다면, 그러면 분명히 그것은 거기 있어야 합니다, 왜냐하면 그것은 매우 중요한 구절이기 때문입니다. 이 구절은 원전의 전체를 드러내는 것이기도 하니까요. 하지만 만약 차이가 있고, 그것을 원전의 일부라고 확신할 수 없다면, 저는 그 차이 때문에 그것이 거기 있어야 한다고 생각하지 않습니다.

메이슨 교사: 그것참 안전한 결정이구나. 만약 그것이 무엇인가 될 수 있다면? 소포클레스가 그걸 거기 두고자 했다는 것이 의심할

여지없는 사실이라고 가정한다면, 우리에게는 그 문제를 건드릴 권리가 없어. 하지만 만약 그렇게 가정할 수 없다면, 너는 그 대목을 빼고 싶어 하겠지.

아니(Arney): 제 생각에 그들은 그걸 버려야 돼요.

메이슨 교사: 뭐라고?

아니: 버려야 돼요, 없애야 된다고요. (심리학적 관점을 소개하면서) 왜냐하면 그것은 우리가 보아 온 안티고네와 모순이 되기 때문이에요. 그리고 저는 그녀가 자신의 말과 모든 행동을 번복하는 무모한 인물이라고 생각하지 않아요.

메이슨 교사가 더 나은 정의를 제안하며 선택지를 재진술할 때까지 학생들은 한동안 이러한 의견들에 대해 계속 토론했다.

테리(Terry): 저는 그걸 뺄 거예요, 그것이 그녀를 비극적 영웅으로 만드는 효과를 줄이기 때문이에요. 왜냐하면 그녀가 죽는 것으로 마무리되지만, 그녀는 "글쎄요, 아마도 이것 때문이 아니라 그것 때문일 겁니다."라고 말하기 때문입니다.

메이슨 교사: 그래서 그것이 그녀의 비중을 줄이고, 그녀의 캐릭터를 희미하게 만들고, 아마도 희미하게 만드는 거겠지, 하지만 그것이 가치를 떨어뜨리는 건 아니야(이러한 아이디어는 전날과 이전 수업에서도 언급되었다). 그것이 그녀 캐릭터의 가치를 떨어뜨리니? 그렇게까지 이야기하고 싶니?

테리: 예.

댄(Dan): 저는 그걸 그대로 놔두어야 한다고 생각해요. 하지만 분명

히 친구들이 그걸 인쇄할 때, 별표를 쳐서 그 부분이 논쟁적이라
는 언급을……

키티(Kitty): 저는 빼라고 했어요… 그게 그녀의 이미지를 망쳐요.

레바: 그녀는 자신의 행동이 가져올 결과를 두려워했어요.

메이슨 교사: (학생들의 의견을 종합하며) 다시 말해서, 레바가 말한 이
유 … ('심리'와 '학문'이라고 칠판에 쓴다) 자, 저기에 초점을 맞추었
나요? 우리가 여기에서 논쟁하는 두 가지 이유는, 레바가 사용했
듯, 학문이 그것이 거기 있다는 것을 입증할 수 있기 때문이지요.
심리의 측면에서는 (칠판의 단어를 가리킨다) 이 텍스트가 말하는
바가 있지요. 그런데 그게 좀 모호하니까, 우리가 심리(단어를 가
리킨다)에 초점을 맞추어서 보게 되지요. 데이브(Dave)가 말한 것
처럼, 이 텍스트에 제시된 심리가 좀 일관성이 없지요?

언어는 쓰지만 이해가 부족한 경우

학생들은 종종 비고츠키(Vygotsky, 1962)가 의사(擬似) 개념(pseudo-
concepts)이라고 말한 것을 활용한다. 학생들은 단어가 암시하는 완
전한 의미를 이해하기 전에, 다른 사람들로부터 자신이 사용할 언어
를 뽑아낸다. 의사 개념은 자연스럽고 정상적인 학습의 한 부분이고
우리가 처한 상황의 일부분이다. 종종 부분적으로만 이해하는 용어
를 사용함으로써 우리는 개념 자체를 더 잘 이해할 수 있다. 우리는
상호작용을 통해 배운다. 가령 계속되는 하부 요통에 관해 의사와 상
의하는 과정에서 전문적 용어를 사용할 때, 우리는 디스크의 악화에

대해 이전보다 더 많이 배우게 되어 '전문가'가 된 기분을 느끼며 집으로 돌아갈 수도 있다. 학생들이 문학적 언어를 사용하지만 단어가 암시하는 개념을 불완전하게 이해하고 있을 때, 이러한 상황은 학교에서도 일어난다. 이런 상황에서 교사는 학생이 사용하는 단어에서 너무 많은 것을 읽어 내기 십상이다. 학생이 어떤 단어를 사용했다면 교사는 거기에 충분한 아이디어가 포함되어 있다고 가정하기 때문이다. 그러나 그렇지 않을 가능성이 높다.

때때로 학생들의 진술은 부적절하거나 어색한 단어 또는 구절과 함께 제시된다. 제인 로빈스(Jane Robbins) 교사의 수업에서 발췌한 것처럼, 이때 교사는 적절한 안내를 해야 한다.

> 샘(Sam): 인물 묘사가 얄팍해요. 아시다시피, 그는 이야기에 많이 나타나지 않아요.
>
> 로빈스 교사: 인물의 성격에 대해 잘 알 수 있었니? 그 인물의 관점을 알기에 충분한 소재가 이야기 속에 있었니?

그러나 학생들이 말하는 것과 그것이 의미하는 것을 구별하기 어려울 때가 있다. 의심스러울 때 교사는 "네가 의미하는 것이 이거니? 만약 내가 잘 이해했다면 알려 줘."라고 물을 수 있다. 혹은 학생들이 이미 알고 있는 명칭에 대한 이해를 확장하기 위해 새로운 경험이나 정교한 설명을 제공할 수 있다.

언어와 개념을 모두 갖춘 경우

사려 깊은 문학 토론에서는 학생들이 심화된 토론을 통해 더 풍부하고 복잡한 언어를 적절히 갖추게 될 때가 많다. 이러한 경우 교사는 학생들이 새로운 것을 맥락화하고 이해할 수 있도록, 보다 일반적인(또는 덜 복잡한) 것에서 보다 특정한(또는 더 복잡한) 것에 이르는 일종의 개념적 징검다리와 같은 과도기적인 단어와 아이디어를 사용할 수 있다.

예를 들어, 그리어(Greer) 교사의 저학년 교실에서 특정한 종류의 책을 가리키는 언어는 학년이 지남에 따라 '실화(true story)'에서 '논픽션'으로, 다시 '역사적 분석(historical analysis)'으로 바뀐다. 언어는 학생들의 개념이 계속 성장함에 따라 바뀌면서, 그들이 더 많은 책을 구별할 수 있게 한다. 이와 비슷하게, 다른 저학년 교실에서는 1년 동안 작품 읽기에서의 변화가 나타난다. 그것은 오로지 작품에 대한 반응으로 학생들이 느끼는 방식에만 집중하는 데에서 시작해 분위기, 분위기를 만들어낸 저자의 의도, 학생들이 그러한 분위기를 느끼게 만든 텍스트의 장치에 관한 토론으로 변화하는 것이다.

웨버 교사의 교실에서 학생들은 각색되거나 개작된 다양한 민담과 전설을 들었다. 새로운 경험을 하는 동안 웨버 교사는 작품이 다시 쓰인 유형을 확인하며 토론을 이끌었다. 비록 학생들은 단어의 뜻을 표면적으로만 알고 있었지만, 각색(adapted)과 다시 쓰기(retold)의 구별은 아래의 대화에서 보듯 불분명했다.

제레미(Jeremy): 그걸 '각색'이라고 했던가요, 아니면 앞에서 다른 말(다시 쓰기)로 불렀던가요? (이러한 정보가 포함된 책 표지를 가리키며)

웨버 교사: 그걸 '각색'이라고 하지는 않아, 그런데 아주 좋은 질문이야. 그래서 이 책의 저자는 테리 콜린(Terry Colin)이 한 일을 하지 않았어. 이 저자는 '다시 쓰기'라고 말해. 선생님은 네가 그 문제를 끄집어낸 것이 참 기뻐. 왜냐하면 이 저자는 이야기를 개작했다고 말했거든. 그건 그녀가 실제, 즉 원전에 매우 가깝게 이야기했다는 뜻이야. 자, 그러니까 테리 콜린은 그녀의 이야기를 다시 썼고, 그것은 그녀가 이야기를 지어진 대로 정확히 다시 만든 것이 아니라는 걸 뜻해.

켄달 메이슨(Kendall Mason) 교사의 교실에서 진행된 『안티고네』에 대한 토론의 사례도 있다. '비극적 결함(tragic flaw)[25]에 대한 아이디어는 몇 차례의 교실 활동 중에 학생들에 의해 여러 차례 제기되었다. 그들은 고전적 개념을 가지고 쉽게 이야기를 나누었다. 메이슨 교사는 이 용어에 초점을 맞추지 않았지만, 그는 『안티고네』에 관한 학생들의 논평과 학생들이 안티고네가 가졌다고 생각하는 결점에 대한 반응에서 그 용어를 사용했다. 아래의 예에서 메이슨 교사는 그러한 결점을 지적하는 논의에 반대하는 아서 밀러(Arthur Miller)의 에세이를 소개함으로써 해당 단원의 마지막 수업에서 비극적 결함이라는 용어로 돌아왔다. 메이슨 교사는 학생들의 개념 확장을 돕기 위하여

---

25 역자주: 파멸의 원인이 되는 성격적 결함.

아서 밀러의 에세이와 이어지는 토론을 사용했다.

> **메이슨 교사:** 자, 아서 밀러는 여러분 앞에 놓인 것과 같은 에세이를 썼어요. 오랫동안 지속되었던 이론에 관한 반응입니다. 이 이론은 비극적 영웅, 그러니까 훌륭한 위상을 가진 어떤 사람은 고귀하게 태어나고, 그의 역할은 대단한 중요성을 갖는다는 것입니다. 따라서 이 이론은 평범한 사람은 절대 비극적이 될 수 없음을 암시합니다. 여러분이 읽은 바와 같이, 아리스토텔레스는 비극이 대단한 사람의 결점, 즉 '결함'에 의해 몰락하는 것이라고 말했습니다, 맞지요? 그러나 밀러에 따르면, 결함은 실제로 결함이 아니라 아마도 강점입니다, 그렇지요? … 어디, 햄릿의 비극적 결함은 무엇이었지요?
>
> **많은 학생:** 망설임이요.
>
> **메이슨 교사:** 그런가요? 그의 머뭇거림? 결정을 하지 못했나요? 여러분도 알다시피, 마리오 쿠오모(Mario Cuomo)[26]는 대선에 출마할지 말지 망설일 때, 사람들은 그를 허드슨강의 햄릿이라고 불렀지요. 왜냐하면 그는 마음을 결정하지 못했기 때문이에요. 그러면, 햄릿의 우유부단은 그의 비극적 결함이라고 불리겠지요. 하지만 다른 학파에서는 그의 비극적 결함이 그의 강인함, 그의 예민함, 살인에 대한 거부감이라고 말하기도 합니다.
>
> 토론이 계속 진행됨.

---

26 역자주: 마리오 매튜 쿠오모(Mario Matthew Cuomo · 1932~2015): 1983년부터 1994년까지 3선에 걸쳐 뉴욕 주지사를 역임한 미국의 변호사이자 정치인.

위에서 기술한 네 종류의 교수·학습 상호작용은 나이와 관련되거나 순차적이거나 일원화된 것은 아니다. 수업 사례를 통해 설명한 것처럼 모든 연령, 학년, 개인에게 있어 어떤 개념과 언어는 더 친숙하지만 다른 어떤 것은 덜 친숙하다. 학습해야 할 것은 언제나 많다. 개념과 언어는 경험에 따라 더 복잡하게 변화하거나 성장한다. 개념과 언어는 아이디어와 해석을 발전시킬 것을 목적으로, 생각할 거리를 풍부하게 제공하는 교수 맥락에서 호기심 많은 독자의 탐색을 통해 성장한다. 경험은 결정적이다. 학생들에게는 문학적 지식을 적절하고 유용하게 만드는 다양한 텍스트와 관련된 활동이 필요하다.

어떤 사람은 문학적 지식을 갖는 것이 '문식성을 갖춘' 또는 '교육받은' 사람의 표시라고 생각한다. 또 어떤 사람들은 어휘와 어휘에 들어 있는 개념에 대한 지식이 문학의 향유와 이해를 증진한다고 생각한다. 여전히 어떤 사람들은 이러한 지식이 학생들로 하여금 문학적 텍스트의 구조를 이해하고 쓰기 능력을 향상시키는 데 도움을 준다고 생각한다. 1장에서 설명한 문학적 사고에 관한 관점을 바탕으로, 나는 학생들이 이번 장에 기술된 것과 같은 종류의 토론에 참여하는 능력은 그들의 문식성을 보여 주는 유용한 지표라고 생각한다. 그러한 참여는 축어적 의미나 다른 사람의 아이디어를 읽고, 쓰며 모방하는 능력을 재는 전통적 방식보다 훨씬 많은 것을 드러내 준다. 생각할 거리를 풍부하게 제공하고 텍스트가 초대한 토론이 일어나는 교실에서 문학적 지식과 개념은 여러 학년에서 사용되고 학습되며, 문학적 행동과 문식적 발달을 동시에 불러일으킨다. 그러한 교실에서 문학적 개념은 학생들이 생각하고 아이디어를 표현하는 방식의 필수적 요소가 된다. 그들이 학습한 문학적 언어는 그러한 주제로 벌어지는 토론에 참여함으로써 성장한다.

따라서 문학적 언어와 개념의 발달은 읽을거리, 문학 토론 공동체로서 작동하는 교실, 그리고 이 공동체에 참여하고자 하는 학생들의 욕망이 어우러진 속에서 이루어진다. 문학적 지식을 가르치고 배우는 이러한 과정은, 많은 연구자들(예를 들어, Brown, 1958; Weir, 1962)이 설명한 것과 같이 서양의 많은 중산층 어린이가 언어와 개념을 습득하는 과정과 닮았다. 이들 어린이는 아이들이 알고 도달할 것에 관한 적절한 예감을 가진 부모나 양육자와의 경험을 통해 언어를 배웠다. 이들 양육자는 새로운 환경을 창조하거나 기존의 환경을 활용하며, 새로운 개념을 정초(定礎)하고, 아이들이 그들의 언어와 이해를 개선할 수 있도록 돕는다. 비록 교사가 학생들과 다른 삶의 이력(예를 들면, 언어, 문화, 그리고 경험)을 가지고 있고 '아는 것이 많은' 어머니 역할을 할 수 없더라도, 교사는 '관련이 있는 물을 건너고'(Dyson, 1994) 학생들도 그렇게 할 수 있도록 돕기 위한 다리를 만들어야 한다. 델피트(Delpit, 1988)가 제안한 것처럼, 만약 서구 사회에서 성공과 힘의 언어를 모두가 활용 가능하도록 만들 필요가 있다면, 내가 논의한 종류의 상호작용 패턴은 사람들에게 동등한 기회를 제공하는 데 도움이 될 것이다.

ENVISIONING LITERATURE

제 **10** 장

교육과정을
가로지르는
문학

이제까지 나는 국어 교실에서의 문학적 이해에 논의의 초점을 맞추어 왔다. 그러나 이 책의 1장에서는 학교 문학 교육의 새로운 역할을 주장했다. 해당 관점에서는 문학적 이해를 일상이나 직업, 교육과정을 통합한 학습에 유용한 사고의 한 측면으로 본다. 이제 나는 문학과 교육과정의 통합에 관한 문제로 논의를 바꾸어 보고자 한다.

내가 문학을 다른 종류의 텍스트나 그 내용 이상의 것으로 간주해야 한다고 생각한다고 해서 놀랄 것은 없다. 문학은 오히려 생각하는 방법에 관한 문제로 다루어져야 한다. 만약 문학이 학생들의 학습 경험에 관한 사고와 앎의 다른 차원을 추가한다면, 문학을 활용하는 목적은 교과서를 활용하는 목적과 구별될 필요가 있다. 그러나 이러한 생각은 교실에서 이루어지는 앎에서 무엇이 중요한가에 대한 교사의 생각 변화가 요구된다. 과학이나 사회 교과 교사는 국어 교사보다 더 논리 중심의 교육을 실천해 왔다. 이들 교사는 종종 교실에 방대한 문학 작품 서가(literature libraries)를 구축하지만, 학생들이 정보를 찾으리라 기대하는 보충 자료로서 그것을 두서없이 사용해 왔다. 내재화된 경험을 통해 학생들이 내용을 더 잘 이해하도록 만드는 일이란 그들에게는 근본적으로 새로운 개념이다.

불행하게도, 교육과정과 통합된 문학 중심의 교육을 발전시키기 위한 움직임은 학생의 가능성 지평 탐색 제고보다 적절한 자료 제공에 초점을 맞추어 왔다. 비록 획일적인 교과서(trade book)가 내용 교과 교실(the content classroom)에 폭넓은 자료를 더해 주지만, 자료의 존재나 사용이 필연적으로 학생들에게 문학적 관점에서 이해를 증진하는 대안적 방법을 제공하는 것은 아니다. 그러한 대안을 제공하고자 하는 국어 교사들에게조차 변화는 결코 쉬운 과제가 아니다(7장 참고).

문학과 교육과정을 통합하기 위해 특별히 디자인된 프로그램은 종종 그 표적을 놓친다. 그것은 별도의 '보충' 수업을 위해 통상적인 수업과 거리를 둔 채 제공되는 자료로서, 문학 자료를 교과 교실에 '수입한다.' 만약 교과 교사가 문학 자료로 수업하는 일에 불편함을 느끼거나 그것을 국어 교사의 영역이라고 생각한다면, 해당 수업은 '방문' 국어 교사에 의해 진행될 수도 있다. 때때로 내용 영역의 교사는 문학과 교과 내용을 연결할 수도 있고 그렇지 않을 수도 있다. 어떤 경우든, 교사와 학생 모두에게 그러한 자료는 흥미롭지만 별도의 경험이 된다. 이러한 '수입된 경험'은 문학이 교육과정 내에서가 아니라 교육과정으로서 활용될 때 발생한다.

타 교과 수업에 문학적 사고 도입하기

다양한 교과목들이 서로 다른 의미를 지향하는 현상은 어떤 역할을 하는가? 사회과학, 역사, 시민사회학, 일반 과학, 생물학, 물리학, 국어 등과 같이 다양한 과목에 걸쳐, 가능성의 지평과 참조점 사고는 문학과 통합하려는 특별한 노력을 기울이지 않는 교실에서조차 생산적인 방식으로 상호작용한다(Langer, 1995). 가능성의 지평과 참조적 사고는 학생들이 문제에 접근하여 그들이 공부하는 주제에 관한 충분한 이해를 구축하는 데에 대안적이고 유리한 관점을 제공한다. 두 가지 방식의 사고는 모든 교과 영역에서 발견할 수 있지만, 어떤 과목과 관련되어 어떻게 가르치느냐에 따라 각각의 사고가 발생되는 양이나 제공되는 목적이 달라진다. 참조점 사고는 본질적으로 국어를 제외한 교과에서 우세하다. 그러나 다양한 교과 영역에서 교사는 때때로 가능성의 지평 사고를 도입하고, 학생들은 그러한 사고를 활용한다. 핵심 학문 분야에서 이루어지는 구상 구축에 관한 세부 내용은 랑거(Langer, 2010)를 참고할 수 있다.

시나리오 만들기

내용 교과 수업에서 문학적 사고는 몇 가지 방식으로 나타난다. 그중 한 가지 방식은 이야기를 활용하는 것이다. 수업이 표면상 삶과 동떨어져 보이는 기술적 원리나 체계를 포함할 때, 교사는 학생들과 관련된 시나리오를 창작하게 함으로써 학생들의 일상과 수업을 연결할 수 있을 것이다.

다음 사례에서 고등학교 생물 교사인 테레사 브린(Teresa Breen)은 생식에 관한 내용을 다루고 있다. 그녀는 학생들이 일반적인 주제에 흥미를 갖고 있음을 알고 있고, 학생들이 전문용어와 생물학적 구조까지 이해하기를 바란다. 또 학생들이 주제에 관해 공개적으로 이야기하고 질문하는 데 편안함을 느꼈으면 한다. 이러한 목표를 달성하기 위해, 그녀는 다양한 이야기 형식을 사용하고, 때때로 학생들에게 집단적 구상 구축의 상호작용을 하도록 한다. 여기 제시한 예에서 브린 교사는 자신을 순진한 이방인으로, 학생들을 정보원으로 설정하여 집단 대화를 조정하고 발전시켜 나간다. 사실과 판타지 놀이가 이어지는 것이다.

> **브린 교사:** 내가 생식선을 가지고 있다? 나는 소년들에게만 생식선이 있다고 생각하는데.
>
> **학급:** 난소를 가지고 있어요.
>
> **브린 교사:** 오, 내게는 난소가 있고, 진에게도 난소가 있나?
>
> **진:** 아니요.
>
> **티나와 다른 학생들:** 아니요, 진에게는 고환이 있어요. 우리는 그렇다고 믿어요.
>
> **브린 교사:** 그런데 그것들을 같은 이름으로 불러야 하지 않을까?
>
> **존:** 선생님이 그러고 싶다면 그래도 되지만, 고환과 난소라고 불러야 해요.
>
> **다른 학생들:** 맞아요.
>
> **메리:** 음, 그게 더 명확해요. 그래야 사람들은 선생님이 어떤 성에 대해 생각하는지 알 거예요.

다른 시간, 브린 교사는 이야기를 들려주며 학생들로 하여금 시나리오를 창작하게 했다.

> **교사:** 정자와 난자, 변해라 얍, 그게 저였어요. 난자가 유사 분열을 했고, 당신은 멋진 저를 갖게 되었지요. 눈을 감고 제 이야기를 한 번 들어보세요. 저의 시작에 관한 이야기요. 그리고 나서 이것

을 당신의 시작이라고 상상하세요. 우리는 모두 정자나 난자로 자라날 세포를 가지고 있습니다. 자, 저는 엄마의 자궁 끝에 있습니다, 좋아요. 그리고 제 난소가 만들어지고 있어요. 바로 그때, 저는 평생 가질 난자를 모두 가지고 있습니다. 바로 그거예요. 만약 제게 난자가 하나도 없다면…

그런 다음 브린 교사는 방백(傍白)을 하기 위해 이야기에서 빠져나온다. 방백은 그들의 참조점이 되는 생식에 대한 이해와 시나리오를 연결하도록 만들기 위한 것이다.

> **브린 교사:** 남성은 [정자를] 계속해서 만듭니다. 조금 다른 과정이지만, 정자나 난자를 만들 때마다 여러분은 원래 세포를 반으로 자릅니다.

다시, 학생들은 새로운 삶에 관한 구상을 창조하고 참조점으로 돌아가 생식에 관한 참조점 질문을 시작한다.

> **존:** 잠깐만요, 그러면 선생님은 46개(의 염색체)가 있다는 말씀이지요?
>
> **브린 교사:** 맞아요, 게다가 선생님은 난자를 만들고, 그걸 반으로 자르지요. 여러분이 계속해서 정자를 만들 때, 난자도 성숙하게 됩니다.

수업의 지향은 참조점이다. 생식 체계의 이해라는 목표는 결코 눈에 보이지 않는다. 그러나 이러한 맥락 안에서 문학적 사고는 학생들이 동원할 수 있는 지식과 경험의 저장고를 확장하고 풍부하게 만드는 유용한 대안적 접근법이 된다. 학생들은 수업을 통해 자신이 만든 이야기 세계를 몇 차례 드나든다. 예를 들어 나중에 폐경과 고령 임신에 관한 이야기로 넘어가면서, 브린 교사는 대화에 맥락을 부여하고 논의를 개별화하기 위하여 이전에 만든 시나리오를 불러온다.

> **브린 교사**: 떠올려 보세요. 처음 생겨났을 때부터 저의 난자는 거기 있었어요. 선생님은 42살이지만, 저의 난자는 거의 1살이 더 많아요.

학생들은 그들의 질문과 분석에 맥락을 부여하는 친숙한 틀을 끌어오면서 자신의 삶에 관한 이야기를 활용한다. 예를 들면 다음과 같다.

> **폴**: 저는 엄마와 아빠로부터 23개씩 받아서 46개의 염색체를 가지고 있지만, 왜 아빠를 더 닮은 건가요?

이처럼 시나리오 만들기는 학생들의 이해발달에 내적 차원을 제공하는 장치이다. 그것은 학생들의 전체 의미 구성을 위한 대안적 경로(이해를 위한, 대안적이지만 보완적인 경로)를 제공한다.

화제 열기

교사가 가능성 지평 사고를 사용하는 다른 방법은 학생들이 학습을 시작하기 전에 동기유발로서 그것을 사용하는 것이다. 방금 살펴본 것처럼 이야기 만들기 방식이 주로 사용되지만, 늘 그런 것은 아니다. 수업의 초점은 종종 학생들이 전체를 의식하며 변화하는 지평을 다루는 데 맞추어진다. 3장에서 논의한 것처럼, 두 가지 지향(참조점 유지하기와 가능성 지평 탐색하기) 간의 중요한 차이 중 하나는 사람들이 변화하는 전체를 다루는 방식에 있다. 참조점 사고는 초점을 맞추기 위한 고정된 주제나 가설(다른 주제나 가설로 진행하기 전까지)을 창조하는 반면, 가능성 지평 사고는 전체의 지속적인 해석과 재해석으로 이어지는 열린 문을 제공한다. 가능성 지평 탐색하기에서 학생들은 브린 교사의 수업에서처럼 개별적인 '이야기 만들기' 에피소드에 들어서거나, 개방적인 방식으로 전체로서의 주제를 탐색한다. 이러한 방식은 모두 문학적 이해이다. 둘 다 가능성 지평 탐색하기를 포함하지만, 두 가지 방식은 초점이 조금 다르고 내용 교과 수업에서 조금 다른 결말을 제공한다. 개별적인 이야기 만들기는 무엇에 대해 생각하느냐의 차원에서 이루어지는 전환을 포함한다. 그것은 정보 구축하기에서 이야기나 시나리오 만들기로 전환하는 것이다. 반면 주제 탐색하기는 화제 근처에서 화제 자체를 포함하여 생각할 수 있는 것을 열어주는 것이다.

교사가 "만약 ~라면 너는 어떻게 생각하겠어?"와 같은 질문을 할 때, 학생들은 새로운 화제에 관한 학습에 앞서 지평을 탐색할 여지를 갖는다. 그래서 스텔라 라이언(Stella Ryan) 교사는 "썩은 사과를 본 적이 있나요? 그것에 대해 말해 보세요."와 같은 질문을 던지며 고등 학교 과학 수업을 시작한다. 학생들이 반응하기 시작할 때 그녀는 발 효에 관한 사전 지식을 거의 언급하지 않은 채, 학생들이 썩은 사과 에 관한 경험담을 꺼내도록 독려한다. 나중에 라이언 교사는 학생들 이 공부하기 시작한 발효의 과정과 그들의 경험담을 연결하도록 돕 는다.

문학적 세계를 창조하기 위해 학생들로 하여금 이전의 경험과 지 식을 그려보도록 독려하는 일은 학생들의 이해 확장을 보완할 수 있 다. 어떤 때 학생들은 "이건 ~할 때를 떠올리게 해."처럼 이야기 형 태로 생각한다. 참조점을 고정하지 않고 아이디어를 탐색할 수 있는 능력은 학생들이 중요하게 여기지 않았던 생각을 열어줄 수 있다.

추상적 대상을 구체적으로 다루기

학생들은 명시적으로 안내받지 않더라도 가능성 지평 사고를 수업 에서 생산적으로 사용한다. 대안적 설명과 해석을 찾거나, 문제를 해 결하고자 노력하거나, 시나리오를 고수하거나 바꿀 때 그들은 종종 가능성을 탐색한다. 특정 정부 지출의 효과 및 문제와 대통령이 결 정할 때의 어려움 등에 대해 토론하는 고등학교 학생들의 예를 살펴 보자. 그들은 주제를 추상적으로 다루기보다 "만약 ~라면 어떨까"를 고려하는 현재 시점의 시나리오를 사용한다.

클라우드: 잠깐, 우리가 이야기하지 않은 게 하나 있어. 사회복지 프로그램이 없다면 우리는 더 잘 살 수 있을까?

로즈: 적자가 더 심해질 거야.

톰: 맞아.

로즈: 사회복지 프로그램 없이도 적자가 더 심해질 거야.

클라우드: 만약 그들이 적자가 중대한 문제라고 말한다면, 그들은 이미 사회복지 프로그램을 줄여야 한다는 거야.

톰: 맞아. 음, 그거 말고 그가 또 뭘 하려고 했지?

클라우드: 국방 예산 삭감?

로즈: 맞아. 그렇지만 우리는 여전히 냉전 중에 있어.

이 사례에서 학생들은 가능성을 전환하는 스케치 시나리오를 생성했다. 그러한 시나리오는 종종 소집단원이 경험을 공유하면서 함께 직조되는데, 이어지는 사례는 강장동물(腔腸動物)[27]에 관해 학생들이 소집단 학습을 하는 장면이다.

필마: (해파리, 히드라, 말미잘이 담긴 항아리를 보며) 귀엽고 흥미로워. 하지만 따가울 것 같아.

카라: 음, 나도 따끔거릴 것 같다고 생각해. 플로리다 할머니 댁에 갔을 때 해변가가 온통 물에 쓸려 있었고 쏘이지 않게 주의하라는 표지판이 서 있었던 게 생각났어.

---

27 역자주: 물에 사는 다세포 동물로, 강장과 입 주위에 많은 자세포를 가진 촉수가 있다. 고착 생활을 하는 폴립형과 유영 생활을 하는 해파리형의 두 가지가 있다. 해파리, 말미잘, 산호 따위가 여기에 속한다.

잭: 씨월드에 갔을 때, 거기에 손으로 휘저을 수 있는 조수 웅덩이[28] 가 있었는데, 거기서 나는 아네모네를 쓰다듬었어. 나는 따끔거릴 거라고 생각했지만, 씨월드 직원이 그것들은 사람의 피부를 뚫을 수 없으니 걱정 말라고 했어. 나는 계속 다칠까 봐 무서웠는데, 다치지는 않았어.

카라: 아마도 큰 건 다치게 할 수 있을지도 몰라. 그것들은 이것만큼 컸어? 크기가 위험과 관련이 있는지 알아보자.

필마: 만약 같은 문(門)[29]에 속한다면, 촉수를 가지고 있더라도 아마 그것들은 그렇게 위험하지 않을 것 같아.

서로 '문제 해결'을 할 때 학생들은 가능성 지평을 탐색하기 위해 이러한 순간적인 시나리오를 만든다. 그러나 만약 이러한 사고가 중요하다고 인식되지 않는다면, 그것의 잠재력은 무시될 것이다.

문학에는 단지 문학과 다른 학문 간의 통합 수업을 풍성하게 만들어 주는 스토리텔링 역할만 있는 것은 아니다. 가능성 지평 탐색이 포함된 과정은 초점이 참조점 학습에 맞추어진 맥락에서도 학생들이 그들의 이해를 통해 학습할 수 있도록 도울 수 있다. 두 가지의 지향은 학생들이 학습할 화제에 관해 풍부하고 깊게 사고할 수 있게 돕는 도구로 활용될 수 있다.

---

28 역자주: 썰물 때 해변에 남아 있는 물웅덩이.

29 역자주: 생물의 분류 단위. 강(綱)보다는 상위이고, 계(界)보다는 하위의 단위이다.

문학과 교육과정을 통합하기: 팀 접근법

앞 장에서 살펴보았던 바바라 퍼스트 교사는 통합 교육과정 활동에 참여했다. 이 활동은 교육과정에서 포함되는 문학의 훌륭한 예를 제공한다. 퍼스트 교사의 중학교에서 사회과학·자연과학·수학·국어 교사는 한 팀으로 일하며 프로젝트 팀 미팅에 매일 한 시간씩을 할애했다. 미팅에서 퍼스트 교사와 동료들은 그들이 가르친 것을 서로 알리고, 학생의 발달에 대해 논의하였으며, 연결되지만 따로 가르치는 수업을 조정하고, 수업과 프로젝트를 함께할 계획을 세웠다. 그들에게 통합은 활동을 연결하고 교과를 통합하는 일을 뜻했다. 교사들은 개인적이고 협력적 차원의 쓰기, 사고, 학습을 반영한 일지를 함께 살펴보고 토론했다. 그들은 학생들의 질문을 학생들이 붙잡고 씨름하는 것의 증거로 여기면서 학생들의 논평만큼 주의 깊게 읽어 나갔다. 결국 학생들의 논평(구두 논평과 글로 쓴 논평 모두)은 다음에 무엇을 가르치고 어떻게 교과목을 통합할지에 관해 계획을 세우는 데 도움이 되는 자료로 활용되었다.

교육과정과 문학을 통합하는 일은 새로운 작업이었기 때문에, 교사들은 활동의 일부로서 소집단으로 만나 문학 작품 읽기에 관해 토론했다. 예를 들어 교사들은 동료들과 토론하기 위해 자신의 과목과 관련된 전기문을 선택하였다. 그들은 활동을 반성하고 '북토크'가 자신의 이해를 증진시키는 방식을 성찰했다. 그들은 또한 교수적 접근법에 대해 토론하기 위해 자신의 전기문 읽기 경험을 사용했다. 이러한 모임을 진행하는 동안 그들은 어떻게 서로 듣고 질문하는지, 무엇이 그들로 하여금 새로운 아이디어를 고려하도록 자극했는지, 그리고 그들의 교실에서 어떻게 유사한 사고방식이 구현될 수 있는지에 초점을 맞췄다. 연초에 열린 팀미팅에서 퍼스트 교사는 구상 구축 교실을 발전시키기 위한 자신의 노력에 대해 논의하며 그녀에게 효과가 있었던 활동의 일부를 모델로 제시하였다.

프로젝트 팀은 학생들이 문학을 사용하여 생각하고 학습하는 방법에 대한 일반적인 이해를 발전시키는 데 집중했다. 그들은 언어 과목을 교과목 내용에 도입하는 방법이 아니라, 문학이 학생들로 하여금 그들의 특정한 교과목 내용을 보다 충실하게 학습할 수 있도록 돕는 방법에 관심을 가졌다. 교사들은 교과목의 규율적 온전함을 유지하고 싶어 했지만, 학생들의 사고와 학습을 위한 균형 잡힌 지원을 제공하고자 했다.

그러나 협력 수업은 흔한 일이 아니었다. 가령, 퍼스트 교사와 보이드 워싱턴(Boyd Washington) 교사(사회과 교사)는 초기 미국의 역사, 문학, 생활에 관한 공동 단원이 진행되는 수업의 벽을 허물었다. 그들의 학생들은 영화 「아담 러쉬의 다리(The Bridge of Adam Rush)」를 보았는데, 이 영화는 어린아이의 시각과 경험으로 19세기 초의 펜실베니아를 그린 것이다. 아버지가 돌아가실 때까지 세계적 도시 필라델피아에서 자란 소년은 가족을 찾아 시골 펜실베니아로 돌아가야만 했다. 농장으로 가는 길에 그는 우아한 도시 생활을 떠올렸는데, 떠올린 모든 것은 그가 새롭게 경험하게 되는 거칠고 힘든 농장 경험과 대조를 이루었다. 그는 다리 놓는 계부의 일을 도우면서 점점 성장하고 더 슬기로워진다.

워싱턴 교사는 이 영화를 독립 이후부터 남북 전쟁 이전까지의 초기 미국 역사를 다루는 단원과 엮었다. 퍼스트 교사는 이 영화를 역사 소설에 관한 단원과 엮었다. 두 교사 모두 학생들이 인물들의 삶을 탐색하고 개인적, 역사적, 문화적, 경제적 관점에서 인물들을 보게 하는 자극으로 이 영화를 사용했다. 그들은 또한 역사가 역사 소설에서 작동하는 방식과 그러한 방식이 독자에게 의미하는 것에 학생들이 집중할 기회를 제공했다.

팀원들은 다른 방법의 통합도 촉진했다. 에단 존(Ethan Jones) 교사의 과학 수업에서는 학습 주제와 관련된 텍스트를 모아 읽었다. 이는 퍼스트 교사의 과학 소설 수업 단원과 동시에 진행되었다. 교사들은 존 교사의 수업에서 읽었던 과학 텍스트들이 공상 과학 소설에 어떻게 기여를 할 수 있는지 생각해 보도록 함으로써 두 단원을 동시에 다루었다. 이를 통해 수업의 도입에 알맞으면서도 소설 독자의 상상을 포착하여 가능성 지평을 탐색할 수 있었다. 이 활동은 몇 개의 교과를 통합할 뿐만 아니라 읽기, 쓰기, 토론하기의 차원에서 참조점과 가능성 지평 사고를 동시에 직접적으로 끌어냈다.

다른 시간에 서로 다른 교과(국어, 수학, 사회학, 과학) 교사들은 직접 경험뿐만 아니라 DVD를 사용하여 함께 한 단원을 가르쳤다. DVD에는 모험을 떠나는 가상의 가족 이야기가 다양한 교과 영역의 지식과 함께 제시되어 있었다. 학생들은 자신의 관점뿐만 아니라 등장인물의 관점에서도 글을 썼다. 그들은 자신과 등장인물의 관점에서 문제를 해결하고 필요한 정보를 탐색했다. DVD는 통합 프로젝트를 위한 추진력이자 활동, 그리고 기초 데이터 저장소가 되었다. 협업에 참여한 모든 교사가 학생들의 일지를 읽고 그것에 반응했으며, 일지뿐만 아니라 학생들의 생각과 의사소통의 양상을 지속적으로 기록했다.

이상에서 제시한 경험처럼, 문학과 교육과정을 통합하는 일은 모든 수업에서 1년 내내 혹은 정기적으로 이루어지는 것은 아니다. 퍼스트 교사 팀의 경우 어떤 과목의 교사도 그들이 담당하는 과목 고유의 영역에서 벗어나거나 가르칠 준비가 되지 않은 것을 가르친다고 생각하지 않았다. 그들은 혼자 가르칠 때보다 학생이 더 많이 배울 수 있을 때 팀을 이루거나 협력하여 가르쳤다. 그들의 전문적인 협업은 수업 주제에 대해 다시 생각하도록 자극했는데, 이는 교과 내용과 개인적 이해 간의 중대한 연결을 제공하는 본질적이고 총체적인 사안이다(예를 들어 Applebee, 1996, 2002; Applebee, Adler, & Flihan, 2007; Walmsley, 1994). 이 그룹에 속한 교사들에게 이것은 협업과 통합에 대한 합리적인 접근으로 인식되었다. 이러한 접근은 전문 지식에서 그들의 차이를 가치 있게 생각했고, 그들을 전문가로서 자극했으며, 그들이 학생들의 필요와 교과 고유 영역의 특정한 요구에 관한 가장 전문적인 판단에 기초하여 계획을 수립하고 전환할 여지를 제공했다. 또 교사와 학생을 최고로 자극하는 데 필요한 유연성과 창의성의 여지를 제공했다.

문학과 쓰기

쓰기의 활용에 대한 언급 없이 문학과 교육과정의 통합에 대한 장이 완성될 수는 없겠지만, 나는 이것이 무척이나 어렵다는 것을 깨달았다. 그 이유는 구상 구축 수업에서 쓰기가 자리할 곳이 없기 때문이 아니라, 오히려 너무 만연해서 쓰기는 언어와 사고의 촘촘한 그물의 일부가 되기 때문이다.

나는 타 교육 교육과정과 글쓰기를 통합하는 것에 지지하지만, 이러한 목표가 실행되는 방식에는 종종 불편함을 느껴왔다. 통합은 대개 거대하고 의미 있는 목표를 제공하는 데 있어 읽기와 쓰기의 진정한 결합보다 둘 사이의 다양한 전환을 의미해 왔다. 예를 들어 최근 읽기 텍스트로 활용되는 교육 자료들은 쓰기 활동이 뒤따르는 독해에 초점을 맞춘다. 종종 읽기 전 활동으로 쓰기가 제시되고, 쓰기 과정에 대한 교육이 제공되기도 한다. 비록 이러한 형식은 동일한 텍스트를 다루는 이전의 방식에 비해 학생들이 더 많은 쓰기 활동에 참여할 수 있게 하지만, 읽기와 쓰기 행위가 시간이나 목적 차원에서 분리되어 있다. 쓰기는 이해 형성을 위한 필수적인 부분으로 거의 사용되지 않으며, 읽기는 이해 공유 행위로서 거의 사용되지 않는다. 한 학년에 걸친 국어와 읽기, 언어 과목 수업은 교과서를 사용하지 않는 경우에서도 읽기와 쓰기를 연속되는 개별 활동으로 제시한다.

그러나 구상 구축 수업에서는 교사의 마음, 학생들의 경험, 그리고 수업을 구성하는 활동과 상호 작용에서 이러한 분리가 사라진다. 학생들이 관심사의 핵심적인 문제에 대해 생각할 때, 읽기와 쓰기는 별도의 기능이나 활동 또는 자족적인 행위가 아니라, 학생들의 구상 발전을 향상시키는 언어적 도구로 간주된다. 학생들의 사고를 자극하고자 하는 실용적인 목표는 읽기, 쓰기, 말하기의 자연스러운 통합을 만들어 낸다.

구상 구축 교실에서 읽기와 쓰기는 학생들이 의미를 가져오거나 의미를 생성하는 것에 따라 수업 안에 얽혀 있다. 읽기, 쓰기, 그리고 토론하기는 언어와 사고의 덜 공식적이거나 더 공식적인 표현뿐만 아니라 학생들이 개인적(혹은 더 고립된)이고 공적(혹은 더 공유된) 세계로 이동할 때 상호 작용한다. 서로 관련된 이들 활동은 이해와 해석을 생성, 검토, 확장, 성찰, 세련할 일련의 기회를 제공한다. 학생들은 문학을 읽고 쓰고 창작할 뿐만 아니라 문학에 대해 읽고 쓰고 이야기를 나눈다.

구상 구축 교실에는 자유롭게 쓰기, 얼른 메모하기, 브레인스토밍, 일지, 독서 기록장, 음독, 역할 놀이, 문자 및 음성 대화, 소집단 및 학급 전체 발표, 포트폴리오, 미술 활동, 에세이, 컴퓨터 그래픽, 복합 양식 발표 등 무척 다양한 쓰기 활동이 포함되곤 한다. 그러나 이렇게 다양한 형태의 쓰기 활동은 다양한 목적을 제공할 수 있고, 학생들의 사고 측면에서 활동의 역할을 이해하기 위해서는 교사뿐만 아니라 학생들도 이러한 활동의 실용적 의도를 이해할 필요가 있다.

마티 비클(Marty Bickle) 교사는 학생들이 생각을 모아 구상을 반영하도록 만들기 위해 일련의 쓰기 활동을 활용한다. 비클 교사는 이러한 활동이 학생들로 하여금 더욱 발전하기 위한 준비 과정에서 '생각을 모으고', 조용한 학생들을 수업에 참여시키며, '아이디어의 변화를 추적'하게 하는 방법을 제공한다고 믿는다. 그녀는 쓰기 활동에 대해 다음과 같이 말한다.

> 저는 이야기에 관한 질문을 많이 해요. 전날 읽은 것에서 무엇을 기억하고, 작품이 시작되어 끝날 때까지 그들의 생각이 어디에 있는가를 말해 보도록 하지요. 우리는 학생들의 생각이 어떻게 바뀌었는지를 성찰하기 위해 이러한 방법을 사용합니다. 저는 사고를 확장하기 위한 방법으로 속편을 사용합니다. … 저는 서로 다른 두 편의 이야기에 등장하는 인물 간의 대화를 쓰게 합니다. 이런 두 명이 만나면 무슨 일이 벌어질지 아시겠나요? 쓰기에 관한 많은 교육 방법은 (모델로 사용함으로써) 문학을 바탕으로 합니다. 쓰기는 종종 토론보다 더 반성적이고, 쓰기와 토론은 서로를 보완할 수 있습니다. 쓰기는 학생들의 고유한 생각을 발전시키고 … 그들은 더욱 풍부한 아이디어를 가지고 토론으로 돌아옵니다.

비클 교사의 수업에서 읽기, 쓰기, 그리고 토론하기는 학생들의 사고를 확장하기 위해 협력적으로 작용한다. 각각의 쓰기 과제는 고유한 목적이 있고, 학생들이 수행하는 다양한 쓰기 활동의 양상은 활용 목적에 영향을 받는다. 탄냐 웨버 교사가 말하듯, "학생들은 쓰기 활동을 할 때, 자신이 쓰기로 무언가를 한다는 것을 안다." 쓰기는 때때로 자기 생각의 반영물이 되기도 하고, 사고를 공유하여 구성한 결과물이 되기도 하며, 다른 사람에게 보여 주기 위한 작품이 되기도 한다. 따라서 쓰기는 구상 구축 과정에서 나타나는 다양한 순간의 기록을 제공한다. 그것은 사려 깊은 학생이 주어진 시간에 아이디어를 포착하여 발전시킬 것을 목적으로 현재의 이해를 모을 수 있는 수단을 제공한다. 그래서 읽기, 쓰기, 그리고 토론하기는 문학이 불러일으키는 다양한 이해를 성장시키기 위한 공유와 성찰의 수단으로 함께 작동한다.

제**11**장

맺음말:
학교와 삶에서의 문학

나는 1장에서 제기했던 중심 쟁점, 즉 개인적·사회적·지적 발달에 문학적 이해가 기여하는 바에 관한 문제를 논의하지 않고서는 이 책을 끝낼 수 없다. 어떤 의미에서 이런 문제들은 문학 연구 결과들의 가치를 부각한다. 그러나 다른 의미에서 새로운 조명 아래 이 문제들을 주목해야 할 필요가 있다. 다른 나라는 아니더라도 적어도 미국에서는, 국어 기능 과목의 목표와 교육과정에서 괄목할 만한 변화가 일어나고 있다. 정보 및 내용 텍스트에 대한 관심 증가, 이와 동반하여 일어난 문학 교육에 대한 관심 감소가 그것이다. 목표는 잘 잡혀 있다. 학생들이 학교나 직장에서 삶 전반에 걸쳐 잘 살기 위해 필요한 문해력 관련 경험과 가르침을 제공하도록 잘 기획되어 있다. 문제는 고등학교 이후의 교육과 직업 교육은 주로 내용 중심적이며 정보 전달식이라는 점이다. 이러한 유형의 지도와 교육적 실천이 확산된다면 대학과 직업 시장을 위한 준비를 더 잘하게 될 것이라고 추론된다. 이렇게 국어 기능 교육의 내용은 문학적 기반으로부터 점진적으로 이탈하고 있는데, 문학이 문학과 더불어 문학적 사고에 관한 접근을 교육하고 교육해야만 하는 과목임에도 불구하고 중요성이 점점 떨어지고 있다.

잘 균형 잡힌 교육에서 문학의 전통적인 역할을 되돌아보거나 주장하는 대신에, 문학의 잠재적인 이점에 대해 전망하려고 한다. 세계의 여러 나라들을 여행하는 동안, 나는 창조적 사고력을 함양하는 교육 방법에 관한 질문을 자주 받았다. 사람들은 이렇게 이야기했다. "우리는 훌륭한 제품들을 제작하는 데는 우수해요. 그러나 새로운 개념을 창조하고 싶고, 새로운 아이디어를 내고 싶어요. 우리 다음 세

대들이 좀 더 창조적으로(그러니까 좀 더 혁신적으로) 자라나게 하기 위해서 우리 교육을 어떻게 바꾸어야 할까요?"

이러한 질문은 절대로 사소하지 않으며, 심리학자 하워드 가드너(Howard Gardner) 역시 같은 질문을 제기한 바 있다. 그의 저서『미래를 위한 다섯 가지 마인드(*Five Minds for the Future*)』(2008)는 알려지지 않은 내일 즉 아직 상상하지 못한 도전들이 대두될 미래에, 성공하는 데 필요한 기술들을 예견한다. 그는 다음과 같은 세 가지 과제를 언급한다. 종합하는 능력, 창조하는 능력, 그리고 자기 이익을 초월하여 사유하는 능력이다. 이와 유사하게, 미래학자 대니얼 핑크(Daniel Pink, 2005)는 미래에 앞서 나갈 사람은 창조적이고, 혁신적이며, 공감 능력이 뛰어난 사람일 것이라고 주장한다. 그리고 경제학자들은 오늘날 학생들이 일생 동안 수차례 직업 변경을 준비할 필요가 있을 것이라고 예언한다. 따라서 새로운 직무에서 요구하는 것(새롭고 이질적인 기술들을 포함한)을 배우는 데 불가결한 유연한 추론 능력이 필요할 것이다.

나는 내 관점에서 우리가 발달시켜야 하는 마인드의 종류를 이 책에 묘사했다. 그 안에서 창의적 사고와 비판적 사고가 모두 높게 평가받고, 둘 다 성장하고 번창할 여지를 지닌다. 그러한 마인드 안에서 현재가 아닌, 변화하는 세상의 요구를 더 잘 충족시키기 위해, 대학과 직업 준비로 간주되는 것에 대한 생각에 실질적인 변환이 근본적으로 추진된다. 오늘날 우리가 가진 기준과 평가가 확산된다는 것은 적절하지 않다. 사소한 기술이나 지식에 주목하는 대신에, 교육과정과 교수법의 모든 국면은, 원대한 아이디어와 연관된 유연한 추론 그리고 지식에서 새로운 효용을 창출하는 능력에 집중할 필요가 있다.

내가 이 책에서 논했듯이, 문학을 텍스트의 한 유형으로서가 아니라 사고의 방식으로서, 내가 제시한 입장과 지향으로 다룬다면, 지적이고 문식성을 갖춘 사고의 중요한 국면을 집중적으로 일깨우는 데 문학을 사용할 수 있다. 이러한 사고는 조사하고 탐사하는 마인드, 그리고 고정된 참조점을 유지하는 화제 중심의 비평적 사고와 함께, 가능성의 지평을 탐색하는 창조적인 마인드를 함양하고 발전시킬 수 있다.

동시에 문학적 사고(literary reasening)는 우리가 지적으로 성장하는 데 도움을 줄 뿐만 아니라 사회적으로 그리고 개인적으로 성장하는 데 도움을 준다. 문학적 사고는 우리의 마인드를 다른 공동체와 문화가 지닌 관점으로 활짝 열어젖힌다. 누가 되었건 타인의 입장에 우리를 세운다. 21세기가 시작된 이후의 사건들은 타인에 대한 이해와 그 중요성에 대한 인식이 부족할 때 발생하는 비극을 여실히 보여 주었다.

학교는 공동체에 관해 확장된 시각을 구체화할 필요가 있는데, 확장된 시각은 동일성이 아니라 다름을 토대로 삼은 다양성에 기반한다. 문학을 사고 과정의 하나로 조명하는 일은 학교가 그러한 전환을 가능하게 만드는 방법을 고려할 기회를 제공해 준다. 나는 내 일차적인 논의를 앎의 방법으로서 문학적 이해의 작용에 집중했다. 다시 말해 그러한 종류의 사고가 발달하는 양상을 개념화하는 방법을 제공하고 그것을 가르치는 방법을 제시하는 데 초점을 맞췄다. 어떤 의미에서, 그것은 정치적인 주장이다. 타인에게 알려지지 않은 상황에서 알고, 경험하고, "읽는" 무언가는 항상 존재한다. 이 생각은 바흐친(Bakhtin, 1981)의 대화와 상호텍스트성 개념의 근간이다. 다름을 인정하고 존중하는 것은 도전받지 않는 유일한 관점을 배제한다. 타인의 해석을 듣는 것은 자기 사고의 범위를 확장하고 앞으로 나아가게 하는 방법이기 때문에, 구상 구축하기 교실은 모든 목소리를 듣고 싶어 한다. 이는 갈등이 중화된다거나 저항이 근절된다는 것을 의미하지 않는다. 대신, 학생들은 자신의 생각을 표현하고 텍스트에 "저항하며" 읽을 수 있는 공동체에 참여하는 기회를 가진다. 그곳에서 그들은 자신의 아이디어를 발전시키고 그것에 반응하는 청중을 만날 수 있다.

문학을 통해, 학생들은 자신의 이해 방식이 개인적이고 집단적인 역사에 얼마나 복잡하게 연루되었는지 깨달을 수 있다. 2010년 3월 7일, 『뉴욕 타임즈(New York Times)』는 엘리아스 커리(Elias Khoury)에 관한 에단 브로너(Ethan Bronner)의 기사를 실었다. 엘리아스 커리는 이스라엘이 팔레스타인 땅을 몰수하는 데 반대하지만 폭력을 대단히 해로운 독(毒)으로 간주하는 팔레스타인 변호사다. 팔레스타인 총잡이들이 그 변호사의 20세 아들을 유대인으로 오인하여 공격하고 살해했을 때, 커리 씨는 내 관점의 궁극적인 의미를 구현하는 방식으로 문학에 눈을 돌렸다. 그는 이스라엘 작가인 아모스 오즈(Amos Oz)의 자전적 작품인 『사랑과 어둠의 이야기(A Tale of Love and Darkness)』를 아랍어로 번역하는 데 드는 비용을 지불했다.

그의 결단을 설명하면서, 커리 씨는 문학이 중요한 가교였다고 이야기했다…. "이 책은 이스라엘 민족의 재생을 이야기합니다…. 우리는 여기에서 배울 수 있습니다…. 우리가 여기에서 배울 수 없다면, 우리의 독립을 위해 아무것도 하지 못할 것입니다."(Bronner; 2010, p. 5)

이 기사는 예루살렘에서 성장한 팔레스타인 철학자인 사리 너지에버(Sari Nusseibeh)를 연달아 언급한다. 그는 이렇게 쓴다. "이스라엘-팔레스타인 분쟁의 중핵에서 '타자'의 삶을 상상하는 것은 불가능하지 않은가?"

내가 보여 준 수업과 그것을 뒷받침하는 이론이 학생과 교사로 하여금 자신이 아는 것을 더욱 좋게 그리고 보다 효과적으로 사용하게 도울 교육학적 틀로 작동하기를 희망한다. 자신의 아이디어를 발표하고, 자신의 사고를 촉진하는 방향으로 타인의 이야기를 들으며, 딱 그들 자신의 것이 아닌 관점을 민감하게 수용하고, 깊이 생각하며 명료하게 소통하기 위하여 사용하는 틀 말이다. 또한 그러한 접근이 그들에게 힘을 주었으면 한다. 이 힘은 발언하는 힘, 생성되는 아이디어를 조절하는 힘, 항상 같은 통찰이나 해석을 공유하지는 않지만 서로를 충분히 존중하여 다양성을 통해 풍요로움을 얻는 동료 소집단에 참여하는 데에서 발생하는 자의식의 힘을 의미한다. 그 힘이 인간애의 감각, 즉 사람들과 생각들 사이의 다름을 통해 세상과 그 작동양상을 더 잘 이해할 뿐만 아니라 최고의 자기 자신이 되는 방법을 배울 것이라는 기대를 지지해 주었으면 한다.

인간 감성의 다면성을 생생하게 접할 것이라는 기대는 문학적 이해가 작용하는 방식에 본래부터 내재되어 있다. 그러한 기대는 새로운 가능성의 지평을 탐색할 때 발전시키는 구상을 통해서 실현 가능한데, 가능성의 지평을 탐색하면서 우리는 타인(다른 환경이나 시대나 문화에 속한)의 관점에 대한 상상을 시작이라도 하고 우리 자신, 우리 시대, 우리 세계를 새롭게 이해하도록 자극받을 수 있다.

문학은 우리를 더 훌륭한 사유자로 만든다. 문학은 마음에 파문을 일으켜서 상황의 다면성을 보게 한다. 그리하여 시야를 확장하며, 그렇지 않았더라면 상상하지 못할 희망과 해결책을 향해 움직이게 한다. 문학은 무언가를 공부하는 상황에서 학습을 진행하는 방식, 직장과 가정에서 문제를 해결하는 방식에 영감을 준다. 그리고 문학은 우리가 타인들과 상호 연결되었다는 사실과 의미가 내재적으로 다원성을 지닌다는 사실을 고려하도록 자극한다. 문학은 우리가 더욱 인간답게 되도록 도와준다.

후기: 교사들의 반응

　나와 함께 프로젝트를 수행하면서 많은 교사와 학생들이 문학작품에 대해 구상 구축하기를 하고 논평해 주었다. 나는 그들이 내게 전해 준 논평에 대해, 이 책의 독자들이 궁금해할 수도 있겠다는 생각을 했다. 프로젝트에 참여한 이들의 논평은 다양한 방식으로 수집되었다. 나와 함께 구상 구축 수업 설계에 참여했던 교사들은 일지를 작성했고, 매번 5월과 12월에 각 기간을 되돌아보며 성찰하는 글도 작성했었다. 우리는 학생이 보낸 편지도 두 번 받았다. 구상 구축 교실에서의 경험을 회상하는 내용이었다. 하나는 고등학교 국어 수업에서 구상 구축을 한 경험에 관한 편지였고, 다른 하나는 대학 수업에 관한 편지였다. 우리는 2~5년 전에 구상 구축하는 수업에 참여했던 33명의 학생들과 현재 그 학생들을 담당하고 있는 교사들을 인터뷰하기도 했다. 인터뷰에서 수집된 논평도 아래에 일부 소개했다.

　많은 논평 중 일부를 추리는 작업은 상당히 어려웠다. 교사들이나 학생들이 해 준 검토 의견에는 부정적인 의견은 없었다. 아마도 그들이 프로젝트를 수행하면서 드러나는 문제를 공유했고 새로운 지도 방식을 실험하는 데에 적극적이었던, 능동적인 프로젝트 참여자였기 때문일 것 같다. 그러나 이들이 기억하는 내용에는 차이가 있었다. 그래서 나는 다양한 목소리를 아래에 제시했다. 구상 구축을 하는 수업을 경험한다는 것이 실제로 어떤 의미일지를 가늠하는 데 도움이 되길 바란다.

일부 교사들의 반응

우선, 아래의 논평은 교사들이 작성한 일지와 학년 말 노트에서 수집한 것이다.

샌디 바노(Sandy Bano) 교사

나는 내 문학지도 방식을 당연하게 여겼지만 "옛날 방식"이라고 생각했다. 이제 나는 학생들의 사고에 방점을 뒀다. 그 결과로 학생들이 작품을 친숙하게(편안하게) 여기게 되는 방식을 알게 되었다. 예컨대, 반응 일지를 활용하면 학급 토론이 훨씬 활발해진다는 것을 알게 되었다. 왜냐하면, 학생들이 질문에 답을 해야 할 때 반응 일지에 참조할 거리가 이미 적혀 있으니 질문에 당황하지 않고 준비태세를 갖출 수 있기 때문이다. 그리고 학생들은 일지를 작성하고 나서 종종 짝을 지어서 작성한 내용에 대해 자기들끼리 토론하기도 한다. 그러면 전체 학급 토론 상황에서 토론을 해야 할 때, 학생들은 대체로 주어진 화제에 대해 편안하게 느끼고 자유롭게 토론할 수 있게 된다.

나는 학생들이 나를 신뢰하게 되고 학생들 서로도 신뢰하게 되는 모습을 보면서 많이 놀랐다. 내가 학생들에게 수차례 강조하기도 했지만, 실제로 학생들은 모든 이의 의견이 소중하고 어떤 아이디어가 떠오르더라도 말해야 한다고 믿게 된 것 같다. 그러면서 서로를 신뢰하게 된 듯하다. 또한 학생들은 누군가가 자기의 의견에 동의하지 않는 상황을 다루는 것을 배웠고, 자신의 아이디어를 보강하거나 자기 아이디어에 대해 질문하여 더 좋은 아이디어로 가다듬는 것을 더 잘하게 되었다.

학급 전체적으로는 내가 반드시 '정답'을 제시하는 것은 아니라는 것과 내가 정답을 모를 수도 있다는 것도 배웠다. 학기 초에는 내가 나서서 질문에 답하지 않는 부분이 참 힘들었다. 질문이 제기된 뒤에 이어지는 침묵이 불편했기 때문이다. 시간이 지나면서 나는 이 문제에 익숙해졌고, 학생들도 제기된 질문에 대한 답이 자기에게서 나와야 한다는 것을 알게 되었기에 불편한 시간은 점점 줄어들었다.

또 하나 좋은 점, 내가 끊임없이 나를 끊임없이 평가한다는 것이다. 나는 습관처럼 옛날 방식으로 가르치지 않는 것을 배웠다. …… 예를 들어 나는 때때로 토론에 충분히 개입하지 않고 학생들을 지원해 주지 않기도 한다. 나는 "학생 중심"이 되는 것에 이끌려, 내가 토론의 리더나 디렉터가 될 수 있다는 사실을 잊기도 한다.

로렌 버플랭크(Loren Verplank) 교사

"호스야, 이 시는 네게 어떤 의미를 주니? 안나야, 이 책을 넌 뭐라고 이해하니? 이 이야기가 좋니? 왜?"라는 질문들은 교사인 내가 답해야 하는 질문이 아니다.

이번 한 해의 성과 중 하나는 이러한 질문들을 제기하는 방법을 배운 것이다. 나는 책에 대해 이야기를 나눌 때(book conference) 진정으로 열린 질문들을 던지는 실력이 향상되었다. 열린 질문을 던지면 학생들은 작품에 대한 자기의 구상 구축 결과를 가지고 와서 토론에 참여한다.

나는 어떤 질문을 던질 것인가에 대해 많이 배웠을 뿐만 아니라 그런 질문에 대한 반응에 귀 기울이기 시작했다. 답은 학생들이 해야 하기 때문에 내가 기대한 반응과 학생들의 답변을 비교할 필요가 없다. 그래서 나는 오히려 학생의 아이디어에 더 주목할 수 있다. 그렇게 함으로써 나는 학생 각자가 자기가 이해하고 있는바를 더 깊이 생각해 볼 수 있게 하는, 더 심화된 질문을 할 수 있게 된다.

이러한 비계설정을 간단하게 설명할 수 있는 건 없다. 이렇게 연속된 질문을 하는 데에는 수업 계획도 무의미하다. 학생들의 아이디어에서 시작해서 질문의 연속으로 끌어갈 수밖에 없다.

내가 보기에 소집단 속에서 이야기하고 생각하는 것에는 장점이 있다. 내가 담당했던 7학년 교정 독서를 하는 아이들(remedial readers) 모둠은 집단 속에서 의미를 찾는 데 능숙해졌다. 학년 말에, 아이들은 나더러 가만히 있으라고 하고는 새 모둠 구성원에게 모둠 속에서 토론하는 방법에 대해 알려 주었다.

아이들이 자기가 읽은 것에서 의미를 구성해 나가는 방식을 관찰하면서, 나는 '교정적(remedial)'이라는 용어와 '문식성을 갖춘(literate)'이라는 용어를 다시 생각하게 되었다. 이 아이들이 다른 아이들과 많이 다른가? 인간의 보다 복잡한 측면들을 다루는 문학작품을 읽고 토론하면서 아이들이 더 성장할 수 있을까?

바바라 퍼스트(Barbara Furst) 교사

나는 학생들에게 귀 기울이고 학생들의 직관을 신뢰하는 방법을 배웠다. 일 년 동안 학생들은 작품에서 중요한 것이 무엇인지에 대해 자신들이 가지고 있는 감이 옳았다는 것을 지속적으로 증명해주었다…. 나는 또한 학생들의 지식과 지성을 존중하는 방법을 배웠다. 12살짜리 학생도 아주 정교하게 사고할 수 있다. 나는 그들이 가진 통찰력 덕분에 질문들을 다양한 방식으로 검토할 수 있었고 새롭게 해석할 수 있었다.

학급 전체가 문학 토론에 참여할 때 나는 학급 전체가 작동하는 방식의 변화를 볼 수 있었다. 학생들은 서로 경청하는 법을 배웠다. 학년 초에 딕(Dick) 학생을 생각했다. 딕은 전학 온 데다가 조리돌림의 대상이었다. '멍청하다'고 놀림을 당했고, 딕은 학급 내 자기 위치를 찾으려고 애썼다. 그러나 수업 시간에 주거니 받거니 하는 상호작용에 신뢰를 가지게 되면서, 딕도 아이디어를 내기 시작했다. 다른 학생들도 딕이 사고를 잘할 수 있다는 것을 알게 되었고 딕의 위상도 높아졌다. 어수선한 켄(Ken)도 문학토론에 기여할 만한 중요한 생각을 제시하기도 했고, 다른 학생들도 켄의 아이디어에 대해 기꺼이 이야기를 나누려고 했다. 다른 때에는 켄의 행동 때문에 짜증을 내기도 하지만 말이다. 도로시(Dorothy)는 "난 루스 (Ruth)의 말에 동의하지 않아"라고 반응을 시작할지도 모른다. 그러면 루스는 미소를 띠며 경청하고, 도로시의 의견에 신중하게 대답할 것이다.

학생들은 서로를 사유자라고 생각하고, 서로의 의견에 동의하지 않을 수 있음을 이해하며, 어떤 쟁점의 다양한 측면을 바라보는 것을 즐거워한다. 학업성취도가 높은 학생들이 교정 독서를 하는 아이들과 논쟁을 한다. 학생들이 성취 수준에 따라 갖는 위상은 이야기에 대해 생각하고 이해하려고 할 때 무의미해진다.

탄냐 웨버(Tanya Weber) 교사

나는 학생들이 하는 말을 듣는 훈련이 필요했다는 걸 깨달았다. 처음에 나는 마지막 구상 질문을 하는 데에 조금 더 편안해질 필요가 있었다. 처음에는 그게 좀 불편했는데 아이들이 내가 나서서 질문하는 것을 익숙해하지 않는다는 것을 알게 되었다. 나는 점차다른 경험들과 더불어, 일단 학생들이 이런 수업 형태에 친숙해지고 반응을 서로 공유하는 것에 익숙해지면, 자기들이 즐겁게 주도권을 가지고 토론이 굴러가도록 참여하게 된다는 것을 알게 되면서, 훨씬 편안하게 앉아서 학생들을 관찰할 수 있게 되었다. 나는 아이들속에서 자율성 수준이 높아지는 것을 볼 수 있었다. 처음에는 미미했지만 여러 주가 지나면서 우리는 점차 더 많고 새로운 논평을 들을 수 있었고, 나는 수준을 더 높일 수 있었다. 나는 학급 아이들로부터 새로운 정보를 들을 수 있었다. 그때서야 나는 내 귀 또한 한 단계 높은 수준에 조율되었음을 알게 되었다. 나는 익숙한 것을 뛰어넘는 새로운 논평을 들을 필요가 있었다. 그럴 때면 나는 멈춘다. 모든 아이들이 참여해야 한다고 걱정하지는 않지만 토론을 새로운 방향으로 불붙도록 하면 더 많은 아이들이 참여할 것으로 기대하면서 학생들의 토론이 불붙도록 했다.

내가 발견한 놀라운 점은 상당히 우수한 몇몇 아이들은 매우 안전하게 예측하고 연결하려고 한다는 것이다. 가능성의 지평을 탐색한다는 것이 흥미진진한 일임을 알게 되면, 내가 크게 기대하지 않던 아이들은 상당히 몰입해서 다른 아이들에게 반응할 뿐만 아니라 중요한 구상들을 촉발하는 데 참여하게 되었다…. 학급 전체는 개인들이 자신의 아이디어나 최초의 구상을 재고하는 지점에 다다르고 그제야 '나는 이제 그렇게 생각하지 않아, 나는 이런 건 동의하고 이거 대신에 다른 걸 동의해'라고 말하게 된다.

다른 놀라운 점은 이 초등 1학년생들이 동의하지 않는 힘을 가지게 된다는 것이었다. 이 모든 자율성 이슈는 논픽션에도 적용되었다.

몇 년 후, 다른 교사들이 말하는 아이들

상대적으로 어린 학생들에게 구상 구축 수업을 적용했던 교사들이 학생의 변화에 대해 언급해 주었다. 교사들의 언급은 우리 프로젝트 팀이 어린 학생이 하는 경험이 어떤 것인지 이해하는 데에 단서가 되었다. 교사들은 학생들이 "문학작품을 즐긴다", "통찰력"을 가지고 있다, "질문을 한다"고 많이 언급했다. 모든 학생이 학업성취가 높은 것은 아니지만 교사들이 보기에 아이들은 책에 흥미를 보이고 책에 대해 이야기를 나누는 것을 즐긴다는 것이었다. 그리고 교사들은 일부 학생들이 수업에서 본인이 했던 논평들을 기반으로 향후에도 유사한 질문이나 논평을 할 것이라고 내다봤다. 웅걸스키(Ungerski) 교사는 학생 존(John), 로리(Rory), 토마스(Thomas), 케씨(Kathy)에 대해 다음과 같이 말했다:

나는 이 4명의 학생이 다른 학생들에 비해 자기가 읽은 것에 대해 질문하는 것을 더욱 훌륭히 내면화했다고 본다. 그들이 내면화했다는 측면에서, 그들은 읽고 논의한 것을 통해 자신의 생활이나 자기 자신에 대해 점검하는 모습을 보였다. 어떤 면에서 학생들은 정말 이 경험을 자기의 것으로 만들었다.

학생 레기(Reggie)에 대한 교사의 논평:

레기는 질문하는 친구들을 찾아다닌다. 레기는 곧잘 친구들의 말에 동의하지 않기도 한다. 그럴 때면 레기는 다른 친구들이 뭔가 말할 때까지 기다리고 모든 아이들이 다른 친구들의 말을 이해할 때까지 기다린 후에, 마침내 "글쎄, 나도 비슷하게 생각하기는 하지만, 내 진짜 생각은 말이야"라면서 이야기를 한다. 그런 다음 레기는 친구의 말에 동의하지 않고 다른 각도의 이야기를 하면서 자신은 다소 다르게 이해했음을 언급한다.

학생 그렉(Greg)에 대한 조셉(Joshphs) 교사의 논평:

그렉은 질문을 잘 하고, 통찰력도 보인다. 관습적이지 않고, 생각하는 방식이 흥미롭다. 그렉이 하는 논평들은 나도 생각해 보지 않았던 것들일 때가 있다.

학생 존(John)에 대한 그렉그린(Gregg-Greene) 교사의 논평:

존의 논평은 주류적인 생각은 아니지만 그렇다고 해서 수용하기 어려운 것도 아니다. 아마도 내가 책을 이해하는 방식과 완전히 다르게 이해하는 듯하다. 그래서 존은 다른 아이들이 흔한 방식과는 다른 관점에서 책을 바라볼 수 있게 해 준다.

학생 제인(Jane)에 대한 스토퍼(Stopper) 교사의 논평:

제인은 마치 자기가 교사인 것처럼 행동한다. 제인은 내게 마치 역사적 인물에 대해 읽은 양 물어본다. "선생님, 이 등장인물이 이런 식으로 했겠어요? 제가 느끼기에는 …… 선생님 생각은 어떠세요?"라고 말이다. 사실, 나는 자라면서 좋아하는 문학작품 장르가 있었고, 그것만 읽었는데, 제인도 그걸 아는 것 같다. 내가 수업 시간에 제인에게 그런 얘기를 하기도 했고 말이다. 그래서 제인이 뭔가 읽고 있으면 나도 그걸 읽고 나서 대화를 한다. 제인은 그런 걸 정말 좋아하고, 나도 제인과 같은 작품에 대해 이야기 나누는 걸 즐긴다. 지난 2년여간 이렇게 읽고 생각을 나누는 일을 같이 한 학생들은 서로 교감하는 바가 있다고 생각한다.

클라우디아(Claudia)는 지금은 대학에 있는데 자신의 11학년 때 경험에 대한 편지를 보내왔다.

제 기억에 수업 시간 중에 다양한 유형의 문학작품을 읽고, 쓰고, 반응했던 것 같아요. 학급 전체가 주어진 작품이나 본인이 선택한 책을 많이 읽었어요. 수업 중 토론과 적어둔 반응은 수업과 학습 환경에서 중요한 측면이었어요. 그 토론과 개인 일지(반응을 적어 둔 것)는 작품에 나오는 여러 아이디어를 더 탐색하는 데 필수적이어서 강조되었지요.

저는 이 수업이 문학에 대한 제 사고를 심화시켰다고 생각하는데, 저만큼 다른 친구들도 변화했는지는 잘 모르겠어요. 학생들의 반응 속에서 나온 질문들은 제가 문학작품을 깊이 있게 이해하는데 도움이 되었습니다. 작품을 오롯이 제 눈으로 바라보지 않고, 학급 전체의 도움을 받아 다양한 관점을 통해 여러 작품을 보게 된 것이 도움이 되었어요. 한 작품에 대해 제가 가진 반응만으로는 보지 못했을 의미에 주목할 수 있게 해 준 것이지요.

제 반응을 적어두는 것이 제가 읽은 것에 대해 즉각적으로 반응할 때와 생각하거나 되돌아볼 때에도 도움이 되었어요. 반응을 적어두는 것이 제가 가졌던 최초의 반응을 뛰어넘어 작품에 대해 좀 더 깊게 작품을 볼 때, 작가가 숨겨놓은 뻔하지 않은 의미를 찾아낼 때 도움이 되었어요. 이런 경험이 대학에서 색다른 측면에서 문학작품이나 과제를 바라보려고 할 때 공부에 도움이 됩니다. 특히 대학에서는 과제나 혹은 특정 문학작품에 대해 다양한 접근법을 사용해요. 다양한 관점에서 문학작품을 바라볼 수 있는 능력은 깊게 이해하고 여러 상황에 대해 접근할 때 도움이 됩니다.

이 모든 것들은 문학이 수학이나 과학과는 다른 학문분과라는 점을 분명히 보여 준다. 문학에는 배워야 할 내용이 있을 뿐만 아니라 기반이 되는 사고 방식(way of reasoning)도 있다. 이 사고 방식은 사물에 대해 생각하는 방식을 포함한다. 또한 문학작품을 이해하는 데에 그리고 학술적인 학습을 하거나 일상을 살아가는 데에(우리가 타인과 함께 담화에 가담하거나 혼자 생각할 때) 유용한 문제 해결의 방식을 포함한다. 문학적 사고(literary reasoning)는 창의적이고 상상적이다. 또한 특수한 방식으로 매우 지성적인 것이기도 하다. 문학적 사고에는 사고와 경험의 폭을 증대시키는 잠재력이 있고, 모든 학생은 각자 삶을 통해 생각하고 배우는 과정에서 이 경험과 사고를 불러 내 활용할 수 있다. 현재 상태에서는 생각해 낼 수 없는 사고가 내일의 현실로 탈바꿈하게 될지 누가 알겠는가?

찾아보기

ㄱ

가능성의 지평 탐색하기 69, 80, 92, 93
가르칠 수 있는 순간 255
계열적 사고 양식(부르너) 32
과정 중의 평가 205, 206
　－건설적 평가 206
　－평가의 목표 207
교수 전략 173
교육과정을 가로지르는 문학 271
　－문학과 교육과정을 통합하기 273, 282
　－추상적 대상을 구체적으로 다루기 279
　－타 교과 수업에 문학적 사고 도입하기 273
교육적 실천 원리 138
구상 구축하기 37, 47, 50, 67, 87~89, 245, 295, 298
　－구상 38
　－구상 구축하기 동안의 단계들 50
　－텍스트와 상호작용하기 40

ㄷ

단계 50
독서 공동체 116, 122

ㅁ

마음에 그려 보기(ENVISAGEMENT) 38
마인드 94, 102, 293~294
문식성을 갖춘 마인드 21
문학적 사고 22, 24, 31, 68, 89
문학적 토론 107
문학적 이해 30, 31, 66, 89, 97, 106, 208, 250, 272, 278, 292, 294, 296

ㅂ

비평적 입장 92, 97, 101, 115, 194, 199, 201

ㅅ

사실추론적(부르너) 32, 67, 68, 69, 76, 80, 81, 87
상호교섭(로젠블렛) 47, 145
상호텍스트성 295
실제적인 지도 방법 135

심미적 읽기(로젠블렛) 32

ㅇ

원심적 읽기(로젠블렛) 32
위험에 처한 학생들 214
의미를 향한 지향 67

ㅈ

주관적 경험 32, 33, 34, 35

ㅊ

참조점 유지하기 76, 79, 92, 101

ㅎ

활동으로서의 수업 192
　−해석 발전시키기 194, 197, 228
　−쉽게 접근할 수 있게 하기 194,
　　195, 230
　−최초의 이해하기 단계로 초대하기
　　194, 196, 228
　−배움 상황 점검하기 194, 201, 228
　−비평적 입장 취하기 194, 199, 228
협력적 상호작용 180
　−생각하는 방법 지원하기 181
　−토론하는 방법 지원하기 180